幼儿游戏设计与教师成长

主　编：项家庆

编　委：罗　雪　肖　琼　姚　薇　邢　磊

刘慧芬　倪晓辉　杨　毅　李跃梅

杨　蕾　陈卫国

时代出版传媒股份有限公司

北京时代华文书局

图书在版编目（CIP）数据

幼儿游戏设计与教师成长 / 项家庆主编 . -- 北京：北京时代华文书局，2016.7

ISBN 978-7-5699-1057-5

Ⅰ. ①幼… Ⅱ. ①项… Ⅲ. ①游戏课－教学研究－学前教育 Ⅳ. ① G613.7

中国版本图书馆 CIP 数据核字（2016）第 177141 号

幼儿游戏设计与教师成长

主　　编 | 项家庆

出 版 人 | 王训海
选题策划 | 王其芳
特邀编辑 | 熊　国
责任编辑 | 刘媛媛　冷　瑜
装帧设计 | 熊　国
责任印制 | 刘　银

出版发行 | 时代出版传媒股份有限公司 http://www.press-mart.com
北京时代华文书局 http://www.bjsdsj.com.cn
北京市东城区安定门外大街 136 号皇城国际大厦 A 座 8 楼
邮编：100011　电话：010-64267955　64267677

印　　刷 | 三河市三佳印刷装订有限公司　0316-3650105
（如发现印装质量问题，请与印刷厂联系调换）

开　　本 | 710×1000mm　1/16
印　　张 | 15.5
字　　数 | 238 千字
版　　次 | 2018 年 3 月第 3 次印刷
书　　号 | ISBN 978-7-5699-1057-5

定　　价 | 32.00 元

前 言

世界是个舞台，我们每个人都在社会生活的游戏之中，人生如戏，每个人都在现实的舞台中上演着自己，每个人也都在社会的游戏中生活着，游戏即生活。每个人都是从幼儿时代从事游戏，游戏即是学习，并为未来社会生活奠定下坚实的基础，著名教育学家陶行知指出："全部的课程包括全部的生活，一切课程都是生活，一切生活都是课程。"幼儿时期是孩子迅速发展的时期，而游戏在幼儿成长中起着特殊的教育作用。游戏是一种有兴趣的活动，幼儿易于接受，游戏活动对幼儿有很大的吸引力，"爱游戏"是儿童最主要的天性，孩子之所以游戏，之所以乐此不疲，是大脑细胞的发育需要。所以，孩子才专注地从事着在成人看来极其枯燥无味的游戏。通过游戏了解周围事物。我们常说：三岁看一半，七岁看一生。在游戏中生活，在生活中受教育。《3—6 儿童学习与发展指南》中指出："幼儿的学习是以直接经验为基础，在游戏和日常生活中进行的。"2016 年 3 月 1 日起施行的《幼儿园工作规程》第五章《幼儿园的教育》第二十五条第（五）点原则和要求：幼儿园教育应当以游戏为基本活动，寓教育丁各项活动之中。

陶行知说："生活即教育。"我们每个人，都是由自然人走向社会人，在迈步前行发展的社会生活过程中，必须学习知晓社会生活的游戏，接受社会对其进行的适应社会生活的教育，这个教育有正式的教育，正规的教育；非正式的教育，非正规教育。教育作用于生活中的每个人，人在生活中，生活本身就是教育。社会生活有其运行的规则，只有遵守社会生活的游戏规则的人，才能成为合格的社会人，否则，就必将被社会生活所淘汰。人在"了解、知晓、熟悉、遵守"的学习过程，本身就是受教育的过程。席勒告诉我们："只有当人充分是人的时候，他才游戏；只有当人游戏的时候，他才是完全的人。"游戏具有促进幼儿认知发展的功能，游戏伴随着儿童成长。正如教育家苏霍姆斯基所说，"游戏犹如火焰，点燃了探索求知的火焰"，在游戏过程中，儿童会不断地移动、触摸、聆听、观察，这些器官刺激有助于培养注意力、观察力、记忆力、想象力、思维力和判断力，培养幼儿的集体观念，有利于道德水平的提高。

如此，教育即游戏。是游戏就有其相应的规则，参与游戏就必须遵守相应的规则，在参与中我们习得了知识、关系、原则、奖惩等等相关内容，这个学习的过程即是受教育的过程，教育鼻祖孔子说："学而时习之，不亦乐乎？""知之者不如好之者，好之者不如乐之者。"受教育学习是一件快乐的事情，在游戏的玩乐中学习受教育。"学而时习之"，"学而不厌"。参与游戏，多次练习，反复强化。从身边的小游戏到生活的大游戏，从生活的游戏到社会的游戏；从简单的游戏到复杂的游戏，从具体的游戏到抽象的游戏；从不知的受教育者到知之者，从游戏的学习者到教育的传播教授者。

日本学者井深大说："游戏是孩子的第二生命，是孩子的第一所学校。"从小对幼儿进行良好的个性培养是极其重要的，而游戏对幼儿有良好的教育作用，游戏能满足他们心理的需求，是幼儿生活中最重要的方面。幼儿是在游戏中学习、游戏中成长，他们每天都把自己快乐地融入游戏中，去探究自己喜欢的东西，并亲身体验和完成某些事情，他们在游戏中增长了知识，提高了能力，此外，游戏对幼儿其他方面的影响更是巨大，表现在对儿童智力的发展起着重要的作用，对儿童情感的满足和稳定也有着重要的作用，游戏还是幼儿表达自己情感的一种方式和克服情绪紧张的一种手段，游戏还对幼儿社会性的发展以及身体的生长发育有着重要的促进作用。游戏正是在幼儿的潜移默化的过程中对幼儿进行着培养。《幼儿园工作规程》第二十九条规定：幼儿园应当将游戏作为对幼儿进行全面发展教育的重要形式。因为，游戏的独特特征对幼儿有着不可估量的重大作用，并对幼儿创造力、智力、非智力因素的发展和提高产生巨大的影响。由此可见，游戏活动是培养幼儿良好个性等各个方面的重要途径。

目 录

下篇 国外幼儿游戏与教师专业发展

上篇

幼儿游戏与教师专业发展

第一章 教育即游戏

游戏是幼儿（3—6岁的儿童）的基本活动，是幼儿的工作。让幼儿在游戏中学习的理念早已成为中外幼儿教育的一个不言而喻、不证自明的公理、原则和信条。甚至更有人针对幼儿教育提出：教育即游戏。

然而，非常有趣的是，对于游戏到底是什么，却始终众说纷纭，至今也没有一个公认的准确界定。对于游戏的界定，大致有3种看法。第一种看法认为，游戏无需界定。一方面，它难以界定；另一方面，它也无需界定。第二种看法认为，概念总是抽象的，而概念所描述的对象却是具体的。因此，直觉判断是游戏的最好界定。第三种看法认为，界定游戏很容易，采取枚举的方法就能做到，枚举游戏的特征就界定了游戏。用通俗的语言来表达这3种看法，即：要么定义游戏没什么用处；要么你觉得什么是游戏，它就是游戏；要么你说它是游戏，它就是游戏。

第一节 游戏理论及分类

在社会文化和人类文明发展的视野里，游戏是一种文化现象。作为一种文化现象，游戏普遍存在于不同的历史时期、不同的社会、不同的文化氛围中。从幼儿发展的层面来看，游戏是幼儿身心发展中的一种特有行为。虽然成人也游戏，但成人的游戏和幼儿的游戏意义迥然不同。然而，从教育特别是学前教育的角度出发，与游戏的社会学研究和游戏的心理学研究等的研究不同，游戏的教学研究不仅重视游戏社会学和游戏心理学注重的游戏中的各种关系，而且更加注重教育情境中的游戏的性质、教育价值和目的。

本书试图暂时搁置关于幼儿游戏“应然”的理论层面的概念研究，而从“实然”的教育教学实践中，从提高幼儿教师专业化水平的层面入手，从幼儿游戏的设计实施的角度来探讨和研究幼儿游戏和游戏教育。

著名教育学家陈鹤琴说过：“游戏是孩子的生命，游戏是孩子获取知识的基本活动形式。”

日本人黑柳彻子写了一本叫《窗边的小豆豆》[1] 的畅销书，讲述了她童年就读过的一个叫巴学园的学校发生的故事。在巴学园里，孩子们的学习和生活都是在游戏中完成的。孩子听完巴学园的故事，都会喜欢和羡慕小豆豆的巴学园生活，都会说：“我也想去巴学园。”这是因为，巴学园是一个充满乐趣和冒险的游戏天堂。

幼儿教育工作者李跃儿以“孩子是脚，教育是鞋”[2] 的教育理念在国内创建了一所她的芭学园（加草头的芭学园，以示与日本巴学园的区别）。她说：“教育的本质是协助人类的生活。教育像是鞋子，帮助孩子更好地走人生的道路。教育者，无论教师还是父母，就像是给孩子造鞋的人。”李跃儿的芭学园里，每一个孩子都是窗边的小豆豆。

无论是黑柳彻子书中的巴学园，还是李跃儿的芭学园，都在告诉我们一句话：教育即游戏。

一、游戏理论

游戏跟随人类文明的发展，一路走来，游戏的历史几乎跟人类的历史一样悠久，而游戏理论的历史却只有 100 多年。了解游戏理论的演进和发展，可以更好地理解游戏的性质、价值和作用。

（一）古典游戏理论

古典游戏理论是指从 18 世纪初到 19 世纪这一段时间里，人们系统地关注、解释和研究游戏并逐渐形成的游戏理论。

古典游戏理论的产生，有其特定的文化和社会背景。1632 年，夸美纽斯（J.A.Comenius）的著作《母育学校》问世，他制订了详尽的 6 岁以下儿童的教育大纲，第一次在理论上构建了学前教育的完整体系，把学前教育纳入教育教学的范畴。18 世纪末，欧洲出现了有组织的学前教育机构。

---

[1] 黑柳彻子 . 窗边的小豆豆［M］，海口：南海出版公司，2003.01.

[2] 李跃儿 . 孩子是脚，教育是鞋［M］，上海：华东师范大学出版社，2014.05.

1840年，福禄贝尔在德国创办了世界上第一所具备现代教育意义的幼儿园。人们开始关注儿童的学前教育的同时，也必然会关注儿童的游戏。在这样的时代背景下，相对系统的游戏理论应运而生是相当自然的事情，尽管早期的游戏理论并非仅限于儿童游戏。

主要的古典游戏理论主要有剩余精力说、松弛说、前练习说、复演说和天赋本能说等。

1. 剩余精力说

剩余精力说的理论认为，在满足了衣食住行这些基本的生存需要之后，人尚有剩余的精力留存，这些剩余的精力就是游戏的驱动力。这种基本思想始于德国诗人和哲学家席勒，之后被英国思想家斯宾塞进一步发展和完善。

席勒（Friedrich von Schiller）继承了哲学家康德关于艺术是自由的游戏的思想，认为艺术中的审美和游戏有着相同的生理基础，即精力过剩，而且审美和游戏的本质也一样，都是为了追求愉悦。成人在完成了满足生存之需的劳动之后还有精力剩余，于是就通过艺术审美和游戏来消耗掉这些剩余的精力。儿童不需要参与劳动，因此，从事游戏的时间就更加充裕。席勒把游戏分为两类：一类是关于物质的，用于消耗过剩的体力的物理性游戏；另一类是关于美的，是由精神方面的精力过剩引发的象征性游戏，如艺术的审美活动。席勒认为，在游戏中的人才是自觉、自在和自由的人。他说："只有当人是充分意义的人的时候，他才游戏，并且只有当他游戏的时候，他才是完全的人。"

斯宾塞（Herbert Spencer）从神经生理的机制上对人类活动进行了解释，游戏是神经细胞的多余活动。人类愈加进化，剩余的时间和精力就愈多。于是，这些剩余的时间和精力就被用来进行艺术的审美和游戏。他认为，游戏是人本能的一种无意识的产物。儿童在本能的驱使下，必然会进行类似成年人的活动，也即游戏。斯宾塞把游戏分为四类，即感觉器官的过剩活动、艺术审美游戏、力量协调游戏和模仿游戏。

2. 松弛说

与剩余精力说的说法恰恰相反，松弛说认为，游戏的产生恰恰不是精力的过剩，而是精力的缺乏和不足，因为游戏有放松身心、解除疲劳、恢复精力的作用。德国哲学家拉宾鲁斯（Moritz Lazarus）在批评剩余精力说的时候，坚持公众中普遍存在的认为游戏能消除工作疲劳的观点。之后，哲学家柏屈克（Patrick）做了进一步的发展。

柏屈克认为，随着工业的规模化和科技革命的发展，人在体力和心理上的负载愈加强烈，人们对于松弛的需求也愈加迫切，而运动型游戏是帮助人们解脱身心疲劳的最有效的手段。对于拉宾鲁斯没有提及的儿童游戏，柏屈克认为，儿童的游戏跟成人的游戏不同，儿童是天生的“游戏动物”，儿童的游戏是被“种族习惯”和“种族记忆”所驱动的。他的这一观点后来被反复演说发扬光大。

3. 前练习说

如果说剩余精力说和松弛说是着眼于成人的游戏，那么，前练习说则相对贴近于儿童。前练习说从自然选择论的视角认为，游戏是人和动物的天赋本能，是对未来生活的无意识准备，是准备生存、锻炼能力的最好方式。未来的生活条件愈复杂，动物和人愈需要从幼小的时候开始加强练习。德国哲学家格鲁斯（Karl Groos）是前练习说的创始人，他著有《动物的游戏》和《人的游戏》等代表作。

格鲁斯认为，动物和人生来的本能是不成熟的，需要通过练习来不断提高，才能应对未来的生活。游戏是一种练习本能和模仿本能的最普遍的冲动，通过练习和模仿，以本能为基础的能力才能得到提高，趋于完善。

格鲁斯把儿童游戏分为两类：一类是练习性游戏，指用来提高儿童感知能力和心理能力的练习性游戏；另一类是社会性游戏，指用来预演人际关系的模仿。

前练习说是第一个试图从心理学角度来解释游戏的理论，因而对其后的游戏理论影响很大，一度成为西方的主流游戏理论。

4. 复演说

受人类进化和胚胎发展科学理论的影响，复演说反对前练习说关于游戏是对未来成人的活动的预先练习的说法，因为它完全忽略了历史的承继和演变。复演说认为，儿童的游戏是人类祖先的习惯活动的遗迹，是种族历史生活的再现。复演说是美国心理学家霍尔（Granville Stanley Hall）以生物学中拉马克的进化理论，特别是获得性遗传学说为理论依据提出的，尽管至今为止尚无证据来证明拉马克的学说。

在霍尔看来，儿童的游戏就是人类祖先的基本工作，游戏是动作遗传最纯粹的表现，不同年龄段的儿童体现了人类发展不同时期的特征，实际上是原始人生活的复演。霍尔还认为，游戏可以通过宣泄帮助儿童摆脱原始的野蛮冲动，使得文明的发展成为可能。

5. 天赋本能说

天赋本能说认为，游戏是儿童本能的表现，是天赋的儿童生活的一部分，正是通过这些游戏，儿童才表达了内心的本质，也即“神的本源”。本能论的代表人物是德国教育家福禄贝尔（Friedrich Wilhelm Frobel），福禄贝尔在其代表作《人的教育》一书中，第一次详细阐述了游戏对于儿童发展的教育价值。他认为，游戏对于儿童的人格发展和智力发展有着不可替代的重要作用。因此，他建议把游戏作为学前教育的基础。

（二）现代游戏理论

现代游戏理论是指20世纪以后形成的游戏理论。和古典游戏理论一样，这些游戏理论的形成也跟20世纪的文化特征紧密相连。

1. 精神分析学派的游戏理论

精神分析学派的分析理论风行于20世纪40年代到60年代。该学派认为，人的心理生活由意识和无意识两部分组成，其中无意识由原始冲动、各种本能和欲望组成。儿童的潜意识同样充满了各种冲动和欲望，这种潜意识是儿童游戏的内在驱动力，游戏是儿童潜意识中的各种能量的宣泄。该学派的主要代表人物是弗洛伊德、埃里克森和伯勒。

弗洛伊德（Sigmund Freud）认为，人格由本我（id）、自我（ego）和超我（superego）组成，本我是人的本能欲望和原始生物内驱力，受“唯乐原则”的支配，婴儿完全受本我统治，而所谓个体人格的发展就是建立和形成自我。弗洛伊德把人格发展分为口唇期、肛门期、性器期、潜伏期和生殖期等5个阶段。他认为，游戏是调节和平衡儿童的本我、自我和超我的一种机制，能满足儿童在现实生活中不能满足的愿望。随着逻辑思维的发展，游戏逐渐消失而被创造性的艺术活动所替代。

埃里克森（E.H.Erikson）接受了弗洛伊德的人格结构说，只是他更加重视社会因素对人格的作用，他把人格的发展划分成8个阶段。他认为，游戏是自我对生物因素和社会因素进行的协调和整合，可以减少焦虑，可以补偿性地满足心理愿望，对人格形成有着积极的促进作用。不同于弗洛伊德，他认为人的一生都与游戏密不可分。在不同的人格发展阶段，游戏的形式也表现不同。使用玩具的游戏是儿童的游戏，艺术、科学和日常生活等“创造性想象”则是成人的游戏。

伯勒（Peller）跟弗洛伊德一样，不认同之前的传统游戏理论对儿童模仿本能的假定，他对儿童在游戏中扮演的角色以及支配这种角色扮演的动机进行了系统的分析。他认为，游戏的背后隐藏着儿童强烈的情绪。儿童对游戏角色的选择，基于他们对角色的感情。他把儿童的情绪发展分成焦虑阶段、前恋母阶段、恋母冲突阶段和后恋母阶段 4 个阶段，儿童的情绪发展阶段不同，游戏的内容也不同。

2. 认知发展学派的游戏理论

自 20 世纪 60 年代开始，皮亚杰（Jean Piaget）的认知发展理论在世界范围内对学前教育产生了重大的影响。认知发展学派的游戏理论应运而生，逐渐占据了儿童游戏理论的顶峰。该学派认为，游戏不是儿童的一项有独立意义的活动，而是儿童认知水平的自然体现，是儿童认识积极的、主动的建构。

皮亚杰从儿童认识发展的角度出发，认为游戏的实质是“同化”超过了“顺应”，游戏的功能在于练习和固化心理技能以及解决情感冲突。同时，皮亚杰认为游戏发展和儿童的认知发展是相适应的，对应感知运动时期、前运算时期和具体运算时期有 3 种游戏类型，即练习性游戏、象征性游戏和规则游戏。

3. 社会文化历史学派的游戏理论

受马克思唯物史观的影响，前苏联的一些心理学家提出了社会文化历史学派的游戏理论。他们认为，活动在儿童心理发展中起主导作用，而游戏是学前儿童的主导活动，儿童的游戏无论从内容还是从结构上都起源于社会和历史。社会文化历史学派的代表人物是维果茨基（Lev Vygotsky）和艾尔康宁等。该理论对我国的学前教育有着深远的影响。

维果茨基用他的“最近发展区”理论来区分儿童发展的两个层次：“实际发展”和“潜在发展”。他解释说，在不同的发展时期，儿童的主导活动是不同的，游戏是3—6岁儿童的主导活动。他认为，游戏是学前儿童发展的基本源泉，儿童在游戏中的表现常常高于他们真实的发展水平。游戏可以作为儿童“最近发展区”的支架，促进学前儿童思维能力和意志行为的发展，帮助他们达到更高的发展层次。

艾尔康宁认为，游戏的起源和本质都是游戏的社会性。即便是针对个体，游戏也是个体儿童与成人的关系的体现。他觉得，角色游戏最能体现游戏的社会性。因此，角色游戏是最典型的儿童游戏，研究儿童游戏应当以角色游戏为主要研究对象。

（三）当代游戏理论

当代游戏理论是指皮亚杰的认知发展游戏理论之后形成的游戏理论，其中比较有影响的是唤醒理论和元交际理论。

1. 唤醒理论

唤醒理论是在学习的内驱力理论的基础上建立起来的旨在解释游戏的生理机制的一种理论。该理论认为，游戏是由于外界刺激引发学习的内驱力活动而形成的产物。其代表人物是伯莱恩、艾丽斯、亨特等。

伯莱恩（D.E.Berlyne）认为，外界刺激水平和游戏的激发水平是反向的，游戏的作用是增加刺激来降低激发。当激发被降低到适宜水平时，游戏就停止了。当刺激水平降低，激发水平提高时，游戏又重新开始。

艾丽斯（M.J.Ellis）则认为，外界刺激水平和游戏的激发水平是同向的，有刺激时激发水平高，无刺激时激发水平低，而游戏的作用正是寻求和制造刺激，使激发水平上升到适宜的水平。艾丽斯的解释比伯莱恩的解释更加积极。

亨特（C.Hutt）认为，环境的刺激在大和小之间不断循环，有机体有避开极端的本能。因此，游戏只是一次刺激极端到另一次刺激极端中途的一个短暂的状态。在这个短暂的状态中，刺激和激发水平都是适宜的，游戏本身既不增加也不降低外界刺激。也把游戏看成是由认知行为和嬉戏行为构成的活动——先认识，后嬉戏，然后再认知、再嬉戏，如此循环，构成了游戏的过程。

2. 元交际理论

人类的交际不仅限于语言的交际，也有意义含蓄的交际，这种意义含蓄的交际就是元交际（meta-communication），它常常表现为“言外之意”和“不言而喻”的隐喻。元交际依赖交际双方对于交际意图和相互传递信息的隐喻的辨识和理解。元交际理论认为，游戏是儿童通往人类文化和表征世界的必需技能和重要途径。人类学家贝特森（Gregory Bateson）是元交际理论的创始人。

贝特森利用人类学、逻辑学、数学等工具来研究游戏，试图揭示游戏的意识和信息交流过程的实质。他认为，元交际的特征是隐喻。这种特征广泛存在于人类的社会生活，特别是艺术生活中。元交际的涵义意味着元交际的发生早于人类语言的发生。经过很多课题的研究，贝特森认为游戏是元交际的起源之一，对元交际的进化和发展有着重要的影响；元交际能力是非常重要的社会交际能力；游戏不仅需要儿童具备一定的元交际能力，同时游戏过程也是儿童提升元交际能力的重要途径。因此，游戏是儿童的重要学习方式。

二、游戏分类

对游戏进行分类，有助于更好地对游戏进行认识和研究。对幼儿教育工作者来说，最重要的是能根据分类进行教育教学。一般说来，分类的方法要么从既有的理论出发，以理论为基础进行分类；要么从观察入手，根据观察到的游戏的不同特点进行归纳。

需要特别指出的是，除非特别说明，从现在开始，本书的“游戏”一词特指幼儿游戏。

比较有影响的游戏分类如下：

1. 以皮亚杰认知发展理论为理论基础的游戏分类

皮亚杰根据认知发展和游戏的关系，把游戏分成以下呈现发展等级关系的游戏：

（1）练习性游戏：由简单、重复的动作组成的身体活动，其动因在于感觉和运动器官在活动过程中获得的快感。它是人的一生中最早出现的一种游戏。

（2）象征性游戏：认知和社会性因素协调和整合的结果。它是幼儿的认知和社会性发展的标志性成就。

（3）结构性游戏：指幼儿按照一定的计划和目的来组织物体或游戏材料的活动。一般认为，幼儿的结构性游戏发生在2岁左右。

（4）规则游戏：指两个以上的游戏者在一起按照预先规定的规则进行的具有竞赛性质的游戏。它是幼儿游戏的高级发展形式。

2. 萨顿—斯密斯以游戏活动功能为依据的游戏分类

萨顿—斯密斯（Brian Sutton-Smith）根据幼儿经验和游戏行为的不同指向，将游戏划分成以下4种：

（1）模仿游戏：指向人际交往与角色扮演经验的获得。

（2）探索游戏：指向关于物质世界的经验获得。

（3）检验游戏：指向自我概念的发现。

（4）造型游戏：指向关于人类社会的经验的获得。

3. 豪伊斯依据幼儿社会性发展进行的游戏分类

根据幼儿之间在游戏中的接触亲密程度，豪伊斯（Carollee Howes）把幼儿的活动分成以下5个水平：

（1）互不注意的平行游戏：幼儿同时进行类似的游戏，幼儿之间没有相互的关注，没有眼神的接触以及进一步的交往。

（2）互相注意的平行游戏：幼儿同时进行类似的游戏，幼儿之间有眼神交流，相互关注对方的活动，但无语言交流或其他社会性互动。

（3）简单的社会性游戏：幼儿同时进行类似的活动，幼儿之间有社会性互动（如谈笑、互借玩具、身体接触和攻击行为等），但彼此的游戏之间没有联系。

（4）互补的社会性游戏：幼儿在共同活动中有自发的动作配合，但相互之间并没有沟通和交流，更没有共同的游戏计划。

（5）合作的社会性游戏：幼儿在共同的游戏中，有共同的活动计划，有语言的沟通和交流。

4. 我国幼教界的习惯游戏分类[1]

我国幼教界习惯的游戏分类是把游戏分为创造性游戏和有规则的游戏两大类。这种游戏的分类，受前苏联的影响比较大。其主要优点是便于教

[1] 刘焱．儿童游戏通论［M］．北京：北京师范大学出版社，2004.10.

师从教育教学的角度了解游戏的作用，掌握游戏指导的规范，便于游戏的开展。

本书的幼儿游戏分类按习惯继续采用这种游戏分类方法，但在游戏的设计、实施和开展上，提倡借鉴其他游戏分类中对游戏的理解和认识。

（1）创造性游戏

创造性游戏是指幼儿自己创造出来的游戏，包括角色游戏、表演游戏和建构游戏。其中，角色游戏是指幼儿通过模仿和想象来扮演角色，创造性地反映现实生活的游戏；表演游戏是指幼儿按照童话或故事中的情节来扮演某一角色，再现文艺作品的游戏；建构游戏是指幼儿应用各种游戏材料建构物体的游戏。

（2）有规则的游戏

有规则的游戏则是指预先包含一定的内容和规则的游戏，包括体育游戏、智力游戏和音乐游戏等。

第二节　《指南》背景下的游戏教育[1]

2012年，教育部正式印发了《3—6儿童学习与发展指南》。《指南》实施的作用有两个：一是提出了一整套幼儿学习与发展的目标体系；二是配合目标提出了有针对性的教育建议，将正确的教育观、儿童观、发展观自然地渗透其中，引导有关的成人用正确的方法去支持幼儿的学习和发展。那么，《指南》背景下的游戏教育就是要通过游戏教育去完成《指南》中的教育目标，从而科学地帮助幼儿达到教育的期望。

《指南》的内容由“说明”和“正文”两个部分构成。“正文”从3—6岁儿童学习和发展的5个领域，分别描述了幼儿的学习与发展。这5个领域是“健康”、“语言”、“社会”、“科学”、“艺术”。每个领域的概述部分简要说明了该领域对幼儿学习与发展的基本价值、教育要点和特别注意事项。

《指南》还指出，要理解幼儿的学习方式和特点。幼儿的学习是以直

[1]　李季湄，冯晓霞.《3—6岁儿童学习与发展指南》解读［M］，北京：人民教育出版社，2013.03.

接经验为基础，在游戏和日常生活中进行的。要珍视游戏和生活的独特价值，创设丰富的教育环境，合理安排一日生活，最大限度地支持和满足幼儿通过直接感知、实际操作和亲身体验获取经验的需要。剖析这段话，我们不难发现游戏和生活是最适合幼儿获得有益经验的载体，游戏是幼儿最喜欢的生活方式。

结合幼儿学习的方式和特点，立足于我国学前期教育的现状，为了达到《指南》提出的幼儿在五大领域的发展目标的具体要求，真正使幼儿得到全面发展，我们反复强调必须要做好的事：第一是把游戏教育做好；第二是把游戏教育做好；第三还是把游戏教育做好。

教育即游戏。

（一）游戏教育与幼儿身心的发展

幼儿身心的发展即幼儿的身心健康，也即幼儿在身体、心理和社会适应方面的状态，它是幼儿全面发展的基础。幼儿阶段是人身体发育和机能发展极为迅速的时期，也是形成安全感和积极乐观态度的重要阶段。发育良好、情绪愉快、体质强健、动作协调、习惯良好是幼儿身心健康的重要标志。

《指南》在健康领域中，按照幼儿学习与发展的基本内容，划分为“身心状况”、“动作发展”、“生活习惯与生活能力”3个子领域。在每个子领域里，又包含若干幼儿学习与发展的具体目标。

表一　健康领域学习与发展目标

领域	子领域	目标
健康	身心状况	1. 具有健康的体态。
		2. 情绪安定愉快。
		3. 具有一定的适应能力。
	动作发展	1. 具有一定的平衡能力，动作协调、灵敏。
		2. 具有一定的力量和耐力。
		3. 手的动作协调灵活。
	生活习惯与生活能力	1. 具有良好的生活和卫生习惯。
		2. 具有基本的生活自理能力。
		3. 具备基本的安全知识和自我保护能力。

1. 身体健康和动作发展

游戏是幼儿自发的运动形式。在户外进行游戏，幼儿可以得到全身的活动，接触清新的空气，接受温暖的阳光照耀，增强对环境的适应能力。在游戏中，幼儿身体的各种器官都得到活动，有全身运动，也有局部运动；有运动量大的活动，也有运动量小的活动。这些活动和运动，不仅促进幼儿骨骼肌肉的成熟，也有利于内脏器官和神经系统的发育。研究证明，游戏中的运动是让幼儿获得身体健康发展的最有效的途径。

例如，涉及奔跑、跳跃、钻爬、攀登等动作的游戏，能够锻炼幼儿大肌肉群的活动能力，促进对肌肉运动的控制和协调；类似接插积塑、搭建积木、穿编这样的游戏，能有效发展幼儿手部的小肌肉，小肌肉群的协调可以为今后学习书写做好准备。

2. 心理健康

幼儿出生时，就具有多种基本情绪，具有适应环境的基本功能。这些基本情绪在后天逐渐显露和分化，并且随着幼儿的身心发展与交往活动范围的扩大而逐渐提高。在基本情绪的基础上，会衍生出成就感、道德感、同情心、美感等高级社会情感。游戏作为一种充满情绪情感色彩的学前期基本活动，它的群体性不仅对于以情感联系为纽带的各种人际关系（如亲子关系、伙伴关系、师生关系等）的良好形成具有积极的建设性作用，而且对幼儿情绪情感的自身发展也有着重要和独特的作用。

例如，游戏可以发展幼儿的成就感，增强自信心。成就感或胜任感是游戏性体验的基本构成要素，也是幼儿主体对自我力量和能力的认知与体验，是幼儿的一种正向的、积极的情感。游戏的重复可以让幼儿在游戏中自主地持续练习游戏动作以掌握游戏技术和技能，让幼儿不断挑战自我、重新建构经验，体验成功，从而提高自信心。

（二）游戏教育与幼儿语言的发展

语言是思维和交流的工具。幼儿期是语言的发展，特别是口语发展的重要时期。幼儿的语言发展贯穿于各个领域，也对其他领域的学习与发展有着重要的影响。

《指南》有关语言领域中有“倾听与表达”、“阅读与书写准备”两个子领域内容及6条具体发展目标。

表二 语言领域学习与发展目标

领域	子领域	目标
语言	倾听与表达	1. 认真听并能听懂常用语言。
		2. 愿意讲话并清楚地表达。
		3. 具有文明的语言习惯。
	阅读与书写准备	1. 喜欢听故事、看图书。
		2. 具有初步的阅读理解能力。
		3. 具有书面表达的愿望和初步技能。

一方面，语言是交往的工具，最好的语言发展训练就是在交往中进行的语言练习。另一方面，正如儿童教育家陈鹤琴先生所说：发展语言的关键是创设一个能使他们想说、敢说、喜欢说、有机会说，并能得到积极应答的环境。游戏既为幼儿提供了跟同伴交往的机会，同时也提供了自由、宽松、和谐的语言表达环境。

例如，在教师引领的表演游戏、角色游戏等游戏活动中，幼儿正是通过自由自在的语言表达、对语言表达专注的倾听和理解，才使得游戏按照幼儿的愿望不断延续和发展。

（三）游戏教育与幼儿社会性的发展

人从出生的那一刻起，就处于一定的社会环境和社会关系中。特定的社会环境和社会关系构成了幼儿身心发展的基本条件，也构成其身心发展的重要内容。幼儿的社会性发展是指幼儿的以人际交际系统为定向的个体心理特征与能力的发展，它是一个通过发起、形成和维持与他人的关系，融入所在的社会环境与社会关系，接受所在的社会群体认可的价值观和行为方式的过程。幼儿阶段是人的社会性发展的重要时期。2—4 岁是儿童秩序性发展的关键期，3—5 岁是幼儿自我控制发展的关键期，4 岁是幼儿同伴交往发展的关键期，5 岁是幼儿由生理性需要向社会性需要发展的关键期。

《指南》将幼儿社会领域的学习与发展分为“人际交往”与“社会适应”两个子领域。

表三　社会领域学习与发展目标

领域	子领域	目标
社会	人际交往	1. 愿意与人交往。
		2. 能与同伴友好相处。
		3. 具有自尊、自信、自主的表现。
		4. 关心尊重他人。
	社会适应	1. 喜欢并适应群体生活。
		2. 遵守基本的行为规范。
		3. 具有初步的归属感。

游戏是幼儿社会性交往的主要形式，也是他们社会性发展的重要途径。亲子游戏与伙伴游戏是幼儿社会性游戏的主要形式。

1. 人际交往

交往技能是指发起、组织和维持交往活动的能力。幼儿同伴间的交往主要是以游戏的方式体现的。社会性游戏可以让幼儿学习和掌握各种社会性交往的技能，譬如在游戏中培养合作技能、在游戏中强化解决同伴之间的纠纷和冲突的经验、构造同伴交往策略等。

例如，幼儿在角色游戏中，需要一起商量角色、规则和游戏的主题，在游戏的过程中也会发生纠纷和冲突，需要他们来解决这些纠纷和冲突，这些都能让幼儿增强人际交往和协调的能力。幼儿与比自己年龄大的幼儿一起玩，往往可以学会年龄大的幼儿的为人处事的技能和方法；幼儿与比自己年龄小的幼儿一起玩，可以借助当哥哥和姐姐的机会来培养照顾他人的能力和经验。

2. 社会适应

社会适应是指幼儿为取得与环境的和谐关系而产生的心理和行为变化。对幼儿的发展来说，社会适应性的重点是在对社会规范和规则的理解以及在这个理解之上的亲社会行为。

例如，社会性游戏要求幼儿理解对方动作的意图与意义，能够区分什么情况是游戏什么情况不是游戏；理解游戏规则对于游戏的重要性并遵守这种规则；协调与分享自己与别人关于游戏的构思与想法及行为。通过社会性游戏，可以让幼儿认识和理解他人的愿望、情感，学会面对与自己不同的观点，协调他人的关系，表现出合作、分享、帮助和谦让的亲社会行为。

（四）游戏教育与幼儿认知的发展

认知发展是人的发展的重要组成部分，它是指个体认知结构和认知能力的形成、发展和变化的过程，涉及知觉、记忆、注意、思维、语言、想象等多种心理过程。认知发展有3个重要的内容：首先是区分与特定目的有关或无关的信息的能力；其次是用较少线索产生较多信息的能力；最后是抽象思维能力。概念学习和解决问题是认知发展的最基本的因素。

儿童对自然界中事物和现象进行探索并形成解释的过程可以称之为儿童的“科学探究”，儿童基于对自然环境中事物和现象的认识进一步形成的对其逻辑关系的理解可以称之为“数学认知”。基于人类自然科学发展的历程和儿童认识客观世界的特点，“科学探究”和“数学认知”成为《指南》科学领域中相互联系而又相对独立的两个重要方面。

表四　科学领域学习与发展目标

领域	子领域	目标
科学	科学探究	1. 亲近自然，喜欢探究。
		2. 具有初步的探究能力。
		3. 在探究中认识周围事物和现象。
	数学认知	1. 初步感知生活中数字的有用和有趣。
		2. 感知理解数、量及数量关系。
		3. 感知形状与空间的关系。

研究表明，游戏为幼儿提供了发现问题和解决问题的机会，有助于幼儿问题解决能力的形成和发展。游戏是灵活性、创新性的重要发展源泉。游戏的过程正是智力发生的非同一般的、特殊的过程。

例如，建构游戏可以使幼儿变换各种方式来对待物体，不仅扩大了与材料之间相互作用的可能性的范围，增强了幼儿对于形状和空间的感知，而且也使幼儿的思维方式变得灵活而较少固定性和刻板性。

（五）游戏教育与幼儿艺术审美的发展

游戏与艺术密不可分。我国著名美学家朱光潜提出：“艺术的雏形就是游戏。游戏之中含有创造和欣赏的心理活动。人们不都是艺术家，但每个人都做过儿童，对于游戏都有几分经验。所以，要了解以上的创造和欣赏，最好是先研究游戏。”

《指南》将艺术领域的学习与发展目标分为“感受与欣赏”与“表现与创造”两个子领域。

表五　艺术领域学习与发展目标

领域	子领域	目标
艺术	感受与欣赏	1. 喜欢自然界与生活中美的事物。
		2. 喜欢欣赏多种多样的艺术形式和作品。
	表现与创造	1. 喜欢进行艺术活动并大胆表现。
		2. 具有初步的艺术表现和创造能力。

游戏中无时无刻不具有艺术的成分，同时艺术也自始至终包含游戏的因素。游戏和艺术这种相互包含的天然联系，使得游戏成为帮助人们从事艺术活动的方式和手段。游戏化的艺术教育活动可以激发幼儿的兴趣，促进幼儿艺术能力的发展，即幼儿的艺术兴趣、艺术感受力、艺术表现力、艺术创造力的发展，使幼儿喜欢、热爱生活中的艺术美，乃至于激发幼儿的艺术创作潜能。

例如，节奏类的音乐游戏可以培养幼儿音乐的节奏感。在游戏中，幼儿通过语言节奏和动作节奏来以轻松愉快的方式去体验音乐的节奏感，进而感受音乐艺术的内涵，最终提高幼儿的音乐素养和能力。

第三节　游戏教育与幼儿教师的专业发展

在我国的学前教育中，游戏教育还存在许多亟待解决的问题，如游戏教育形式化、游戏教育教学化、游戏教育模式化等。深入探究这些问题，其原因无不指向幼儿教师的专业发展。例如，教师对游戏的本质特征认识模糊、教师缺乏对游戏和幼儿的观察和评价能力、教师对于游戏设计和指导的驾驭能力明显不足、教师忽视游戏环境的创设而缺乏科学性和针对性等。因此，要想使幼儿游戏成为真正意义上的游戏教育，必须进一步提升幼儿教师的专业发展水平。

职业不等于专业。教师不仅是一种行业，更是一种专业，和其他专业一样具备专业不可替代性。专业是指一群人在从事一种必须通过专门教育和训练，具有较为高深和独特的专门知识和技术，按照一定的专业标准进行的活动。

教师的专业发展是建立在教师专业化的基础上的。教师专业化发展是教师内在的结构不断更新、演进和丰富的过程，即教师通过接受专业训练和自身主动学习，逐步成为专家型教师和学者型教师，不断提升自身专业水平的持续发展过程[1]。

教师专业发展的理论研究成果和教师专业化的标准是两个需要谈及的重要概念。教师专业化发展理论是对教师专业发展整个过程进行研究得到的成果；而教师专业标准是教师专业发展的一个实用的基础指标和操作指南，是教师必须达到的知识、技能、习惯和价值水平等的一组参数。

一、幼儿教师专业发展理论和标准

（一）教师专业发展理论

国内外有很多关于教师专业发展的理论，比较有影响力的研究如下：

1972 年，美国的卡茨（L.Katz）提出了“教师发展时期论”，他针对教师的训练需求与专业发展目标，把教师的发展划分为 4 个阶段，即求生存期、巩固期、更新期、成熟期。卡茨提出“教师发展时期论”是基于对从事学前教育的教师为研究对象得出的，但他的理论缺乏关于学前教师在成熟期之后的发展的研究，而教师进入成熟期之后，会有一个相当长的职业生涯。

1979 年，美国的伯顿（P.R.Burden）提出了“教师发展阶段论”。他从跟教师访谈的记录数据与资料中，整理归纳了教师们所提出的反映意见，把教师的发展分成 3 个阶段，即生存阶段、调整阶段、成熟阶段。伯顿的研究的特点是重视数据的处理，以数据的综合为研究基础。这一点是我们在研究中应当积极借鉴的，其不足之处在于他依然没有对成熟阶段之后教师的专业发展加以探究。

---

[1] 虞永平.《幼儿园教师专业标准》的专业化理论基础[J]. 学前教育研究，2012(7).

1985年,美国教师发展研究领域的另一位杰出学者费斯勒（R.Fessler）,通过对教师日常教学的观察和典型事例的研究，结合相关理论，提出了动态的教师生涯循环理论，将教师的整个专业生涯划分成8个阶段，即职前教育阶段、引导阶段、能力建立阶段、热心和成长阶段、生涯挫折阶段、稳定和停滞阶段、生涯低落阶段、生涯退出阶段。费斯勒的教师生涯循环论提供了一个较为完整的贯穿教师生涯的理论架构，弥补了卡茨和伯顿的研究的不足。

1988年,伯林纳（D.C.Berliner）提出了教师教学专长发展五阶段理论,五阶段具体是指新手教师、熟练新手教师、胜任型教师、业务精干型教师、专家型教师。

1989年，美国学者司德菲（B.Stetty）依据人本心理学派的自我实现理论,建立了教师生涯发展模式,将教师发展分为5个阶段,即预备生涯阶段、专家生涯阶段、退缩生涯阶段、更新生涯阶段、退出生涯阶段。司德菲的教师生涯发展模式比较完整地体现了教师的整个专业发展过程。

（二）教师专业发展标准

国家大计，教育为本；教育大计，教师为本。在认识到提高教师质量是国际间教育竞争的核心要素之后，自20世纪80年代开始，世界各国纷纷开始制定各自的教师专业标准体系，为提高教育质量奠定基础。

幼儿教师的专业标准的制定，是提高幼儿教师专业地位的基本前提，是保证幼儿教育质量的重要依据，是构建幼儿教育标准体系的核心工作。

1. 美国的《优秀幼儿教师专业标准》[1]

美国全美幼儿教育协会（NAEYC）于2009年颁布了《幼儿教师职业准备标准》，美国专业教育标准委员会（NBPTS）于2010年起草了《优秀幼儿教师专业标准》。

《优秀幼儿教师专业标准》中有关衡量优秀幼儿教师的专业标准如下：

（1）能促进幼儿身体、认知、语言、情绪、社会和道德的发展；

（2）能与家长和社区通过交流建立合作关系，并获得支持和服务；

（3）能确保平等、展示公平、重视和欣赏多样性；

---

[1]　张治国.美国四大全国性教师专业标准的比较及其对我国的借鉴意义［J］. 外国教育研究，2009（10）.

（4）了解培养幼儿的身体、认知、语言、情绪、社会、道德发展的重要性，并能有意识地整合这些发展领域到教育教学中，了解每个发展领域中的重要内容及原因，了解各发展领域之间的内在和外在关系；

（5）有评价幼儿的能力；

（6）有建构和管理环境的能力；

（7）能为幼儿的发展制订计划，设定适宜的目标，设计适宜的学习活动；

（8）能有技巧地运用教学策略和教学资源实施幼儿教学，并关注每一个幼儿对教学的反应；

（9）能反思幼儿教学；

（10）能体现专业精神，促进专业发展。

2. 我国的《幼儿园教师专业标准（试行）》

2012年，教育部颁布了《幼儿园教师专业标准（试行）》（以下简称《专业标准》），对教师的专业伦理、工作态度、专业知识、专业能力及实践水平等，做出了明确的规定。它是国家对合格幼儿园教师专业素质的基本要求，是幼儿园教师实施保教行为的基本规范，是引领幼儿园教师终身学习和专业发展的基本准则，是幼儿园教师培养、准入、培训、考核等工作的重要依据。《专业标准》由基本理念、基本内容和实施建议3个部分组成。其中，基本理念是师德为先、幼儿为本、能力为重和终身学习。基本内容包含了专业理念与师德、专业知识和专业能力3个方面的62项基本要求。

二、《专业标准》背景下的游戏教育与幼儿教师专业发展[1]

《专业标准》基本内容中的62项基本要求，随着教师专业发展由低到高的进程，可以从新手的意识层面开始到行家的实践层面再到最终的专家理论化层面进行不同水准的解读。它可以是新手意识层面的“知道”，可以是熟手发展层面的“理解”，可以是骨干实践层面的“应用”，可以是精英思辨层面的“分析与综合”，也可以是专家理论层面的“反思与评估”。

（一）专业理念和师德是游戏教育的设计思想

《专业标准》中的幼儿教师的专业理念和师德包括职业理解和认识、

[1] 高慧斌. 教师专业标准解读：幼儿教师[M]，天津：天津教育出版社，2012.12.

对幼儿的态度与行为、幼儿保育和教育的态度与行为、个人修养与行为 4 个方面。

如果说游戏教育是一幢大厦，那么，专业理念和师德就是构建游戏教育的设计思想，没有专业理念和师德的游戏教育是不可想象的。如同存在主义哲学所说的“存在先于本质”,专业理念和师德决定着游戏教育的本质。没有它，游戏教育则可能是且仅仅是游戏。

教师的专业理念首先表现为教师信奉和践行的教育理念、教育思想、教育观点。在当前信息大爆炸的时代背景下，有了“终身学习”的理念，才会跟上专业发展的步伐，通过各种学习机会和方法了解国内外最新的游戏教育的理论发展、实践案例，更新教育观、游戏观，进而改进和创造适宜幼儿的各种游戏，最终组成游戏教育的有机整体，达成促进幼儿发展的教育目标。相反，缺乏教师专业发展的教师，只能用自身业已具有的、静态的教育认知和教育经验来面对他遇到和将要遇到的、动态的教育境况和生动活泼的幼儿。

教师的专业理念和师德还表现为教师对幼儿教育的专业理解。有了对幼儿教育的专业理解，才能对游戏教育在幼儿教育中的重大意义有深刻的理解。也只有在对幼儿教育乃至游戏教育有深刻理解的前提下，教师才能充分发掘各种教育资源，建立各种合作关系来实施游戏教育以促进幼儿在各个领域的和谐发展。

教师的专业理念和师德更表现为教师对幼儿的态度。教师从“幼儿为本”的理念出发，才能在游戏中细致观察每一个幼儿，发现并尊重不同幼儿的发展差异，并为之提供适宜的指导。对幼儿的态度体现在关爱幼儿、理解幼儿、尊重幼儿、重视幼儿的具体行为上。

（二）专业知识是游戏教育的奠基基石

《专业标准》中的幼儿教师的专业知识包括幼儿发展知识、幼儿保育和教育知识、通识性知识 3 个方面。

幼儿发展知识能让教师理解幼儿的生理和心理特点、掌握幼儿身心发展规律、区分幼儿的个体差异，从而制定适宜的教育策略与方法。幼儿保育和教育知识通常是指幼儿卫生学、幼儿心理学、幼儿教育学及幼儿园各科教学法。通识性知识是教师的文化基础和文化视野，包括社会科学、自然科学及人文科学的有关知识和理论。

教师的专业知识是构建游戏教育大厦的奠基基石，它的长度、宽度和深度决定了游戏教育大厦的规模。换言之，专业知识不仅是幼儿教师从事学前教育所必须掌握的基本智力资源，而且它的内涵的丰富程度也直接决定了在这个内涵之上将要建立的专业能力的高低。

北京师范大学教授冯晓霞对幼儿教师的专业知识做了精辟的阐述："教师所具有的专业知识是一个不断发展的过程。这个过程可以说是'公共知识个体化'和'理论知识实践化'的过程。作为一个专门化的职业，幼儿园教师的专业知识是社会、幼儿教育领域长期积累的'公共知识'。但作为教师个人，其专业知识是公共知识内化而成的'个人知识'。这个内化的过程不是外在的、理论形态上的'公共知识'的简单内移，而是一个主动建构的过程。"[1]

（三）专业能力是游戏教育的支撑框架

《专业标准》中教师的专业能力包括环境的创设与利用、一日生活的组织与保育、游戏活动的支持与引导、教育活动的计划与实施、激励与评价、沟通与合作、反思与发展 7 个方面。

专业能力是构建游戏教育大厦的支撑框架，它是在专业知识的基石上树立起来的，它的高度和结构强度不但决定着游戏教育大厦的高度，而且决定着游戏教育大厦结构的强度。

在游戏活动中，教师的组织能力、观察能力、引导能力、评价能力会有一个综合的体现。一个具有良好专业能力的教师才能让游戏活动充满生机、充满魅力、充满教育意义。在游戏教育中，一个具备了一定专业发展的教师应该是游戏的组织者、观察者、引导者和评价者。

1. 教师是游戏的组织者

在游戏教育中，组织者首先是设计者和策划者。幼儿教师的组织能力包含着对幼儿教师游戏设计能力的要求，幼儿教师的游戏设计能力是幼儿教师区别于其他教师的重要的专业能力。幼儿教师除了自己设计游戏之外，对外购的游戏也必须针对幼儿的实际情况进行创造性的完善和改造。为了

[1] 冯晓霞．幼儿园教师的专业知识［J］．学前教育研究，2012（10）．

让幼儿获得更多的游戏体验，原则上游戏组织结构应当偏向于开放性的低结构。也就是说，教师要采取低控制的方式组织游戏活动，这对教师的组织能力提出了更高的要求。它要求教师通过隐蔽教育目标，把教师想教的变成幼儿想学的，引发幼儿探究学习，更重视游戏过程而非游戏结果。这是因为，游戏的开放低控制介于高控制和放任自流之间，习惯了高控制组织方式的幼儿教师很容易将开放的低控制变成放任自流。

组织者还是游戏环境的创设者。学前期幼儿思维发展处于前运算阶段，具有直观性、具体形象性的特点。因此，这一时期投放的游戏材料应以直观形象和具体操作性为主。教师在投放游戏材料时，既要考虑不同游戏类型的特殊性，又要结合五大领域的不同特点，有的放矢地投放游戏材料，做到种类适宜、数量适当、体现层次性及发展性，使游戏材料最大限度地发挥作用，满足幼儿身心发展的需要。作为教师，有能力为幼儿创造适合他们自主活动和自我表现的游戏环境显得尤为重要。

2. 教师是游戏活动的观察者

在游戏教育的观察中，观察的要点包含了幼儿在认知、情感、社会、语言等多个发展领域的内容。会观察的教师能够通过观察发现幼儿的游戏行为与幼儿发展的关系，能够观察到幼儿之间发展的差异性，能够从幼儿发展的角度对幼儿的游戏行为进行思考，并及时将观察的现象进行记录与分析。实际上，教师的视线和反应是衡量一个教师专业水准的一个重要的标准。在现实的游戏中，或者由于观察需要耐心、细心和恒心，或者由于观察需要耗费大量的时间，或者由于教材源自外购等原因，观察在现实的游戏教育中被严重忽视。

在游戏教育中，观察是游戏设计的依据，是游戏实施和指导的前提，更是适宜性教育这个理念贯彻的基础。

3. 教师是游戏的引导者

教师作为游戏教育的引导者，意味着教师应当细心观察幼儿在游戏中的表现和反应，发现幼儿的差异性，结合幼儿的差异性对幼儿进行适宜的、个性化的有效干预，将幼儿的兴趣导向积极健康的方向，协助游戏尽可能发挥其应有的教育价值。

游戏教育中教师的引导作用，具体表现在对幼儿游戏的支持和推动上。

教师在游戏活动中的引导作用是指教师在幼儿的游戏活动中通过平等、尊重和谐的师幼关系，利用语言、表情、动作等方式给予幼儿鼓励和帮助，支持和推动幼儿的游戏活动；是指教师作为幼儿游戏的坚强后盾，要营造宽松的心理环境、有趣的物质环境。

为了推动幼儿游戏的深入开展，要求教师的引导作用是适时有效的。适时表达的是即刻满足幼儿在游戏中的切实需要，有效指的是把教育目标让幼儿以幼儿的愿望和需求表达出来。因此，适时有效的引导是对教师的教育能力和教育智慧的严峻考验。

4. 教师是游戏的评价者

游戏评价是推进游戏教育深入发展的催化剂。评价包含教师对幼儿的评价、引导幼儿评价幼儿、教师对自己的反思以及教师对游戏教育的评价。

教师对幼儿的评价是评价的基础，林德（T.W.Linder）在《在游戏中评价儿童》一书中，指出了传统幼儿评价在非自然的环境中、使用非熟悉的评价者以及缺乏各种信息的缺陷，提出了强调幼儿评估科学性和综合性的跨学科评估的思想。林德的跨学科评估的思想很值得借鉴，即教师在游戏教育对幼儿的评估环节中，不要拘泥于就事论事，而是要以综合的、全面的、发展的、积极的视角评价幼儿。

在游戏活动中，教师通常会以评价者自居，非常忽略幼儿对幼儿的评价。幼儿在评价幼儿的过程中，不仅能尝试回顾自己的游戏行为，还能关注和了解他人的游戏行为，并通过语言表达出自己的理解和愿望，在与他人分享交流的同时，获得丰富的游戏经验。引导幼儿评价幼儿是游戏教育评价中最具魅力、最具挑战性的部分，是教师和幼儿携手到达教育目标的最好途径。它需要教师积极地参与、深刻地洞察、敏锐地预见以及灵活地应变。

教师对自己和游戏教育的评价的内核是反思，反思在游戏教育的建构与发展中具备关键的作用。杜威认为，教师是反思性的专业人士。游戏教育和教师的专业发展都是建立在不断反思的基础上，而不是局限于对经典教学方法的模仿和对流行专业理论的照搬上。只有通过不断的反思，相关的游戏教育的各种决策和策略才会不断被优化和完善。

第二章　幼儿教师的专业发展途径

幼儿园的一日活动大致分为生活活动、户外活动、学习活动和游戏活动4个环节，其中游戏就占了四分之一。从幼儿园教育活动的特点来看，应该把握的特点是生活化、游戏化。除此以外，游戏还是幼儿园的基本活动形式。因此，我们可以说，幼儿教师的专业发展与幼儿游戏密不可分。帮助教师获得专业发展的途径非常多，学习、实践、反思、培训、教研、课题研究都能帮助幼儿教师获得专业发展，而在实际工作中也不难发现，设计、组织、实施游戏活动并进行有效的反思，这一系列的过程本身就能帮助幼儿教师获得专业发展。

第一节　幼儿游戏与教师专业能力

为促进幼儿园教师的专业发展，建设高素质的幼儿园教师队伍，根据《中华人民共和国教师法》，教育部2012年颁布出台了《幼儿园教师专业标准（试行）》[2012]1号文件，随后又于2012年12月出版了《幼儿教师专业标准解读》一书。通过仔细阅读，我们可以发现，这个专业标准是从专业理念与师德、专业知识、专业能力3个方面来阐述的。在专业能力中的第8点、第10点与游戏活动直接相关，第8点“环境创设与利用”的内容是：“建立良好的师幼关系，帮助幼儿建立良好的同伴关系，让幼儿感到温暖和愉悦。建立班级秩序与规则，营造良好的班级氛围，让幼儿感受到安全、舒适。创设有助于促进幼儿成长、学习、游戏的教育环境。合理利用资源，为幼儿提供和制作适合的玩教具和学习材料，引发和支持幼儿的主动活动。”第10点“游戏活动的支持与引导”的内容是：“提供符合幼儿兴趣需要、年龄特点和发展目标的游戏条件。充分利用与合理设计游戏活动空间，提供丰富、适宜的游戏材料，支持、引发和促进幼儿的游戏。鼓励幼儿自主选择游戏内容、伙伴和材料，支持幼儿主动地、创造性地开展游戏，充分体验游戏的快乐和满足。引导幼儿在游戏活动中获得身体、认知、语言和社会性等多方面的发展。”[1] 专业能力内容中的其他几点，诸如激励与评价的能力、沟通与发展的能力及反思与发展的能力等也都与游戏的开展有一定的联系。

由此可见，幼儿教师应该摒弃“重教学活动、轻游戏活动”的思想，应该将更多的精力投入到游戏活动的开展与研讨中来，从而不断更新自己的教育观念，提高自身专业能力，成为一名能促进幼儿健康成长、快乐发展的优秀幼儿教师。

一、通过游戏活动前的集体备课，提高幼儿教师合理设计游戏活动的能力

游戏活动为什么要集体备课呢？这是因为，备课必不可少的就是教材或者是教学参考书。目前，各省市都有自己的地方性教材，有按照领域编写的，也有按照主题编写的。但是，这些都是教学活动的教材，很少有游戏活动的教材，甚至连“游戏教案集”这样的参考书都非常少，这就给老师们的游戏活动备课带来了难度。新老师不知道该怎么备，有了一定经验的老师又觉得备来备去就是那几个游戏，不知道该如何创新。基于这种情况，以游戏为专题的教研活动中必不可少的就是游戏备课的研讨。通过集体备课，将老师们分为一个个备课小组，不仅帮助老师们设计出优质的游戏活动方案，同时也打造出一个个关于游戏设计的学习共同体。

（一）游戏集体备课分组进行

根据幼儿园的需要，游戏备课小组可以有两种分法。一是按照游戏的类别来分，如角色游戏备课小组、智力游戏备课小组、体育游戏备课小组等。二是可以按照老师们平时上班时间的统一性，将小中大班按照上午班、下午班分别分成 6 组。不论如何分组，每一组都需要有一个能力强的教师担任这个备课小组的组长，带领大家共同备课。如果幼儿园要针对某一类游

[1] 高慧斌. 教师专业标准解读：幼儿教师[M]. 天津：天津教育出版社，2012.12.

戏或某几类游戏进行系统性的研究，那么，建议采用第一种分组方法，这样的话，老师们对自己这一组所研究的游戏就有了非常系统的认识。如果幼儿园的着力点在于提高教师设计和组织每日游戏活动的水平，那么，建议采用第二种分组方法，这种方法更方便于同一组的老师进行交流和研讨，以及互相学习。

（二）游戏备课的内容

游戏备课的内容简单来说就是 3 点，即备教材、备孩子、备材料。

1. 备教材

游戏活动如果有现成的教材，我们就针对教材进行再处理，也就是二次备课。如果只知道游戏玩法，我们就根据这个玩法设计成游戏教案。

2. 备孩子

这个“备孩子”主要是备孩子的发展水平和前期经验。如果孩子们这一方面的经验并不丰富，老师就应该提前让孩子们做好经验准备。例如，中一班想组织孩子们开展“菜市场”的角色游戏。经过和孩子和家长们的谈话发现，只有小部分孩子去过菜场。于是，老师为了丰富孩子们的前期经验，请家长们带孩子一起去买菜，让孩子们去认识菜场里有哪些菜，并观察自己买菜的过程。两天后，老师让每个孩子都带来了 5 元钱和一个购物袋，并组织全体小朋友到菜市场里去体验了买菜的真实过程。这样一来，孩子们就有了丰富的关于买菜的前期经验，再玩起这个角色游戏来就显得兴趣盎然，也觉得得心应手。

3. 备材料

在游戏活动中，材料是无声的指导老师。因此，投放什么样的游戏材料非常讲究。例如，在智力游戏“开心列车”中，目标是让小朋友学会通过观察发现小动物坐火车的规律。鉴于幼儿的能力有差异，教师准备了按照 ABAB 规律排列的小动物，也准备了按照 ABCABC 规律排列的小动物让幼儿观察和操作。这样一来，不同能力的孩子都能得到锻炼和提高。

（三）游戏集体备课小组活动流程

1. 回顾交流上周游戏活动的实施情况，如游戏目标有无调整，游戏材料是否充足、是否恰当，有哪些印象特别深刻的事情等。

2. 共同浏览本周游戏内容，给老师们 10 分钟提出自己对这周游戏中感到驾驭有困难或者需要帮助的地方。

3. 共同商讨制定本周游戏活动的目标，如有必要，调整本周游戏活动内容。

4. 各自进行游戏活动备课，直到下班，如有疑问可以随时提出。

通过这样的集体备课活动，老师们对每一周的游戏目标、游戏准备和组织流程都非常明确，提高了科学合理地设计游戏活动的能力，为游戏活动的组织和实施奠定了坚实的基础。

二、通过游戏案例研究，提高幼儿教师对游戏活动的支持和引导能力

教育案例是一种特殊的案例形式，它是以叙述的形式向人们描述教育实践，展现教师和学生的典型行为、思想和感情。中国浦东干部学院副院长郑金洲教授认为，教育案例中一般包含着一个或者多个疑难问题，同时也可能包含解决这些疑难问题的方法。因此，教育案例的研究对老师们来说非常具有现实意义，它既能提升经验性，又能提升专业性。当老师们收集了大量的案例并且进行研究、讨论、分类、经验梳理后，一定能找到一个系统的并且行之有效的解决教学疑难问题的方法。我们在开展游戏活动时，不能仅仅停留在“让孩子开心地玩”这个层面，应该用专业的视角去观察、去分析、去引导幼儿，从而使幼儿从开心地玩中有所获得。

（一）在游戏活动中要注意观察幼儿

没有一双专业的观察眼睛，也许很多有价值的案例就从我们眼前掠过了。只有提高观察的专业性，我们才能去挖掘、去发现游戏活动中的教育契机，或者去专门地寻找我们需要的答案或数据。

1. 在游戏活动中教师应该观察什么

在游戏活动中，教师应该观察以下几点：（1）幼儿是否理解了游戏的规则和玩法；（2）角色游戏和建构游戏中，幼儿是否只是与他人平行游戏；（3）材料的投放是否合理、是否充足；（4）幼儿在游戏中的情绪表现是否是放松和愉悦的。一旦发现问题，就及时给予幼儿支持和引导。

2. 在游戏活动中教师应该如何观察

（1）环视扫描式观察。当幼儿已经进入游戏进程时，教师最常用的就是这种观察方法。要对全体幼儿多次进行环视扫描，不漏掉任何一个幼儿，

发现问题及时进行指导。

（2）定点式观察。这种观察主要运用在教师想对某一个方面进行专门的研究时进行。比如，在大班角色游戏“超市”活动中，教师想看看孩子们是否可以运用已有的加减法知识进行收银或交费，就可以定点观察收银台，得到自己想要了解的情况。

（3）重点跟踪式观察。这种观察方式一般针对某一个幼儿或某几个、某一组幼儿，一般是教师已经发现他们在游戏中出现的问题，于是进行跟踪观察及跟踪指导。这种观察一般会持续3次以上，直到有明显的指导效果为止。

（二）在游戏活动中发现问题与解决问题

教师们通过观察发现了问题，首先就要快速分析出产生问题的原因。这么做需要一定的专业知识，比如幼儿心理学、幼儿教育学的知识，也需要熟悉不同年龄段幼儿应该达到的游戏水平，还需要一定的教育经验的积累。这么说可能会让有些年轻的教师望而却步，其实大可不必胆怯。并不是所有的案例中教师的每一次指导都是成功的。不论成功还是失败，我们都需要从中总结经验，调整教育措施，从而不断寻求最佳的解决方案。如果遇到无法解决的案例，我们可以上报给教研组长或教学主任，在全园的教研活动中集体进行典型案例研讨，大家共同寻求最合适的教育手段或措施。也就是说，我们的案例研究可以是一个人进行，也可以是一场全园的教研活动。在教研活动的案例研究中，我们可以选择一个典型案例，共同寻求指导孩子更好地参与游戏的方法和策略，帮助教师更加科学有效地设计和组织游戏活动。

案例：

案例研究《游戏活动中的争抢行为该如何处理》

1.请一名教师描述自己的游戏教育案例，谈谈自己在开展游戏活动时遇到幼儿的争抢行为是如何指导的、效果怎么样。

2.其他教师反思：自己在组织幼儿游戏的过程中，有没有碰到类似的情况？自己是怎样解决的？通过反思，引发教师群体间的相互碰撞。

3. 中心发言人对于教师们的方法策略进行总结，每一个策略给予一个关键词，并且在黑板上展示，最后再将黑板上的关键词进行归类梳理，找出几种行之有效的方法，如共享、补偿、激发新需求等。

4. 进一步挖掘问题。例如，争抢行为发生在哪一类游戏中的几率比较高？为什么？出现在游戏的哪个阶段？教师应该注意什么？

5. 专家进行讲评和总结。

以上是由一个教师的游戏案例引发的教研活动，大家共同讨论、研究、梳理、总结，得出了共同的答案。这是一种实践性的教育智慧，将运用到今后的游戏教育实践中去，并不断得以升华。

三、通过游戏场地与游戏材料的准备，提高教师对环境的创设与利用的能力

《幼儿园工作规程》指出："因地制宜地为幼儿创设游戏条件（时间、空间、材料），游戏材料应强调多功能性和可变性。"因此，教师要不断提高自身对环境创设和利用的能力，才能保证为幼儿的游戏提供充分的条件。幼儿园可以通过进行"教师自制玩具竞赛"、"变废为宝创意大赛"、"一物多玩自制体育器械竞赛"、"最强大脑益智学具设计制作比赛"等竞赛活动，来鼓励教师去研究、去探索适合幼儿游戏的玩具与材料。同时，也可以通过加强班级活动区的创设研讨，来提高教师对环境创设与利用的能力。教师在创设游戏环境或者制作游戏材料时，应该把握以下几个原则：

1. 玩具材料的卫生与安全性

虽说我们鼓励和倡导运用废旧材料来进行游戏，但所有的废旧材料都必须经过教师的检查、清洗并且消毒后才能投入使用。

2. 游戏场地安排的合理性

音乐游戏、角色游戏、体育游戏、表演游戏、建构游戏对场地都有一定的要求，并且各不相同。场地较小的幼儿园应该充分考虑空间的利用，场地大的幼儿园也应该考虑幼儿分组游戏时相互不干扰、不冲突。

3. 游戏材料的多功能性和可变性

我们在游戏活动中，也要考虑游戏活动的成本问题。所以，我们要尽量运用那些可以任意组合和变化的材料。如绳子、盒子、杯子、布等，都

能经过幼儿教师灵巧的双手，在各种不同的游戏中发挥它们不同的作用。

4. 游戏材料的想象性与替代性

游戏本身就是在一种虚拟的情景中进行的，所以，教师不必让它显得那么真实。尤其是在角色游戏中，我们只要营造一种与游戏主题相关的氛围即可，但并不一定要追求真实或者逼真。例如，在“医院”游戏中，有很多教师到处托人到医院里去要打吊针挂的吊瓶，拿回来还需要消毒再给孩子们使用。其实，对于孩子们来说，挂上一个小矿泉水瓶子，再贴上类似于药瓶的标签就足够了。

四、通过游戏活动评价的研讨，更新教师观念，提升评价能力

《幼儿园教育指导纲要》指出：“幼儿园教育评价是了解教育的适宜性、有效性，调整和改进工作，促进每一个幼儿发展，提高教育质量的必要手段……评价的过程，是教师运用专业的知识审视教育实践，发现、分析、研究、解决问题的过程，也是自我成长的重要途径。”[1] 在游戏活动中，评价是一个非常重要的环节，它能使游戏朝着更高的层次发展。为了避免让孩子们在游戏活动中特有的愉悦感和放松感被破坏掉，教师有必要进行游戏活动评价的研讨，更新教育观念，使游戏活动评价能真正起到促进幼儿发展的作用。

1. 游戏评价以激励为主

教师自身在游戏活动中，也要将自己的身心完全放松，用欣赏的眼光去看待孩子，不刻意、不强求，发现游戏中的精彩表现应及时激励。例如，在建构游戏中，孩子搭建出了令人惊喜的作品，教师连忙大声表扬他，让全班都能听见。这样不仅能给这个孩子鼓励，而且激发了其他孩子也想搭建出好的作品赢得老师赞扬的决心。尽量不去指责，发现不妥的地方，就用商量的口吻与孩子一起解决。

2. 规则性游戏在评价时淡化输赢

规则性游戏中输赢是避免不了的，但教师在评价时应该多评价游戏过程，而不是游戏的结果。要淡化输赢，让孩子把注意力放在如何把游戏玩

[1] 朱慕菊 . 幼儿园教育指导纲要解读［M］. 南京：江苏教育出版社，2002.9.

得更好上，把讨论的重点放在游戏心得的分享上。[1]

3. 角色游戏尽量以角色的身份去评价

在角色游戏中，教师最好也担当其中一个角色，比如餐厅的经理、糖果厂的厂长。这样在游戏结束时，教师就能顺理成章地从角色的需要出发进行评价。除此以外，幼儿相互评价时，也让他们以角色的身份来进行。比如，请顾客来评价一下："你觉得哪个售货员服务态度最好？"也可以请售货员评价一下："你认为谁能够文明购物？"

4. 游戏评价可以出现在开始部分

游戏活动评价和教学活动评价不同，教学活动评价一般都在活动的进行部分或者结束部分，但游戏活动有着重复进行的特点，所以，只要不是初次开展的游戏，开始部分都可以进行评价。当然，开始部分的评价是回顾性的，回顾上次游戏活动中还做得不够好的地方，请幼儿讨论应该如何改进。这种评价的主要发言人是幼儿，教师只需要梳理总结即可。

第二节　以游戏为主题的园本培训

目前，提升教师专业能力的形式很多，但最系统、最有效且能长期开展的就是园本培训这一形式。我们可以以游戏活动为主题，开展一系列的园本培训活动，在提高教师设计组织和指导游戏活动水平的同时提升教师专业水平。

一、园本培训的概念、目的、意义

园本培训是由校本培训一词衍生而来，校本培训是指在教育行政部门、教师培训机构的规划指导下，由中小学校长组织领导，教师任职学校自主开展，紧密结合学校工作实践，以提高学校教学质量和办学效益、促进教师专业发展和职业修养为目的的教师在职培训形式。园本培训虽然至今没有严格的定义，但各类幼儿园仍是用校本培训的概念在进行着园本培训。

园本培训的目的直接指向两个方面：一是指向幼儿园的实际、幼儿园的需要、幼儿园对满足自身实际的需要，对培训课程、内容等都享有充分

[1] 刘焱．儿童游戏通论［M］．北京：北京师范大学出版社，2004.10.

的主动权、发言权和选择权。二是直接指向全体教师，着力激发教师的主动性和参与热情。概括地说，园本培训有9个字的特点，即“基于园、在园内、用于园”。也就是说，园本培训的内容是基于幼儿园的需要而产生的，培训的地点是在幼儿园内，至于培训的结果或者说成果，教师们会在园内今后的实际工作中进行检验和使用。

园本培训具有非常强的实践意义，它的整个过程都是以教师为中心，并为教师提供了最佳的学习环境，是帮助教师从教育理论走向教育实践的有效桥梁。

二、以游戏为主题的园本培训的主要内容

园本培训需要制定完整的培训计划，这个计划有一定的时限。比如，假期园本培训计划，就是利用一个假期来完成培训内容；学期园本培训计划，它的内容就是用一个学期来完成。不论这个时限是长还是短，园本培训一般都会围绕一个主题制定出相应的培训目标。这里，我们主要来列举一下以游戏为主题的园本培训会有哪些内容。

（一）游戏的相关理论知识学习

游戏是游乐玩耍的意思，是幼儿园的基本活动，是幼儿探索世界获得发展的最有效的途径。在幼儿园里，游戏有很多种，有区域游戏、教学游戏、餐前游戏、幼儿自发的游戏等。在这里，我们着重要研讨的是诸多游戏中难度最大的，也是最需要专业水平支撑的游戏，即通常在下午开展的教师有组织、有准备的游戏活动。这类游戏通常分为两大类，即规则性游戏和创造性游戏。规则性游戏包含着智力游戏、音乐游戏和体育游戏，创造性游戏包含着角色游戏、表演游戏和建构游戏。作为一名幼儿教师，必须从理论上理解这些游戏的含义，知道这些游戏的设计和组织原则，还需要弄清楚的是每一个年龄段的孩子在不同的游戏中应该达到的发展水平。

以上这么多的内容在一本书中就有非常详尽的阐释，即北师大刘焱教授的《儿童游戏通论》。可以说，在关于游戏的园本培训中，必须要学习这一本书。这本书一共有646页，全部看完需要很长的时间，那么，我们可以在园本培训中开展“同读一本书”的活动，即大家分别在一周内读这本书中的一个章节，一周以后，大家带着自己对这个章节的理解进行交流，

分享这个章节中自己觉得最适用、最有帮助的地方。这样做不仅节约了阅读时间，而且调动了每个教师的积极性。大家虽然只读了一个章节，但因为带着要和大家分享的任务，所以读得特别用心，并且是带着思考在读，所以能起到举一反三的效果。

在园本培训中学习理论知识还有一个非常快捷也非常有效的办法，就是请专家来园进行讲座。专家在理论知识的储存积累方面，要比教师丰厚很多，优秀的专家能够旁征博引，运用大量的实际案例帮助教师理解理论知识。所以，一次专家的引领能使教师的理论水平得到一次飞跃。在幼儿园里，无论是管理者还是教师，都应该珍惜这样难得的学习机会，提前做好准备。例如，某幼儿园要邀请专家来进行建构游戏理论的讲座，她们的保教管理人员事前就收集好教师在进行建构游戏时遇到过的困难或困惑，提前就这些困难或困惑与专家进行沟通，希望专家能在讲座时进行解答。同时，在讲座的现场准备了纸盒、积木、塑料插片、橡皮泥、饮料瓶等多种建构材料，方便专家现场举例或请教师现场演示。在这样的理论学习中，教师不再是一个被动的聆听者，而是一个主动的参与者。能与专家互动，教师或许有些紧张，但也有一些兴奋和挑战的心理，使得整个学习都在一种热情积极的状态中完成。当然，理论培训的次数也不宜过多，它在整个学期培训中所占的比例不能超过25%。理论培训的时间一般应在某个新内容开启的时候或者是大家进行了一段时间的实施进入一个瓶颈期的时候。事实证明，在这两个时间段进行理论培训是收获最大的。

（二）游戏活动示范引路课

榜样的力量是无穷的，我们在园本培训中不可忽视的就是榜样的力量。很多时候，我们阅读了一些书籍，也学习了一些理论或教案集，但实际操作起来还是会有很多教师感到很茫然。这个时候，示范引路课给了大家一个非常直观的认识，让大家明确了一节成功的游戏活动是怎样组织实施的。如果幼儿园在一个学期只重点培训一个游戏内容，比如只研究角色游戏，那么就请1—2名骨干教师进行角色游戏的示范引路课。当然，如果骨干教师足够多的话，最好小中大班各选一名教师执教；如果幼儿园在这个学期想让教师对所有的游戏活动都全面进行研究的话，那么就可以按照教师的意愿和游戏类别分成若干研究小组，比如智力游戏小组、音乐游戏小组、表演游戏小组等，每个小组请一名教师进行示范引领，其他成员相互观摩学习。

（三）游戏活动设计组织的策略或技巧的培训

这一内容多半在一个学期的中期或后期进行，因为在中后期教师已经积累了一定的经验，有了可以相互交流的话题，同时也产生了一些困惑和解决不好的问题。这个时候,进行有针对性的培训是非常适合的。例如,"如何在建构游戏中培养幼儿的合作意识"、"体育游戏和体育课的相同点与不同点"、"角色游戏中的合理场景安排"等问题。通过这样的培训后，教师就应该把学到的策略或技巧运用到日常的游戏活动的组织实施中，同时将心得撰写成教育笔记，收集典型游戏案例，为学期末的总结或论文撰写积累素材。

三、以游戏为主题的园本培训的主要步骤

1. 读

阅读是教师专业发展的基础。一个人"三观"的树立、做人的法则、心灵的净化、专业的成长都和读书紧密相连。可以这么说，一个教师有怎样的人生观、价值观，就有怎样的教育观、儿童观。园本培训中可以开展关于游戏相关书籍的读书活动和读书心得交流活动。

2. 谈

谈是教师们表达观念最直接的方式。在园本培训中，可以组织教师谈心得、谈体会、谈困惑、谈收获、谈经验、谈策略、谈案例，把自己在游戏实践中的点点滴滴都谈出来，哪怕是不成熟的观点或尚且模糊的想法都可以谈，因为园本培训本身就是一个开放的平等的接纳的平台。在这个平台上,谈对个人而言是一种表达,对大家而言是一种分享或一种碰撞。同时,在这一环节中，我们也采用"请进来"的方式，邀请知名幼教专家进行讲座,对教师进行培训,让教师得到专家学者的帮助,以丰富教师的专业知识,为教师的专业成长提供理论上的依据。

3. 写

"听到的做出来，做到的写出来。"写就是让教师学会思考、学会总结、学会用理论指导实践。在以游戏为主题的园本培训中，教师可以写游戏活

动方案、游戏教学反思、游戏活动案例、游戏活动评析、游戏专题总结及相关论文。在我们的园本教研活动中，多次用到写的方法，把自己的认识和实践写出来，写一遍既是一次认知巩固的过程，也是一次反思学习的过程。

4. 赛

比赛是一种动力，能激人奋进，教人奋发。比赛能在教师间营造一种你追我赶的气氛，树立一种努力拼搏、积极向上的精神，能最大限度地调动教师的工作积极性，挖掘出教师的潜力。比赛是一面镜子，可以使教师看到差距，找出不足，继而树立目标，主动赶超，获得成功。在以游戏为主题的园本培训中，我们可以定期为教师组织优质游戏活动竞赛、优质游戏方案、游戏案例竞赛、优质游戏论文竞赛等，并将竞赛模式多元化，使个人竞赛与小组竞赛穿插进行，以促进教师间的合作与交流、增强教师间的凝聚力。

四、分层培训，使园本培训更加能够有的放矢

分层培训和教师专业发展阶段息息相关，教师的专业发展阶段就是分层培训如何分层的依据。教师专业成长主要包括 4 个阶段：

1. 求生阶段（任职第 1、2 年）

获得处理日常教学事务的基本技能及对学生行为的指导能力。这一阶段的教师主要进行游戏方案撰写和如何正确组织游戏活动的培训。

2. 巩固阶段（任职第 3、4 年）

获得相对熟练的教育教学能力，具备处理和解决某些学生行为问题的能力。这一阶段的教师主要进行游戏活动策略和如何组织优质游戏活动的培训。

3. 更新阶段（任职第 5、6 年）

能探索教育教学的新观念和新方法，调整、更新、充实和提高自己的能力。这一阶段主要鼓励教师进行创新，寻找游戏活动的创新玩法或是解决幼儿游戏中问题的新方法、新策略。

4. 成熟阶段（任职 6 年以后）

通过对不同年龄段幼儿的教学，已经开始形成程序自动化能力和实现

教学行为的自由控制，具备深度反省能力，并拥有一些有关教育教学的理论知识。这一阶段主要进行更深一层次的教育理论培训，帮助教师不断归纳和总结新经验，并在团队中做好示范和引领工作。

当然，这样细致的分层在实际的培训计划中并不是很好操作，这其中的区别大多留在幼儿园园本培训者的心中，让不同层面的教师在每一次的培训中有着不同的分工，承担不同的内容，也对教师进行不同深度的指导提出不同的希望。

我们在分层培训中还有一种分法，将教师的专业能力和任职年限结合起来进行划分，即分成青年教师、资深教师和骨干教师。我们首先要做的是把骨干教师选出来，是否为骨干教师和教师的任职年限并不一定成正比，它和教师对事业的热情和努力程度是成正比的。所以，我们要抛开年龄的界限，首先选出幼儿园的骨干教师，让这些骨干教师成为幼儿园的中流砥柱。然后，将剩余的教师按照年龄划分为两个层次，年轻的是青年教师，年龄大的就是资深教师。这样分层以后，并不是将教师分成了三六九等，而是让每个人都有一种归属感，在自己的团队中去建立温暖融合的互助关系，确立更加适合自己的目标定位，更容易体会到成功感。

（一）针对青年教师的培训

在游戏活动中，我们不难发现，青年教师喜欢创新，乐于从各种渠道去寻找新颖的游戏活动方案。但是，青年教师的缺点是把握不住幼儿的年龄发展特点，不知道什么样的游戏适合什么年龄段的幼儿玩。在这个年龄段的初期和末期，教师对于游戏活动的指导方式也是有所区别的。所以，针对青年教师的培训要把握两个关键词，即全面、基础。青年教师参加工作时间不长，需要对所有游戏的知识进行全面的了解。同时，也要对《幼儿园教育指导纲要》和《3—6岁幼儿学习与发展指南》进行全面学习。哪怕幼儿园这一年只是针对某一类游戏进行研讨，针对青年教师也要进行全面的培训，针对游戏的理论知识中一些应知应会的知识点可以用试卷的形式对青年教师进行考核，帮助青年教师梳理整个游戏理论的脉络。从游戏的方案撰写、游戏材料的准备到组织游戏活动中教师的语言等，都要进行全方位的培训。但是，所有的内容都只在基础层面。通俗地说，就是能让青年教师把一节游戏活动有序地组织下来就可以了。

我们对青年教师的要求都会细致一些，尤其是在游戏活动的准备方面，应要求青年教师做好充分的准备再开始游戏。游戏活动准备和教学活动准备一样，分为知识经验准备和物质材料准备。游戏活动备课要“备孩子”，就是要备孩子的前期经验。很多时候，教师觉得孩子应该有这些经验或者那些经验，结果孩子没有。例如，在音乐游戏“机器人”的备课时，教师觉得现在的孩子看过很多的动画片，应该知道机器人的动作是什么样的，就没有准备一个机器人玩具或者一段动画，在活动一开始就让孩子自己模仿。结果，孩子们大多数在“变形”，因为他们接触更多的是变形金刚，这与教师想象的机器人动作相差甚远。因此，我们在写知识经验准备的时候一定要考虑充分，也一定要有所准备。

谈到物质材料准备不充分，一般的情况就是游戏材料数量不够或者是品种太单一。但还有一种情况，也是一般教师容易忽略的就是场地布置的问题。也就是说，这么多的游戏材料在场地中如何摆放，一定要事先在备课的时候考虑好，最好是画一张场地布置图以便于操作。这种场地布置图在角色游戏和体育游戏中显得尤为重要，场地布置是否科学直接影响着游戏的效果。

例如，大班开展体育游戏“丰收了”。在游戏中，孩子们要通过爬、钻和跨跳才能采摘到蔬菜，然后跑回来将蔬菜放进菜筐里，最后两组孩子比比谁的蔬菜摘得多。教师不仅在备课本上绘制了场地布置图，自己做到

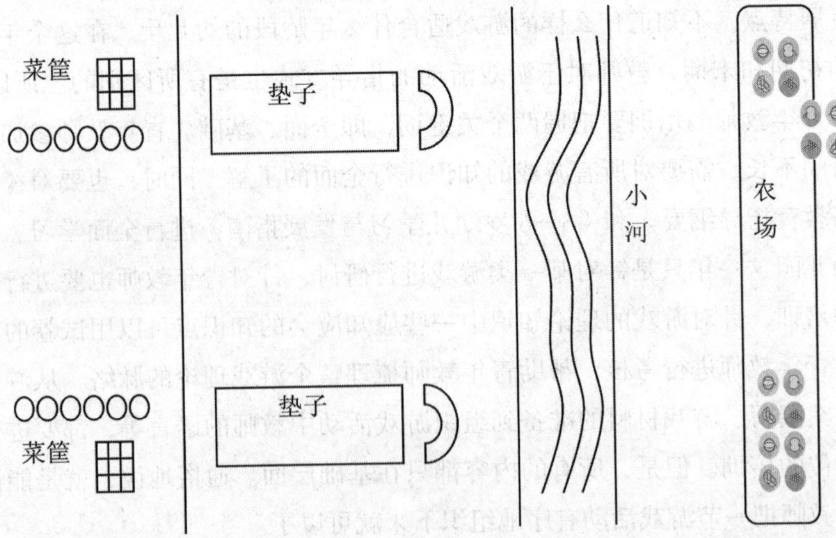

心中有数，避免孩子们在游戏的过程中发生干扰和碰撞，同时将示意图打印了出来，对照图给大班孩子讲解了游戏玩法，使大家对游戏规则更加清晰明了。

再如，中班角色游戏“糖果商店”，场景中涉及到糖果加工厂、糖果柜台、收银台和顾客休息区。教师备课时，画上场地布置图示就能更好地将这几个区域合理安排。如下图：

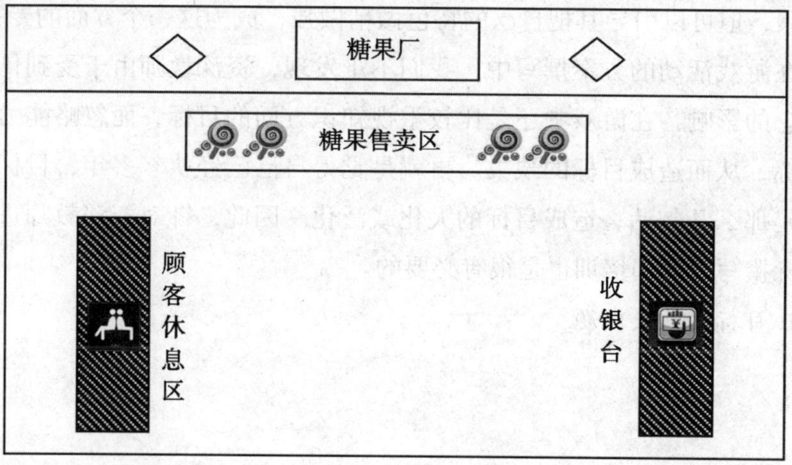

让青年教师做好这些基础工作，会让青年教师对整个游戏活动更容易把控，不容易在游戏活动中出现问题而又束手无策。

为了让青年教师在培训中不感到太大的压力，我们会让青年教师去找成长中的伙伴和导师。找伙伴可以让年轻人两两结对，在成长的过程中既能互相帮助，又能形成一种你追我赶的良好的竞争关系。找导师则是根据青年教师的个性特点、专业特点，帮助青年教师找到工作中可以给予支持的导师。同时，提倡导师多包容、多鼓励、多提建议，提倡青年教师多学习、多付出、多感恩，从而达成双方在生活情感和工作职业的双融合。如此一来，青年教师在成长的道路上有朋友相伴，遇到问题也可以随时找导师帮助解惑，成为整个培训团队中最幸福的群体。

（二）针对资深教师的培训

针对资深教师的培训要把握两个关键词，即新颖、特色。资深教师工作年限较长，对于常规教学已了然于心，很难被普通的培训内容所打动，更需要新鲜的外界刺激来振奋精神，消除培训中的倦怠感。幼儿园在游戏培训中如果引进了新的游戏材料，可以请资深教师先行试用，然后再在全园培训中向大家介绍使用心得。有新的游戏教学光盘或优秀游戏方案集，也可以请资深教师先看，避免其工作进入一种年复一年、日复一日的固定模式,不断注入新能源。说到特色培训,就完全是根据资深教师来量身打造。在这里，资深教师即使没有成为骨干，但由于工作经验充足，总会在某一个方面或某一些方面具有自己的特色。在这个年龄，我们就不能强求其全面发展，但可以引导其把自己的特色做精做强，成为这一个方面的专家。

在游戏活动的方案撰写中，我们不难发现，资深教师由于受到传统教育观念的影响，在游戏中还是比较重视知识方面的目标，而忽略能力和情感目标，从而造成目标的缺失。再就是觉得自己已经执教多年，目标不外乎就是那么几句话，造成目标的大化或泛化。因此，针对资深教师进行游戏目标撰写方面的培训也是很有必要的。

1. 目标的缺失问题

案例：

目标制定要完整

在建构游戏“机器人”的游戏活动备课过程中，有一位老师只写出了一条目标，“能用拼插、对接、组合等方法搭建机器人”，然后就不知道该写什么了。那么，这样的目标制定肯定是有所缺失的，只制定了知识层面的目标，缺乏能力目标和情感目标。我们应该加上“乐意与同伴一起开动脑筋，解决让机器人站立的问题”和“能大胆表达自己的机器人特点，并评价同伴的机器人造型”这样3个维度的目标，这样就比较完整了。带着3个维度的目标进入游戏活动，可以让幼儿在游戏中获得更加全面的发展。

2. 目标简单或泛化的问题

有些教师制定游戏目标时非常简单，甚至形成了“愿意参加游戏、学习游戏玩法、提高 ×× 能力”的老三篇。如此轻易地制定游戏活动目标，是对游戏活动对幼儿发展的重要性认识不够的体现。其实，幼儿在游戏中可以很轻松地获得发展。每一次的游戏，即使是一模一样的游戏，幼儿在第二次玩、第三次玩的时候，其发展水平都会和第一次有很大的不同。那么，教师的每一次游戏备课目标就应该具体详实，为这一次游戏量身订制。

案例：

目标变得更加有操作性和指向性

在撰写大班智力游戏活动方案“走迷宫”时，某位老师的活动目标制定为：能开动脑筋走出迷宫；体验迷宫游戏的乐趣；有一定的分析和判断能力。这样的目标制定从完整性的角度来讲是合格的，3个维度的目标没有一个缺失。但经过集体游戏备课研讨后，老师们发现这样的目标从学期初开始制定一直到学期末都能使用，这显然是没有根据幼儿的发展情况来将目标具体化。经过小组讨论，老师们将迷宫游戏第3个课时的游戏目标修改为：愿意反复尝试，与同伴合作完成走迷宫游戏；学习利用合适的方法对迷宫通道进行标记，从而找到正确的出路；能针对标记分析判断，从而快速走出迷宫。经过这样的修改，目标变得更加具有操作性和指向性了。有了这样的目标作为引领，我们的游戏活动水平必定会得到显著的提高。

在这个过程中，很多资深教师变得很没有信心，发现自己非常熟练的事情却还有这么多的不足，但又并不知道自己的特长在哪里。我们就要帮助这些资深教师寻找亮点。比如，有的教师特别擅长游戏材料的制作，有的教师特别擅长游戏常规的培养，还有的教师表现力特别强，适合表演游戏中的角色示范。作为园本培训的主要管理部门，要公平客观地去发现、欣赏和推广这些亮点，让这些资深教师的亮点得以表现和被欣赏，这也是对这些资深教师及时的肯定和认同。渐渐的，这些亮点就成为这些资深教师的特长。我们还要细心地给资深教师找互补，在分培训小组或竞赛小组时将有特长的年轻教师与之组合，起到带教传承，实现优势互补的团队共赢；在分配工作任务时，依据特长进行合理统筹，达成班队共赢。

（三）针对骨干教师的培训

针对骨干教师的培训可以说是园本培训里最难的，因为骨干教师在整个园本培训的过程中一直担当着引领的角色。针对骨干教师的培训要把握两个关键词，即积淀、突破。骨干教师大多操作能力都很强，在幼儿园承担的任务也很多，往往会导致没有太多时间去沉淀自己的积累，专业能力进入瓶颈期时尤其如此。幼儿园要多创造机会，让骨干教师和专家接触交流，引导其积淀自己的专业经验，多参与教研和科研，使自己在专业上能有所突破，进而获得更好的发展。

我们鼓励骨干教师从教育整体着眼，将自己的个性优势、教育优势融合互通，凝成一个突破口，通过对其持续的优化丰厚，实践升华后再次总结梳理，归纳其典型特点，然后推广渗透到教育之中，以形成鲜明而独特的个人教学风格。同时，要求骨干教师把工作中的经验、亮点、特色进行内化和提升，成为系统的游戏教学教育策略、教育机制，甚至是教育思想，并时刻践行在日常的游戏教学或生活中，并将游戏教学中的一些心得体会广泛地运用到其他教育活动中，使游戏不仅仅只是游戏，而成为一种教育精神、一种教育智慧、一种与孩子最佳的沟通方式。

五、给教师们参加园本培训的几点建议

1. 撰写好个人的成长计划

在幼儿园下达园本培训计划的基础上，教师要拟定好自己的成长计划。在这个计划中，教师首先要反思自己在这方面有哪些不足，针对培训内容要开展哪些学习活动，准备在日常教育教学中如何实施，准备呈现哪些经验或成果。有了这样的个人成长计划，教师就能使自己和全园的培训活动融合在一起，和同伴们通过研讨取得共同进步的效果。

2. 认真上好平时每一节游戏活动，准备一节优质的游戏活动

教师在平时就要认真地对待每一节游戏活动，认真备好游戏活动教案，大胆尝试新游戏或新方法。一旦出现问题或者有了点滴成效，就要及时进行记录，定期整理自己的记录，找出规律或者有价值的教育方法。有了成绩之后，也可以邀请年级组长、保教主任和教学园长来听课指导。一个学期准备一节优质的游戏活动展示课，为全园相互观摩研讨做好准备。

3. 积极参与每一次的研讨交流活动

幼儿园的每一次培训活动都是教师挑战自己、展示自己、激励自己的平台。所以，教师参加研讨交流活动时要主动发表自己的见解，认真聆听同伴的发言，认真记录专家的点评，并对专家点评进行再理解、再研究，使自己的实践经验不断得到升华。

中篇

幼儿游戏设计与实施

第三章 幼儿体育游戏的设计与实施

著名教育家陈鹤琴先生曾说："小孩子是生来好动的，是以游戏为生命的。"游戏是陪伴孩子童年的忠实伙伴。喜欢游戏是儿童的天性，特别是体育游戏，它具有极高的教育价值。体育游戏不仅能有效促进幼儿身体、智力的发展，而且对幼儿情感、社会性及自我概念的发展也具有重要价值，是促进幼儿身心健康和谐发展的重要途径。因此，为了提高体育游戏的趣味性和有效性，应科学地设计和指导幼儿体育游戏。

第一节 如何进行幼儿体育游戏的设计

体育游戏不仅是幼儿喜爱的活动，而且是增强幼儿之间的相互了解，发展幼儿的智力、能力的一种教育教学手段。根据这一特点，我们在设计体育游戏时，应融智力开发、知识性、趣味性、娱乐性为一体，形式生动活泼，内容丰富多彩。在进行体育游戏设计之前，首先要正确把握体育游戏的内涵。

一、什么是体育游戏

体育游戏也称活动性游戏或运动性游戏，是以身体的基本动作练习为主要内容、以发展身心为主要目的的一种特殊的体育锻炼形式。它是一种有规则的游戏，它能把儿童难以理解的动作变成具体的游戏情节，使儿童在轻松、愉快的氛围中开展游戏并达到锻炼身体、娱乐身心、发展智力和陶冶情操等目的。

二、进行体育游戏设计应把握的要点

在进行科学的幼儿体育游戏设计时，教师应设定明确且可调整的目标，选择适宜而富有趣味的游戏内容与游戏形式，应善于利用器材、情景布置

来激发幼儿参与体育游戏的兴趣，重视正式游戏前的热身环节。具体来说，体育游戏设计中要把握以下几个要点：

（一）目标设计——层次清晰，指向明确，有一定的调整空间

1. 目标设计指向明确

《幼儿园教育指导纲要（试行）》中指出：培养幼儿对体育活动的兴趣是幼儿园体育活动的重要目标，要根据幼儿的特点组织生动有趣、形式多样的体育活动，吸引幼儿主动参加。

幼儿教师在进行体育游戏目标设计时，应以《纲要》、《指南》中有关“幼儿体育总目标”为重要参考依据，预先了解该年龄段幼儿的身心发展特点。不同年龄段对幼儿的体育动作发展有着不同的要求，此外，还要将本班幼儿的实际情况与理论灵活地结合起来，使目标设计既有针对性、具体可操作性，又能让幼儿在参与游戏时适应游戏规则与要求，表现出灵活完善的动作。[1]

案例：

夺红旗

大班体育游戏

教育目标

1. 锻炼幼儿手脚着地爬和手膝着地爬的能力；

2. 让幼儿体验游戏的乐趣。

幼儿体育活动的基本动作有走、跑、跳、攀、爬、平衡。其中，爬的种类有手膝着地爬、手脚着地爬、肘膝着地爬及匍匐前进等。无论哪种形式的爬，都要求幼儿做到抬头，动作灵活协调。对大班幼儿来说，在手脚着地屈膝爬方面，要进一步地巩固提高。在“夺红旗”中，教师设计了多个活动环节，同时调整活动难度来锻炼幼儿手脚着地爬和手膝着地爬的能力。这一活动的目标是符合大班幼儿动作发展要求的。

2. 目标设计多维度

体育游戏的目标设计一方面要涵括提高幼儿走、跑、跳、投掷、钻、

---

[1]　王新晨 . 根据幼儿体育游戏特点实施幼儿体育游戏教学［J］. 教育导刊(幼儿教育)，2002 (1) .

爬等基本活动能力，全面提高身体素质；另一方面，应该涵括培养幼儿遵守纪律、关心集体、爱护同伴、积极上进、勇敢顽强等情感、品质。通过对情感态度、知识经验、能力发展的有效整合设计，在游戏中选择适当的内容与方法来达成教师预设的多维度游戏目标。

案例：

捉小鱼

中班体育游戏

在“捉小鱼”游戏时，每个幼儿应该注意追捉者的动作。当追捉者靠近自己的时候，必须迅速跑到对面，感到安全了才放慢速度或者停住。当追捉者又挨近了，则又要加快速度。游戏中的目标是多维度的，它不仅包含了这种突然变化或者对于信号迅速作出反应的基本动作发展维度，而且包含了发展幼儿的观察、思维、灵活应变等能力维度。同时，在情感体验维度隐性锻造了幼儿果断、勇敢、敢于挑战的意志品质。

在体育游戏中，不仅只是动作技巧的练习，还需要幼儿勇敢、大胆、有信心地去争取胜利。在竞赛性游戏中，每个幼儿都要为自己一队的胜利担负克服弱点、努力争取的使命。另外，游戏要求动作精确、姿势优美、精神集中、协作一致，配合歌谣，配以音乐，发展幼儿的美感，并融入美育教育活动中。

因此，体育游戏的目标不是单一、孤立的动作训练，而应该从教育实际出发来确定目标。教师要围绕教育内容，创造性地进行多领域渗透，按照多维度并行的价值取向进行教育整合。

3. 目标制定有调整空间

在实施体育游戏的过程中，幼儿教师还要根据幼儿身体机能的适应程度或对动作要领的掌握程度，以及幼儿自身创造性发挥的程度，及时调整预先设定的游戏目标，促使体育游戏更适合幼儿发展的需要与兴趣。

（二）内容选择与设计——综合生活化、趣味性、安全性、规则性

幼儿体育游戏的内容是教师指导幼儿进行体育活动的主要载体，是实现体育目标的重要手段。因此，幼儿体育游戏内容不仅要掌握最基本的走、跑、跳、钻等活动技能，还要考虑活动来源的生活化、幼儿的兴趣需要、器材的便捷安全等。

1. 以基本动作为主线选择与设计游戏内容要循“序”渐进

根据儿童身心发展顺序和游戏目标选择内容，并划分难度等级，按照从低水平到高水平、从简单到复杂、从具体到抽象等顺序加以排列，使之系列化、逻辑化，形成具有结构层次的内容系列的“序”和儿童发展的“序”有机整合，共同实现层级化，形成科学有序的体育游戏内容体系。

案例：

“跑”的玩法序列

现以“跑”的序列及玩法为例，进行具体说明：

年段 项目	小班	中班	大班
四散跑	向指定方向跑	四散追逐跑	走跑交替
花样跑	前脚掌跑	高抬腿跑	后踢小腿跑；弯腰半蹲跑
方位跑	圆圈跑	后退跑	往返跑
器械结合跑	障碍跑；持物跑	跨跳障碍跑；踢足球	带球跑；拍球跑
接力跑	不宜小班	迎面持物接力跑	往返绕障碍接力跑
短距离快跑	20—30米	50—80米	100—150米

2. 从器械的角度选择与设计游戏内容要安全、有效，一物多玩、巧玩

陈鹤琴先生认为：“玩固然重要，玩具更为重要。”

器械是幼儿体育活动中必不可少的物质条件，幼儿体育游戏与器械密切相关，直接影响幼儿参与活动的兴趣和基本动作的练习。每个幼儿园都会配备丰富多样的体育器械，大概可分为常规器械、传统民间器械、感觉统合器械、自制废旧器械、直接可利用的废旧器械，依据器材选择和设计体育游戏内容。除了器材的安全性、实用性，还应考虑到每个孩子的活动需要、各个年龄段的需要等，最好能够一物多玩、巧玩。

案例：

圈的一物多玩

圈是生活中常见的小型轻器械，利用圈开展体育活动，教师引导幼儿

思考并探索圈的不同玩法、尝试与同伴的玩法、利用辅助材料探索圈的不同玩法。在教师的引导下，有的幼儿将圈变成了轮子在地上滚，有的幼儿将圈放在手腕上转着玩，有的幼儿将圈放在地上做跳的动作，有的幼儿则是在地上转圈圈。一个简单的圈使孩子们想出了多种玩法，充分展现了幼儿的创造力，同时动作也得到了锻炼与发展。

活动中，教师鼓励幼儿巧玩。借助创新的器械，尝试创新的玩法，“比比看，谁的玩法多”。于是，圈变成了投篮，一个孩子手举圈，另一个孩子手拿球投篮；圈变成了一列火车，后面的孩子将一个圈套在前面孩子的腰上；圈变成了山洞，几个孩子配合，将圈立在地上，其中一个孩子做钻的动作……如此多样的玩法进一步激发了孩子们的活动兴趣，从而使活动既锻炼身体、发展动作，又促进幼儿创造性思维与合作能力的发展。[1]

这些常见的小器械，注重启发幼儿多用和巧用。要求幼儿既能完成目标又能发挥其使用器材的自主及创新，如呼啦圈、球、小凳等，又可自行制作简单又实用的运动小器械，如竹板子、彩绳、木桩等。

案例：

好玩的绳子

现以“绳子”为例，说明对其玩法的探索：

年段 / 项目	小班	中班	大班
绳子	(1)用绳子摆图形； (2)用绳子钓鱼； (3)用绳子摆十字跳； (4)从绳子底下钻； (5)双手握绳两端摇绳子； (6)绳子放背后，进行“揪尾巴”； (7)向上抛绳子； (8)在绳子上走。	(1)利用绳子单脚跳； (2)双脚跳跃绳子； (3)跨跳过绳子“小沟”； (4)摘绳子上的“桃子”； (5)绳子夹两腿，进行“骑马”； (6)用绳拉锯。	(1)立定跳过绳子； (2)单人、双人、多人、花样跳绳； (3)拉绳进洞； (4)拔河； (5)跨过绳子海浪； (6)绳拉直，左右轮换行进跳； (7)赤足在粗绳上走。

---

[1] 曾莉，申晓燕，彭丰 . 幼儿园活动材料开发与利用的原则[J] . 学前教育研究，2010(10).

游戏中长此以往，今后即使教师未教，孩子们也会自己玩、自己锻炼身体，真正培养起对体育游戏的兴趣。

3. 活动情景的选择和设计要源于幼儿生活

凡是幼儿需要的、感兴趣的，都可以纳入到活动中来。

当幼儿的经验受到真正的重视，幼儿的学习和他们的真实生活就紧密地联系在一起。

（1）游戏角色源于生活。因此，在游戏内容的选择上，我们应从幼儿的生活经验出发，选择生活中幼儿熟悉、崇拜的角色。

案例：

巧设游戏角色

在组织大班幼儿开展关于“跨跳”的活动时，我们将刘翔这个角色引入活动中，充分地调动了幼儿参与的积极性。在组织小班幼儿开展关于“爬”的游戏时，我们将龙虾、螃蟹、乌龟这些角色引入活动中，巧妙地解决了对动作技能的解释。

（2）游戏情节源于生活。

案例：

巧设游戏情节

随着《喜洋洋与灰太狼》的热播，幼儿对剧中的角色与剧情激动不已。于是，我们将“羊羊运动会”搬到了幼儿园。中大班的幼儿也召开了热烈的“羊羊运动会”，练习快跑与躲闪的能力。

（3）游戏材料源于生活。生活中废旧的、常见的、新奇的材料都可以作为选择的对象。

案例：

就地取材，妙趣横生

开学初，为布置园部的环境，新购了一批藤球。没想到孩子们对这些新奇的球非常感兴趣。看着孩子们跃跃欲试的样子，我们体育组的老师以藤球为载体，设计了一个精彩的体育游戏“藤球跳跳跳”。

（4）游戏设计源于生活。生活中的亲子游戏、民间经典游戏都是幼儿喜欢的，以这些游戏为载体，经过进一步的设计与组织，它们都能成为幼儿园体育游戏中的好素材。

案例：

设计连贯，一气呵成

我们利用“小狗抬花轿”导入游戏，游戏中以传统游戏“跳竹竿”为载体，设计了一个关于并脚跳、分脚跳以及动作协调性的游戏。

（三）过程设计——注重兴趣在体育游戏中的作用

在体育游戏活动的设计上，教师只有创设出足够的趣味，才能激发起孩子的探究欲望和好奇心，使他们喜欢加入到活动中去。如何设计一个生动有趣的游戏情境，激发幼儿活动的兴趣呢？首先，教师要善于捕捉幼儿兴趣的点。我们经常使用的方法包括：

1. 故事引导法

如果在游戏的开头以一个故事的形式开始，不仅可以很好地吸引孩子们的注意力，还能激发他们的想象，把自己融入到游戏情境中去，对游戏的展开起到很好的推动作用。这样一来，教学目标便在潜移默化中得以实现，对幼儿起到教育的作用。

2. 器材吸引法

教师应依据幼儿的身心特点，合理运用器材资源，注重器材对幼儿发散性思维的影响，灵活地使用和变换器材的使用形式，达到好的效果。教师还可以通过各种器械设置各种竞赛活动。比如，“比比谁最快”通过对器械组合的还原，了解幼儿对器材的掌握程度，“变废为宝”通过利用各种废旧物品，制作出新的体育器材。

3. 情景布置法

幼儿喜欢刺激，因此，一个生动、逼真的情景是备受孩子喜爱的，并且能很好地吸引他们融入到游戏中去。教师可以根据需要，把幼儿园的小山坡、曲折小径等当作背景，设计出富有趣味的故事情景。

案例：

宝贝各有所需，游戏投其所爱

对小班幼儿来说，应选择身体动作要求低、有趣、内容简单的游戏。比如，“小兔种萝卜”“蚂蚁运粮食”通过幼儿对小兔和蚂蚁的模仿，激发幼儿对游戏的兴趣，达到锻炼身体的目标。对中、大班幼儿来说，应选择具有综合性的动作技能且情节复杂的体育游戏，使幼儿在进行游戏的过程中，能随着情节的变化、故事内容的不断展开，进行思维创造性活动。在游戏中进行适当的引导，使游戏更加生动、逼真。这样做既能激起幼儿的想象力和创造力，又能对幼儿的身体进行锻炼。像“炸碉堡”等游戏就比较适合。

（四）游戏环境创设——隐含静默的强大教育力量

从幼儿实际出发，创设并利用良好的游戏环境。

1. 创设适宜的心理环境

给每个幼儿提供大胆尝试、展示自我的机会，支持、接纳每个幼儿的独特想法，以欣赏的眼光捕捉每个幼儿的亮点，使幼儿在成功的喜悦之中获得个性品质的良好发展，并能够逐步萌发对体育游戏的喜爱。在游戏中，教师要做一个有心的观察者、一个快乐的游戏者、一个友好的合作者，把最多的时间、最大的空间留给幼儿，让其充分地释放和表现，让幼儿在安全、轻松的氛围中快乐游戏。

2. 布置合适的操作环境

良好的操作环境直接影响着体育游戏开展的有效性和安全性，场地布置的大小、标记的设计、材料投放的疏密与先后顺序、游戏中幼儿集中与分散的角度等都是我们要考虑的因素。

案例：

小班游戏“伙伴连”

组织小班游戏“伙伴连”，游戏的出发点是引导幼儿借助报纸感受与同伴合作游戏的快乐，提高动作的协调性。因此，不需要过大的游戏空间，只需要与人数对等的、保证每个幼儿有灵活的活动空间即可。如果空间太大，幼儿容易忽视游戏的规则，拿着报纸奔跑、追逐等，教师也很难把握游戏中的安全问题。

（五）活动前的热身运动设计要科学合理，具有针对性

热身运动是开展任何体育活动的基础，但在幼儿园开展体育游戏的过程中往往被忽略。热身运动可以舒畅肌肉、促进循环、润滑关节、活动肢体，从而使身体更好地适应以后的运动。通常的热身运动包括腕、踝、腿、腰、肩、头等部的活动，必要时，还可加入原地小跑步、高抬腿等动作。在开展体育游戏时，哪个部位运动的频率高，我们在热身时就应有所侧重，以适应活动需要。与此同时，在幼儿热身的过程中，教师应安排一些节奏明朗欢快的音乐，使他们自觉地参与到活动中来。在编排中，还应注重以下几点：

1.“热身操”的音乐选择与动作编排要符合幼儿的年龄特点

热身操是活动前身体练习的活动，目的是全面活动幼儿的肢体和关节，使他们身体的各器官系统功能迅速地进入工作状态。因此，在音乐的选择上要选择节奏鲜明、活泼愉快的歌曲，让幼儿在音乐背景中达成愉快的运动目的。

2. 应根据幼儿的年龄特点进行动作的编排

在动作编排上，结合幼儿身体基本活动能力，将动作编排在操节中，包含头颈运动、上臂运动、腰部运动、扩胸运动、下肢运动等涉及全身肌肉运动的幼儿大动作，还可根据目标增加一些相关的精细动作。

案例：

巧编大班《武术操》

大班上学期，我们根据幼儿对孙悟空角色的兴趣，采用了《猴哥》的音乐编排了《武术操》，将武术中的平衡、跳跃、翻滚等动作加进热身操基本动作编排中，使幼儿既锻炼了身体，又感受到中国武术的博大精深，深受孩子们的喜爱。

3. 要按照由易至难和游戏化的原则进行编排，以发展其基本动作

可根据不同年龄编排不同难度的《动物操》《竹板操》《板凳操》《纸棒操》《武术操》等。小班幼儿年龄在3岁左右，这个年龄期的幼儿身体基本活动能力比较差。我们编排的《动物操》，让幼儿通过模仿各种动物配合儿歌、音乐，达到发展幼儿基本动作的目的。中班幼儿开始注意到游戏的结果，并逐步产生比赛的兴趣，能理解一定的规则。因此，从中班开始选用少量的竞赛性游戏，到了大班逐渐增多。

综上所述，幼儿是体育游戏中的主体，教师应始终以幼儿为中心，在目标的设定、形式的选择、内容的组织、情景的布置等方面对幼儿进行严格要求，使幼儿主动参与到游戏中来，实现体育教育的目标。

三、创编体育游戏的方法

体育游戏是幼儿园体育教学的重要内容和教材。体育游戏必须因地制宜、因人而异，结合教学实践，创编出受幼儿欢迎的游戏。这样不仅有利于提高教学质量，增强幼儿体质，而且对推动当前的幼儿体育教学改革同样至关重要。创编体育游戏有下列几种方法：

1. 模仿法

模仿法即模仿外界事物创编游戏的方法。游戏来源于生活，小、中班的许多游戏，就是通过模仿外界事物创编的游戏。

案例：

以孩子的视角玩游戏

“小动物找家”，就是通过模仿各种动物的不同形态及活动方式来进行的。“大雪飘飘”，就是把幼儿在场地里四散奔跑比拟成为漫天大雪。模拟的事物应是幼儿感兴趣而又熟悉的，并与游戏的动作或活动方式有相似之处。[1]

2. 儿歌法

儿歌法即用儿歌做身体练习的创编方法，最好能反映游戏的动作或活动方式。

---

[1] 李淑升．谈幼儿园中如何深入开展体育游戏［J］．学周刊c版，2013（2）．

案例：

童谣里的欢乐

大班幼儿的跳绳儿歌是：“花儿红，鸟儿叫，柳树底下把绳跳。单脚跳，双脚跳，脚步越跳越灵巧。你也跳，我也跳，一个跟着一个跳。直起腰，向上跳，脚儿轻轻振动小。”它不仅有动作要领，而且描绘了一个充满活力和欢乐的运动场面，既能指导幼儿做动作，又能激发幼儿的活动兴趣。

3. 变化法

变化法即用变化游戏结构成分的方法来创编游戏。在幼儿游戏教材中，有的游戏在动作内容、活动方式和规则等方面是基本相同的。如游戏“摘星星”和“蝴蝶和小猫”都是追捉游戏，只是游戏情节有变化。而“帮助朋友”游戏除情节变化外，还增加了解救同伴的内容。游戏结构及其变化的理论为变化法指明了方向和途径，也提供了变化的内容，它是使用变化法创编游戏的基本依据。

4. 竞赛法

竞赛法即用比赛或对抗做身体练习来创编游戏。幼儿园游戏常用的竞赛方式有两类：一类是竞赛各方在条件相同的情况下赛速度、赛远度、赛准度、赛次数等；另一类是个人或集体追捉或迫使对方失掉平衡的游戏，如“推一推”、“山沟里的狼”等游戏，用竞赛法创编游戏时必须制定出竞赛内容、方法、规则和奖惩办法。

5. 结合法

结合法即把几个不同的游戏或活动组合成一个新游戏的方法。如“小伞兵跳伞”，就是把从高处向下跳的游戏和旋转、奔跑游戏用一个跳伞的情节组合成一个新的游戏。再如“人、抢、虎”游戏，就是把智力游戏和奔跑游戏组合成一个游戏。但应注意，在把体育活动和非体育活动结合在一起时，非体育活动内容要少、难度要小、幼儿有兴趣，以免影响游戏的运动负荷，造成喧宾夺主的现象。

总之，不管用哪种方法，教师必须深入了解幼儿年龄特点、活动能力及幼儿园场地、器材等情况。此外，必须重视发展幼儿的基本动作，因为幼儿体育游戏是发展幼儿基本动作和简单的运动动作的主要形式。

四、活动设计必须遵循的原则

（一）安全性原则

从《纲要》中，我们可以得知，幼儿园必须把保护幼儿生命和促进幼儿健康放在工作的首位。所以，作为教师，要时刻把幼儿的安全记在心间。防护措施和准备工作应想得周到一些，防患于未然。安全第一是对学前教育工作中各项具体活动的普遍要求，不光在幼儿教育方面，在我们当前的社会中，更是把安全放在一切工作的首位。所以，在体育游戏的设计、组织过程中，更应强化安全第一的观念。

幼儿园的安全小事故，在很大程度上是发生在户外。在体育活动时，主要是早操、户外体育锻炼、体育课。这是因为，体育活动都具有竞争、竞技和趣味性强的特点，幼儿的积极性和参与性都比较强，这就使得幼儿在参与游戏的过程中比较容易“忘乎所以”,会不同程度地产生激动的情绪，所以容易有危险的事故发生，有些时候甚至是教师都无法完全事先预料的。这就要求我们将事先准备工作想得周到一些，以便防患于未然。比如，在活动用的教具、场所、环境是否有尖锐的棱角和坚硬的器具，是否会产生撞击情况，是否会因摔跤而造成伤害等。在活动前，根据活动的需要，选择不同的活动场地。例如，练习高跳，则应选择比较松软的橡胶地、草坪，而不能在水泥地板上进行。

此外，还有人为的伤害。有时在比输赢的过程中，幼儿之间难免会发生一些矛盾冲突。教师应及时进行疏导、调解，简要地说出正确的行为方式，让他们化解矛盾，继续游戏，直至完成。

（二）教育性原则

体育游戏具有较多的竞技性、趣味性，除了能发展、完善幼儿的精细动作和局部机能之外，更能在心理上使幼儿体验各种感受。当胜利或者失败的时候，教育孩子胜不骄、败不馁，懂得总结成功、失败的经验，并在下一次改进，重新获得胜利。当活动中同伴需要帮助时，能及时地伸出援手助他一臂之力，体现了互帮互助、团结友爱的良好精神品质。在小组竞赛中，大家不分你我，共同合作完成一个竞赛任务，又能让孩子体验到集体力量大无穷的道理。所以说，体育游戏更像是一个综合教育课程，体现了培养幼儿合作、自信心、自强品质和团结友爱等优良道德风貌。既能表现个人价值，又能体现集体力量。

（三）智慧性原则

体育游戏过程要能够让幼儿有机会闪现出智慧的亮点。通常在较大的体育游戏中，都存在一个怎样完成游戏才能做到多、快、好、省以及提高游戏的成功率和取胜率的问题。有意给幼儿留下解决问题的思考空间，有利于促使幼儿积极开动脑筋，以最佳的方式完成游戏。这就是贯彻智慧性原则的基本含义。

所以，为了更好地体现智慧性原则，教师在设计体育游戏的过程中，应该在规则允许的范围内尽可能多地留有完成游戏的多种方法的选择余地，这样就能不断地拓展幼儿的想象空间和创造空间，提高他们的智力水平。同样是“穿山洞”、“过障碍”、“走下坡”，就应该有不同的“穿”法、“过”法和“走”法。这正是优秀体育游戏的价值所在。

（四）灵巧性原则

学前儿童的走、跑、跳、投、爬等基本动作虽已基本成形，但动作的准确性、协调性都比较差，即缺乏灵巧性，动作的整体形态还显得较为笨拙。

灵巧性原则要求体育游戏的设计必须有机动应变的可行性存在。如跑动中的急停、转身，“老鹰抓小鸡”游戏中的躲闪动作等，都属于含有机动、应变制约机制和相关运动能力的训练内容。

灵巧性原则还要求多安排或穿插进行有益于发展幼儿精确能力、协调能力的游戏内容，如用拍皮球进行计时赛、用球拍端乒乓球过独木桥等。

案例：

巧用木桩

大班教材中的体育活动“巧用木桩”，是比较熟悉的一个活动。在活动中，我们是这样改编的：小器械木桩（四周旋上钉钩）配合皮筋（两端系上小圆圈）。活动中，教师利用木桩及辅助材料引导幼儿探索木桩的多样性玩法。他们有的用皮筋连接两个木桩，搭了“小河”可练习跳跃动作；有的将木桩左右一定距离摆放，依次叠高，在木桩最高处用皮筋连接，可练习钻的动作；有的将木桩间隔摆放后用皮筋交错连接，可练习走“木墩桥”，学习平衡动作；有的将木桩错落摆放，运用皮筋连接成网状，想象成为蜘蛛网。总之，他们有多种创新玩法。教师穿梭在幼儿活动中，善于观察与捕捉幼儿创新玩法，引导孩子们根据自己探索出的玩法设计取经线路。活动以“西天取经”为情节，以“猴哥”为角色，孩子们先跳过小河（木桩、皮筋连接）—走过弯弯小路（竹板拼摆）—跨过小桥（木桩叠成）—钻过山洞（木桩叠高最高处皮筋连接）—最后勇闯盘丝洞（木桩错落摆放，皮筋连接），将跳、平衡、跨、钻动作有机整合，让幼儿真正体验趣味游戏的快乐。

虽然我们的手头上都有一定量的教材，但不能生搬硬套，只能结合幼儿园和孩子们的实际情况，适当地借鉴并灵活地加以应用，使之更具有独特性、趣味性，更有利于幼儿主动、积极地参与。

总而言之，幼儿教师在设计和组织实施体育游戏时，应从体育的功能思考体育游戏对幼儿发展的影响，从目标的设立、内容的选择到活动的开展，都要遵循幼儿的身心特点，从而正确地理解体育游戏及其目标，并在目标的指导下构建体育游戏的内容，把运动、游戏、指导三者有机地结合起来，探讨游戏的有效实施，最终达到最优的体育游戏教育效果。

第二节　幼儿体育游戏的组织与实施

《幼儿园指导纲要》指出：“幼儿园必须把保护幼儿生命和促进幼儿的健康放在工作的首位。”教师作为体育游戏的设计者、组织者和实施者，在游戏开展过程中，应时刻以幼儿为中心，根据幼儿的身心发展水平，积极围绕游戏目的、游戏情节、游戏规则、游戏结果组织实施游戏活动。根据幼儿的年龄特点与游戏的复杂程度，运用恰当的语言讲解游戏内容与规则，注意在游戏过程中培养幼儿的自主性与规则意识，根据对幼儿游戏能力与过程的观察及时调整。此外，教师还应学会在适当的时候以适当的方式结束游戏，以维持幼儿体育游戏的兴趣。具体来说，组织与实施体育游戏应首先明确以下几点：

一、幼儿园体育游戏贯穿于一日活动的各个环节

在幼儿园中，实施体育教育的主要方式就是体育游戏。这也是幼儿喜闻乐见的游戏形式。它贯穿在幼儿的一日活动之中，不仅包括集体教学的体育活动、游戏活动，而且包括早操、户外体育活动、区角活动等落实健康领域发展目标的各个常规活动之中。[1]

二、如何在集体教学中组织生动有趣的体育游戏活动

（一）明确体育游戏的组织结构，科学合理、完整有序地组织活动

1. 准备部分

目的是迅速地把幼儿组织起来，集中幼儿注意力，并从生理、心理上动员幼儿。准备部分的内容应与新授内容有关联，为新授内容做好准备和基础。以大班一节课 30 分钟为例，大概占 9 分钟。

2. 基本部分

目的是完成本节课的主要教学任务，具体为小班 10 分钟左右、中班 15 分钟左右、大班 20 分钟左右。环节安排包括：（1）创设游戏情境，激发幼儿兴趣；（2）幼儿自由探索；（3）示范讲解，掌握动作要领；（4）幼儿再次尝试，巩固练习；（5）游戏竞赛，增强难度。活动中应关注幼儿，运用有效策略解决运动中的难点，及时反馈和给予帮助，注意运动安全，运动量的安排要由低到高，运动强度要由弱到强，并注意让幼儿适度休息。

3. 结束部分

目的是降低大脑的兴奋程度，放松肌肉消除疲劳，使身体由兴奋状态恢复到相对的安静状态，要有组织地结束。针对新授内容，有目的地进行放松。此外，结束时要对幼儿在活动中的表现给予总结和评价，肯定幼儿的进步和努力。时间一般占总课时的 10%，即 3 分钟。

（二）体育游戏前的准备工作要充分、细致

教师要全面研究游戏，深入了解游戏的目标、内容、活动方式、规则等。除分析、了解幼儿的动作、体力和品德表现外，还要注意幼儿智力情况和心理动态，以便在游戏过程中进行全面教育。有的游戏主要角色和做

[1] 于世娟 . 如何在幼儿园中开展体育游戏［J］. 网络导报·在线教育，2012（3s）.

示范的幼儿要事先进行培养，有的儿歌需要先教，有些情节也应该先给幼儿讲述。此外，幼儿做游戏前，教师要帮助幼儿检查服装、鞋子。

（三）游戏场地器材的准备要科学合理

在课前应充分做好场地器材的准备工作，这是完成体育游戏课的教学目标，达到预期效果的必备条件。场地要整洁，地面标识要清楚，玩具要安全卫生、色彩鲜艳，体育器械要牢固、安全。此外，教师还可吸引能力强的幼儿参加场地器材的准备工作，培养幼儿热爱劳动、乐于为集体服务的品德和引起他们对即将进行的游戏的兴趣。

（四）游戏的讲解、示范要准确易懂

幼儿园体育游戏的讲解、示范有自己的特点。教师要通过有计划、有步骤的教学，使幼儿了解掌握游戏的名称、做法、规则和要求。教学时，要根据游戏的内容、特点、幼儿游戏活动能力、认知能力和年龄特点，选择适当的教学步骤和教法。

学习较复杂的游戏时，可采用分段教学。教师应在游戏者都能听得见和看得清的地方进行讲解和示范。讲解有情节的游戏时，教师要深入到游戏情境中去，讲解要有感情，语言要生动、形象、简明。游戏进行时，游戏的玩法和规则往往需要反复强化才能掌握，教师要经常在活动和游戏间歇时用语言提示等方法提醒幼儿。

游戏的示范有完整的游戏方法示范和单纯的动作示范。完整的示范可使幼儿形象地、全面地了解游戏的做法，省时、效果好，也容易激发幼儿兴趣。小班游戏教学或新游戏教学多采用边讲解、边示范、边组织幼儿练习的方法，而这种方法是符合幼儿的年龄特点和心理特点的。

（五）组织活动的方式注重游戏化、情景化

体育游戏的开展总会包含着技能（动作、规则）的学习，当幼儿在动作技能的学习与兴趣之间产生矛盾时，游戏正是解决问题的最好方法。用游戏来设计、组织体育游戏，可以使幼儿在游戏中快乐练习、快乐成长，发挥创造的潜能。常用的方法包括：

1. 创设情境，寓情激趣

一个完整的故事情节，不光有助于教师清晰地组织、设计活动，更有利于幼儿在整个游戏中保持高涨的热情。

案例：

快乐运动喜洋洋

中班体育游戏“快乐运动喜洋洋”中，设计了以下完整的故事情境：去郊游→发现信和地图→树林里嬉戏比赛→运砖头，搭建堡垒→在安全堡垒里休息。情境的设计服务于游戏目标的达成，对应的就是为了达成以下细化的目标：热身活动→认识场地布置，明确游戏玩法，同时实现难点前置→幼儿巩固、提升动作技能，教师观察并及时调控→再次增加游戏难度，帮助幼儿纵向发展→放松活动，还游戏一个完整的情境。

2. 迁移经验，回顾生活体验

生活中的情境丰富多彩，如果把它们迁移到幼儿园里、迁移到教室里，就会赋予更强烈的游戏性与趣味性。

案例：

越过小水洼

考虑到幼儿对下雨有所认识，也见过地面上有很多的小水坑。遇到这些小水坑，聪明的孩子们想到绕过去、跨过去、跳过去。可是，现实中，为了安全，家长、教师怎么可能让幼儿在水坑上跳来跳去呢？而这样的一个生活情境却是我们设计活动的一个好素材，借助幼儿的生活经验，我们用大小地垫来创设小水坑的情境，开设了小班体育游戏“越过小水洼”。

3. 巧问设疑，激发挑战

巧妙地设置问题，可以激发幼儿的好奇心，调动幼儿参与体育游戏的主动性与创造性，还幼儿一个游戏化的世界。针对一些动作难点与动作要领，一般会巧妙地创设问题情境，引导幼儿主动发现、探索，推动活动走向游戏化。

案例：

抛给孩子一个智慧球

营造选择性的问题情境：“你们猜猜看，用嘴巴来吹泡泡和用小脚来踢泡泡，哪种方式会让泡泡跑得更快？”创设悬疑性的问题情境：“前面的小河这么窄，用什么方法可以帮助我们安全地到达目的地？”这样一来，问题自然会把活动推向游戏。

4. 口头渲染，把握幼儿兴趣点

在游戏情境中，教师亲切、童趣，富有挑战性、幽默性的语言无时无刻不在感染着幼儿，而且对调节游戏的节奏与氛围有很大的帮助。在实践对比中，我们发现，对于小班幼儿适合借助语言营造亲切、安全的游戏情境，对于中大班的幼儿适合营造一种富有挑战性的、热烈的游戏情境。

（六）总结要有针对性，游戏结束轻松愉快

以何种方式在何时结束游戏，对一节好的体育游戏活动来说也是必要的组成要素。在一般情况下，在全班幼儿情绪较为高涨，比较满足，还未感到很累，尚有余兴时结束游戏是最适当的时机。此时结束游戏，能让幼儿回味游戏的过程，期待下次游戏的来临。教师还应引导幼儿参与器材的收拾与整理，以便让幼儿养成有始有终的好习惯。

当游戏结束后，要及时进行总结，一般包括两个方面。一是教师对幼儿在游戏活动中的表现进行讲评。讲评应以表扬为主，要具体、准确。对个别表现差的幼儿，要在游戏结束后及时做细致的教育工作。二是教师对游戏效果和指导工作进行自我评议。要从游戏的全面目标完成情况来总结教育效果，以完善教学，提高教学水平。

在体育游戏中，教师始终扮演着观察者、支持者、合作者、引导者的角色，在尊重幼儿的前提下，能适时、适当地提供帮助与指导，有效地鼓励幼儿运用已有的经验，不断寻求新的游戏方法，在提高幼儿基本运动能力的同时，使幼儿喜欢运动，乐于参加运动。

三、如何组织形式多样的体育游戏活动

幼儿体育游戏形式多样，都有一定的教育价值，又都有一定的局限性。关键是能互相补充、互相配合，以求全面实现体育活动的目标和任务。

（一）幼儿园常规体育游戏

1. 晨间体育游戏的开展强调系统性、全局性

第一，根据体格锻炼计划目标、幼儿动作发展项目，结合幼儿年龄特点，

制订详细的晨间体育游戏内容计划，着重突出教育的整体性、可持续性原则，使幼儿的走、跑、跳、平衡、投掷、钻爬等动作都在学期中系统均衡发展。第二，合理划分场地根据因地制宜的原则，使整个园所的活动场地显得很有序，自主选择平衡区、跳跃区、球类区、钻爬区等相应的区域活动，避免互相干扰。第三，注重器械投放的层次性，要适应于不同年龄、能力的孩子，并让常见器械发挥多种功能。

2. 户外体育游戏的开展强调幼儿自主与教师指导

户外体育游戏是通过利用幼儿园场地、器材，形成多个游戏区域，幼儿可以打破班级界限，自由结伴、自选内容、自主游戏，在独立或合作运动中提高自主运动能力，使每个幼儿的基本动作、运动能力、个性等在不同水平上均得到发展。

案例：

大班年级组户外体育游戏

户外活动时间段一般分为3个环节，即热身运动、自选区域运动、整理运动，时间一般不超过30分钟。热身运动：将幼儿迅速组织起来，集中注意力，使幼儿做好准备，这个环节时间不宜超过5分钟。自选区域运动：这是游戏中最重要的环节，一般不超过20分钟。幼儿可以打破班级界限，自由结伴、自选内容、自主游戏，在独立或合作运动中提高自主运动能力。整理运动：本环节为5分钟，主要是师幼共同收拾玩具，进行游戏后的整理运动，使幼儿肌肉放松、消除疲劳的同时，进行简单小结，肯定和赞扬幼儿的良好表现，提出需要进步的地方，激发幼儿继续游戏的积极性。

在户外的这种跨班体育游戏中，教师的有效指导尤为重要。孩子是自由走动的，但教师要有固定指导的场地，及时对幼儿给予鼓励、帮助和推进。其作用主要体现在两个方面：一是观察先行。在组织跨班体育游戏中，提倡先观察、后设想、再指导的新模式，做到“眼里有人”、“心中有数”。二是直接支持。教师在跨班体育游戏中肩负着双重身份，既是组织者，又是参与者，应提醒幼儿注意安全并进行个别引导。

3. 区域体育游戏的开展强调自主灵活

区域体育游戏最大的优势是不受气候干扰适时开展。教师可以创设合理环境和投放适宜材料，充分利用游戏室、阳台、楼道甚至楼梯等场所进行游戏。

案例：

灵活多变的体育区角

利用走廊格子地砖进行跳房子游戏，拐角悬挂物品可进行纵跳触物。室内空间不大，可尽量利用室内的物品进行游戏，如运用桌子、椅子进行爬、钻、滚等游戏；还可提供一些利废利旧的小型器械，如报纸、塑料袋、酸奶瓶和松紧带制成的拉力器、矿泉水瓶装上沙子变成的保龄球等民间游戏。幼儿在餐前、离园前等时段，不需要教师组织，即可玩拍手、翻绳、锤子剪刀布等民间游戏。

实施游戏时应注意：活动室的正中央位置一般适宜进行集体游戏，但在安排时应尽量考虑游戏的动作移动范围不能过大；走道狭窄的地方不宜开展人数多、速度快的游戏。

（二）幼儿园特色体育游戏

1. *混龄活动*

随着主题活动及季节的变换，我们会不定时地将2—6岁不同年龄的幼儿集中在各个游戏区，让不同年龄的孩子在一起进行体育游戏。“大手牵小手”让孩子们体验兄弟姐妹的角色，帮助大一点的孩子开发领导能力，培养责任感，而小些的孩子也可以学习模仿能力，从大孩子那里习得技能与勇气。而最关键的是，这种爱意浓浓的氛围是孩子们喜欢的，这样的游戏方式也是他们喜欢的。

2. *亲子活动*

亲子活动包括亲子运动会和家园互动活动。每年的春秋季节，我们都要组织全园幼儿及家长开展亲子运动会，每个幼儿及其家长都可以选择自己喜欢的亲子运动项目，或参与、或比赛。孩子们在和家长的亲子互动中，体验团结合作、遵守秩序规则，培养了集体荣誉感，锻炼了坚强的意志品质。此外，每月每个班级的教师可以组织一次家园互动活动，邀请班级家长以个别或小组的形式参与到班级体育游戏中。这一举措让很多男性家长走进了班级，促进了幼儿个性品质更完善地发展，而且，家长们的参与让我们开展的游戏内容更加广泛。

3. 远足活动

以年级为单位，每年的春秋季节，我们还会组织园内的幼儿参加远足活动，如参观市图书馆、到滨河路观光带踏青、捡落叶、放风筝、到东郊和南郊的农田边抓蚱蜢等。在与大自然、外界世界的亲密接触中，孩子们始终精神振奋，神采飞扬。丰富的生活体验，磨练了幼儿吃苦耐劳、坚强勇敢的意志品质，培养了幼儿的责任心及团结互助的合作之情。

第三节　如何进行幼儿体育游戏活动的指导

在开展幼儿园体育活动中，要因地制宜、因人而异创编和指导幼儿体育游戏就成为教师的重要任务。而教师只有具备了体育游戏创编和指导的专业技能，才能更好地发挥体育游戏的功能，促进幼儿身心和谐发展。

一、指导的“细节”与“度”体现了教师专业发展的水平

（一）游戏前的思考与关注

1. 教师熟悉游戏的内容和目标。

2. 考虑好开展游戏的具体步骤，包括怎样讲解（引导和示范）。

3. 选择和布置场地、运动器械（可以和能力强的幼儿共同布置）。

4. 督促、检查和帮助幼儿整理服装、鞋子（脱去多余的衣、裤、手套、围巾等）。

5. 了解幼儿的健康状况。

（二）游戏进行中的观察与互动

1. 游戏开始时的“引”与“收”

首先，教师把幼儿集合起来，按游戏队形站好。吸引孩子的兴趣，集合的方法有摇铃、用玩具和头饰吸引幼儿，也可先找部分幼儿有节奏地拍手或边拍手边说儿歌来召唤幼儿。组织带领幼儿进入游戏场地。接着，用形象、生动的语言和好的方法吸引幼儿，引出游戏内容、方法结果和注意事项。语言简明扼要，富于幼儿化，声音要洪亮。

案例：

小白兔采蘑菇

在玩“小白兔采蘑菇”游戏时，教师可提醒幼儿：“山上有大黑熊，小白兔要跳得轻，不要惊动大黑熊。”幼儿为了不惊动大黑熊，常会把动作做得很轻。教师参加到游戏中去，用正确动作影响幼儿，同时用简短的语言提醒幼儿注意动作要领。

大部分的体育游戏需要进行分队或分配角色，一般主要角色由教师担任（中、大班也可由能力强的幼儿轮流担任）。特别是中大班的竞赛性游戏分队时，各队幼儿的能力要搭配相当。分队的方法有教师分配法、点将法、报数法、自由结合法等。分配角色的原则是：幼儿能胜任；有利于游戏顺利进行；对幼儿有教育作用。方法有指定法、推选法、斗智法、随机决定法等。

在游戏进行时，教师应尽可能参加到游戏活动中，担当角色。这样做不仅能激发幼儿活动的积极性，教师还能用自己的正确动作、行为和良好的情绪影响教育幼儿，也便于调节游戏的运动负荷。

2. 游戏过程中的观察与应对

体育游戏是幼儿基本动作和简单的运动动作的主要形式，也是游戏的主要教学目标。因此，必须重视发展动作。在游戏的过程中，教师要观察指导，尤其要重视动作的发展。在游戏之前，先把游戏中的主要动作按正确要领练习几次，并向幼儿提出要求。结合游戏情节，向幼儿提出一些具体要求，常会收到较好的效果。

案例：

小伞兵跳伞

在“小伞兵跳伞”游戏中，无论是驾“飞机”在空中“飞翔”，还是从“飞机”上向下跳伞，孩子们都可以自由发挥其想象力，创作出多姿多彩的动作。教师要善于利用游戏的教育内容来发展幼儿的智力和创造力。

3. 游戏结束时的留趣与鼓励

教师组织带领幼儿放松身心，采用教师带领幼儿游戏或幼儿自己游戏等具体手段。全面与重点相结合的讲评，可使幼儿身心逐渐平静。教师可运用交流、演示、讲评（包括提出新的玩法和要求）等方法，对游戏进行阶段性小结讲评，鼓励幼儿继续游戏，进而达到调节运动负荷量或调整游戏的目的。

小结讲评应以鼓励为主，重视品德教育。有游戏必然有规则，教师要充分利用规则来教育幼儿，使其从小养成遵守纪律和规则的好习惯。教育幼儿既要为本队胜利而欢呼跳跃，也要关心对手，为他们鼓掌加油，鼓励他们争取好成绩。

最后，收拾、整理场地与器材，可让部分幼儿参与，激发幼儿下次游戏的愿望。

二、教师组织体育游戏的技巧与方法传递专业理念

（一）使用恰当的语言进行讲解

在教一个复杂的新游戏时，规则和动作应是教师讲解的重点。球类、器械类、躲闪性、竞赛性等无主题游戏，应讲解得准确、精练、简短。在对小班幼儿讲解时，老师的语调应充满感情色彩。在对中、大班幼儿讲解时，教师的语言应形象、生动，充满想象。

（二）注意培养幼儿的规则意识和自主性

如果幼儿出现一些违规行为，教师可对其进行提醒，抑或是按照游戏前规定好的惩罚标准，对幼儿进行简单的惩罚，从而纠正幼儿的错误意识，强化正确意识。

（三）教师应多观察孩子

教师只有在观察的基础之上才能有效地、正确地指导孩子。教师应注重观察以下几点：第一，观察游戏与幼儿发展水平是否相符；第二，观察游戏中的布置、场景、器械等对幼儿是否有积极的作用；第三，观察游戏中幼儿的兴趣点，通过干涉，延长兴趣的时间；第四，教师还需进行个别观察，因材施教，并对个别儿童予以个别指导，从而更好地通过游戏达到教育的目标，促进儿童的健康成长。

总之，无论在体育游戏的设计中，还是在体育游戏的实施过程中，幼儿都是游戏中的主体，教师应始终以幼儿为中心。在目标的设定、形式的

选择、内容的组织、情景的布置等方面大胆反思、反复实践，使幼儿自觉参与到游戏中来，实现体育教育的目标。

三、在体育游戏的研究中找准自己的专业缺失与方向

（一）明确体育游戏的目标

在设置体育游戏课程时，要首先制定整个学期的计划，再制定详细的周目标。同时，根据幼儿生长发育的规律以及周计划需要完成的目标，制定相应的游戏内容。游戏内容不能单一，要形式丰富多样才能达到锻炼运动的目的。

体育游戏承载着幼儿健康教育的任务，有其自身的教育目标。虽然幼儿健康教育的基本动作有走、跑、跳、攀登、爬、平衡，但由于各年龄段幼儿身心发展的差异性，导致这些基本动作在各个年龄段的教育目标中具有较大的差异性。幼儿教师可结合《指南》中对各年龄段的要求来组织幼儿体育游戏活动。[1]

（二）注意培养幼儿的自主性和规则意识

幼儿活泼好动，易兴奋，而自觉性、自制力及坚持性都比较差。教师要时刻注意采用多种方法，帮助幼儿在游戏过程中控制自己的行为，养成良好的规则意识。对大班幼儿，教师还可以根据游戏中幼儿表现出来的典型问题，大胆放手，引导幼儿自己思考应该建立怎样的规则，并在游戏中认真执行，互相监督，以有效增强幼儿的自主性和规则意识。

（三）降低体育游戏的竞争性

体育游戏具有竞争性的特点，但获胜不是其唯一的目标。幼儿教师不要刻意强调个体的胜利，需要强调的是团体的合作。幼儿教师要求幼儿在游戏中与同伴友好合作、共同协商、同步发展，这才是游戏的根本追求。

（四）深入游戏内部，适时指导

教师在指导体育游戏之前必须做好相应的备课准备，设置的每个游戏都要深入地分析其能产生的效果。教师在考虑游戏时，要根据幼儿的特性，对游戏形式进行创新，及时做好相关记录并分析其中的效果。只有这样，

---

[1] 麦少美，孙树珍 . 学前儿童健康教育活动指导［M］. 上海：复旦大学出版社，2010.

才能将游戏逐渐完善起来。

教师还应注意根据幼儿的年龄特点与游戏的复杂程度，运用恰当的语言讲解游戏内容与规则，注意在游戏过程中培养幼儿的自主性与规则意识，注意根据对幼儿游戏能力与过程的观察，及时调整。

（五）钻研游戏结果的评价

游戏结果评价主要是指幼儿教师对幼儿在游戏中的表现进行评价，这也需要幼儿教师具备高超的教育智慧。对幼儿来说，我们并不需要刻意强调谁输谁赢，但也不能避开这一点。这是因为，如果刻意强调游戏的输赢，不利于幼儿树立正确的看待输赢的态度；如果不强调，又不利于调动幼儿参与游戏活动的积极性。所以，幼儿教师对幼儿结果的评价需要慎之又慎。

四、园所支持体育游戏的研究与实践是教师专业成长的摇篮

幼儿园游戏活动的开展是否顺畅与幼儿园领导的支持有着必然的联系。幼儿园领导一定要根据实际情况，合理制定相关规章，在保证幼儿安全的前提下，大胆地让教师带领孩子们做游戏。同时，虽然大多数教师来自于幼儿师范院校，但时间一久，加上其他各种因素的影响，有些教师难免会在思想上出现懈怠的情况。所以，相关领导还要加强对教师责任的培养，提高教师的综合素质。

在体育游戏活动中，教师的作用是极为重要的。每一个孩子的健康成长都离不开教师的精心培育。教师在教导幼儿之前，首先就要本着育人的目的去教学，要在思想上发生根本的转变。将每次体育游戏活动当做新的教育科研课题来创新花样与玩法，激发孩子们的好奇心，让孩子们自主地参与活动，与教师形成互动，无论是心理还是生理都得到成长，这样的游戏活动才有营养。[1]

[1] 翟理红 . 学前儿童游戏教程［M］. 上海：复旦大学出版社，2010:64.

第四章　幼儿音乐游戏的设计与实施

“丢、丢、丢手绢，轻轻地放在小朋友的后面，大家不要告诉他……”“小兔子乖乖，把门开开，快点开开，我要进来……”这些耳熟能详的儿歌一代代传唱，这些经典的音乐游戏陪伴着孩子健康快乐地成长！正如德国教育家福贝尔所说：“游戏是儿童认识世界的工具，是快乐的源泉，是培养儿童道德品质的手段。在游戏过程中，最能表现儿童的积极性和自觉性。游戏是儿童的本能性活动，是儿童内心世界的反映。”而爱因斯坦也曾说过：“没有早期的音乐教育，我干什么事情都会一事无成。”这也正是音乐游戏的魅力所在，让孩子喜欢音乐，让音乐启迪孩子的心灵。那么，什么音乐游戏是孩子喜欢的？如何开展音乐游戏？教师应该注意哪些问题？本章我们将一一阐述，帮助幼儿教师尽快掌握开展音乐游戏的技巧和方法

第一节　幼儿音乐游戏概述

什么是音乐游戏？音乐游戏是幼儿园有规则游戏的一种，是指幼儿在音乐伴奏或歌曲伴唱下进行的游戏，主要作用是发展幼儿的音乐感知能力和动作。[1]它是一种比较特殊的韵律活动，其特殊性主要表现在游戏和音乐的相互关系上。在音乐游戏中，音乐和游戏是相互促进、相辅相成的。音乐指挥和促进着游戏活动，而游戏动作又能帮助儿童更具体、更形象地感受和理解音乐，获得一定的情绪情感体验。因此，音乐游戏是深受儿童喜欢的一种音乐活动。

[1] 陈幸军 . 幼儿教育学［M］. 北京：人民教育出版社，2008.

一、音乐游戏种类繁多，分类方式也各不相同

（一）从游戏的内容和主题来分

从游戏的内容和主题来分，可以分为有主题的音乐游戏和无主题的音乐游戏两类。

1. 有主题的音乐游戏

这一类音乐游戏有一定的故事情节和内容，有一定的角色，并在音乐游戏中模仿一定的角色，随着音乐内容开展游戏。

案例：

兔子和狼

“兔子和狼”的游戏，可以由教师和儿童分别扮演“小白兔”和“大灰狼”的角色。根据音乐中的情节内容，孩子模仿小白兔蹦蹦跳跳采蘑菇的情景，当听到大灰狼的音乐时赶紧躲藏并表现害怕的感觉，按照游戏中的情节提示进行游戏。

游戏规则：

（1）大灰狼在属于自己的音乐时才能出来抓小白兔，小兔子躲进家中就不能抓。

（2）小白兔听到大灰狼的音乐后要及时躲藏。

（3）被捉住的小白兔停止一次游戏。

2. 无主题的音乐游戏

这类游戏一般没有一定的情节构思，只是随音乐做动作，相当于律动或律动组合。但这种动作带有一定的游戏性，即含有游戏的规则。

案例：

抢位子

“抢位子”的游戏，孩子只是随着乐曲声自由地做各种动作。但是，当音乐一停，必须抢坐一个位子，这便是游戏的规则。

（二）从游戏的形式来分

从游戏的形式来分，可以分为歌唱游戏、表演游戏、听辨反应游戏和

节奏游戏。

1. 歌唱游戏

歌唱游戏一般是以歌唱为主，伴随角色表演和律动等形式出现，即按照歌词、节奏、乐句和乐段的结构表演唱并进行游戏。游戏的规则通常定在歌曲的结束处。这类游戏与有主题的游戏有所不同，它可以有较明显的游戏主题、内容，也可以没有专门表现情节和角色的音乐，相对地比较侧重于儿童的创造性动作表现。

案例：

“买菜”音乐游戏

“买菜”的游戏，歌词大意：今天的天气真呀真正好，我和奶奶去呀去买菜，鸡蛋圆溜溜呀，青菜绿油油呀，母鸡咯咯叫呀，鱼儿水中游呀，萝卜黄瓜西红柿，蚕豆毛豆小豌豆，哎呀呀哎呀呀装呀装不下。孩子在熟悉并学会演唱歌曲的基础上，可以根据歌词的词意自由做表演动作，分别扮演奶奶和小孙子，也鼓励孩子加入更多的角色，教师和孩子共同创设情景进行歌唱游戏。

2. 表演游戏

表演游戏是根据音乐的变化创设不同的场景或者变化动作而进行的游戏。从游戏内容上看，一般有一定的情节和角色；从游戏形式上看，带有较强的表演性。音乐一般会选择ABA、ABC、ABAB段式。

案例：

音乐游戏“库企企”

音乐游戏“库企企”就是选择ABC段式，整个音乐由三部分组成——骑马、爬山和喊出魔咒三部分的音乐。

在玩此游戏时，孩子根据音乐所展示的情节和内容进行表演：

第一部分，由孩子随着音乐表现骑马出游的场景；

第二部分，孩子们表现爬山寻找宝藏的情景；

第三部分，跟随音乐中的魔咒，孩子要大声念出有魔力的咒语。当大门打开没有宝藏时，再继续骑上马，反复进行游戏。

3. 听辨反应游戏

听辨反应游戏比较侧重于对音乐和声音的分辨、判断能力的要求，以培养儿童对音乐的高低、强弱、快慢、音色、乐句等的分辨能力。它一般没有固定的游戏情节或内容，以对音乐要素的反应和理解为主。

案例：

什么乐器在唱歌

音乐游戏“什么乐器在唱歌”要求分辨的是小乐器的音色；游戏“大鼓和小锣”要求分辨声音的强和弱，并用身体动作（跺脚表示强，拍手表示弱；伸展双臂表示强，双臂屈肘抱肩表示弱……）加以反应。

4. 节奏游戏

节奏是组成音乐的核心要素之一，它是音乐能力的重要组成部分，必须通过肌肉反应来感知，依靠身体高度协调的动作来感觉。节奏能力的培养可结合各种音乐形式进行，包括说、唱、律动、舞蹈、器乐等。这种游戏可以结合听辨反应游戏来实践。

案例：

童谣

童谣《大头大头》《胖子和瘦子》《五只猴子》等，这一类童谣有很强的节奏感。教师可以运用童谣，带领孩子在熟悉童谣的基础上开展各种节奏游戏，如用童谣中的关键词固定节奏伴奏等。

二、在音乐活动中教师存在的问题

对于一个涉足音乐游戏的新手来说，往往会遇到以下几种情况：

1. 惧怕开展音乐游戏，设计和组织音乐游戏的能力较差。

2. 面对海量的音乐素材，不知如何甄选。

3. 如何在音乐游戏中体现幼儿的主体地位？

4. 如何摒弃花哨的表演式的音乐游戏？

上述一系列问题的解决，我们可以归纳为以下 4 个方面：

一是明确音乐游戏的重要性，不断学习，博采众长。教师通过多种途径，学习积累音乐方面的专业知识。

二是提高个人音乐素养，善于挖掘和利用好的音乐素材，最终设计出幼儿喜爱的音乐游戏。

三是在音乐游戏的组织和实施的过程中，教师要善于观察孩子的兴趣点，适时地推波助澜，将游戏引入高潮，和孩子共同感受音乐游戏的乐趣。

四是教师要转变观念，运用自己的声音、肢体动作和诙谐的语言去帮助幼儿理解、感受、表现、创造。最重要的是教师的适时鼓励和支持。

下面，让我们一同进入这次的音乐之旅，一同去“感受与欣赏”、“表现与创造”，结合《指南》的核心观念，进一步阐述音乐游戏的设计、组织和指导。

第二节　如何进行幼儿音乐游戏的设计

音乐游戏的设计就是将孩子们生活中触手可及的东西，运用到我们的音乐游戏之中。好的音乐、身体乐器、日常生活中的锅碗瓢盆、孩子们的玩具等，都可以成为开展音乐游戏的素材。音乐游戏的设计就是要让孩子感到好玩、有趣、乐此不疲。如何能够抓住孩子的心，将音乐游戏真正变成孩子喜欢、教师容易开展的活动呢？抓住兴趣和年龄特点，设计适合不同年龄段的音乐游戏。为不同年龄阶段的幼儿设计音乐游戏活动，要依据该年龄班幼儿的已有经验、认知能力、音乐技能水平和动作发展，选择适当的活动内容，能使幼儿在音乐游戏中得到全面发展。

一、小班音乐游戏的设计

（一）小班幼儿的特点以及音乐游戏内容的选择和设计

1. 符合小班幼儿年龄特点

小班幼儿爱模仿，喜跟随。小班幼儿刚从家庭走入幼儿园，是孩子生活的一个转折时期。从这个时候开始了幼儿园的集体生活，在幼儿园的活动中，小班幼儿表现出很多与其年龄相对应的特点。

首先,容易受同伴的影响,模仿自己的同伴。当他们看见别的小朋友哭,自己也莫名其妙地哭了起来。遇到自己喜欢的老师，就会特别喜欢接近她，非常听这个老师的话。其次，他们在集体中也喜欢模仿别人，看见别人玩什么,自己也玩什么,看见老师表扬哪个小朋友,自己就会向那个榜样学习。

2. 激发幼儿参与活动的兴趣

小班幼儿音乐游戏教学内容的选择尽量简单，形象特点鲜明。针对小班幼儿的年龄特点，教师在选择音乐游戏的时候，要尽量选择内容相对简单、尽量贴近小班幼儿生活、形象特点鲜明的游戏。小班音乐游戏多是用歌曲伴随活动的，在歌曲中穿插游戏，或者在音乐伴随下做一些形象化的模仿动作。

案例：

“合拢放开”手指游戏

“合拢放开”这个手指音乐游戏，非常适合小班幼儿的年龄特点。歌词是这样唱的：“合拢放开，合拢放开，小手拍拍拍，合拢放开，合拢放开，小手放腿上。爬呀爬呀爬呀爬呀，爬到头顶上，这是眼睛，这是鼻子，这是小嘴巴。”歌词的顺序是循序渐进的，幼儿可以跟随歌词和简单的旋律一边唱一边做动作，既生动又有趣。这也体现了小班的音乐游戏多数借助歌词帮助幼儿理解游戏内容，感受音乐的基本情绪和特点。

3. 选择对比性较强的音乐

小班幼儿逐渐适应幼儿园的生活以后，教师也可以选择一些幼儿比较熟悉和喜欢的小动物形象，来作为音乐游戏的内容。教师可以根据幼儿的能力，选择在速度、节奏、情感方面对比性较强的音乐，音乐形象的对比性要鲜明，形象特点突出，使幼儿容易辨认、便于记忆。

案例：

大灰狼和小白兔

在小班音乐游戏“大灰狼和小白兔”的活动中，教师以音乐贯穿始终，两段不同性质的音乐明显地表现出了两种动物的特征。我们都知道幼儿对音乐欣赏是通过各种感官来完成的，倾听对幼儿来说尤其重要。首先，教师引导孩子认真倾听音乐。小兔的音乐是欢快的、活泼的，大灰狼的音乐是低沉和缓慢的。倾听以后，孩子们的表现就是有目的的，就会跟着音乐的性质去模仿了。最初，在进行这个游戏的时候，可以请幼儿扮演小白兔。

4. 借助丰富的辅助材料开展活动

幼儿都很喜欢游戏，相对于中班的幼儿来说，小班幼儿爱玩，可是却不太会玩。但是，小班幼儿的模仿能力却很强。教师需要在活动中，更多地运用小班幼儿的思维特点来开展活动。例如，在游戏活动中，教师可借助于头饰、图片、玩具、教具等辅助材料，集中幼儿的注意力，激发想象力，丰富游戏内容，提高兴趣；在老师的启发、感染、带动下，引导幼儿学会符合音乐的情绪，用动作表达感情，提高幼儿的音乐感受能力和动作的表达能力。

（二）小班音乐游戏设计案例

下面，我们通过小班音乐游戏“我爱我的小动物”的设计来进一步地比较和理解如何设计音乐游戏：

音乐游戏案例	小班歌唱游戏“我爱我的小动物”（原版）	小班歌唱游戏“我爱我的小动物”（修改版）
游戏目标	能够完整地演唱歌曲。 学会辨识各种小动物的叫声和节奏。 产生喜欢小动物的情感。	喜欢和同伴一起玩音乐游戏。 乐意扮演各种小动物并演唱歌曲。 能够根据歌词的变化有节奏地表演。
游戏准备	小动物图片、歌曲 CD。	场景布置：农场。 各种小动物的头饰和装扮物品。 带音乐的 PPT。
游戏过程	教师组织幼儿学唱歌曲，用提问的方式帮助幼儿熟悉歌曲中出现的小动物。随后，教师带领幼儿学习各种小动物的动作和叫声。最后，根据歌曲中出现的小动物，将幼儿分成几组扮演不同的小动物边表演边唱歌。 规则：唱到哪一段，这一段的小动物就要起立表演。	教师组织幼儿随着《我爱我的小动物》的音乐，玩去农场参观的游戏。首先，教师通过 PPT，让幼儿熟悉歌曲中的小动物。随后，幼儿自由地与自己的小伙伴在农场参观，并与同伴一起一个扮演小动物、一个扮演参观农场的小朋友。 规则：当小朋友唱“我爱我的小鸡，小鸡怎么叫”时，扮演小鸡的小朋友就要回答“叽叽叽，叽叽叽，叽叽叽叽叽”。

音乐游戏案例	小班歌唱游戏“我爱我的小动物”（原版）	小班歌唱游戏“我爱我的小动物”（修改版）
期望获得的效果	引导幼儿了解这几种动物的动作和叫声，可以跟教师一起边唱歌边进行表演。	1. 通过“小朋友”和“小动物”这两个不同角色的演唱，感受这种有问有答的演唱乐趣。 2. 幼儿获得生生互动的机会，并体验合作交流的快乐。 3. 挑战幼儿在游戏中的快速反应能力。
反思与评价	小班音乐游戏“我爱我的小动物”属于歌唱游戏，同时带有表演的乐趣。由于两位教师的设计思路不同，取得的游戏效果也是大相径庭的。在“原版”的“我爱我的小动物”中，幼儿基本上处于一种被动的学习状态。这种缺乏感染力的纯粹的学唱歌曲，由于不具备想象或创造的性质，因而不太可能引起幼儿的热情参与，幼儿也难以在活动中体验音乐游戏的乐趣。在“修改版”的“我爱我的小动物”活动现场，我们观察到幼儿自始至终游戏兴趣高涨。细加分析，我们不难看出，这种高涨的游戏兴趣源于幼儿3种需要得到了满足，即审美想象需要的满足、合作交往需要的满足、自我实现需要的满足。“去农场参观的游戏”富有很多想象的空间，快速地激发了幼儿游戏的欲望。“角色扮演的表演唱”互动的设计，给幼儿创造了与同伴交流学习和表演的机会。这种一问一答式的歌唱游戏，既让幼儿获得了自我表现的机会，又给了幼儿强烈的愉悦感和满足感。	

由此可见，教师在音乐游戏的设计过程中，不能仅仅关注音乐知识和技能技巧的教学。正如《指南》总目标中的那些文字描述及其核心精神：“引导幼儿用自己的方式表达自己对音色、强弱、快慢的感受……营造安全的心理氛围，让幼儿敢于并乐于表达表现。”

二、中班音乐游戏的设计

（一）中班幼儿的特点以及音乐游戏内容的选择和设计

1. 中班幼儿的年龄特点

自我意识增强，游戏水平提高。中班幼儿音乐游戏的水平明显提高，他们会不断地拓展自己的游戏空间，喜欢在游戏中扮演角色。这一时期也是角色游戏的高峰期，他们不仅知道什么游戏应该怎么玩，而且也知道游戏的规则，他们的思维更加具体和形象。他们的自主性和主动性有了进一步的发展，能在活动中提出自己的想法，具备积极参与游戏的热情和能力。因此，在音乐游戏的内容、艺术形象、音乐知识技能的学习和运用等各方面选材都比小班丰富。

2. 活动内容的选择

中班音乐游戏的音乐作品可以有更多的变化，在结构形式上可以有AB段式、ABA、ABC段式结构。除了音乐形象特点要鲜明以外，还需要在对比段落之间具有明显的交接点，便于幼儿在整个过程中随音乐的变化而变换动作。在音乐有对比性变化时，能及时用动作表现出音乐的变化，并能感知音乐的速度、力度等表情及其变化，在音乐游戏活动中使幼儿的音乐感受与动作表达互相促进。

3. 活动过程中的建议

中班幼儿更需要的是先熟悉音乐，在教师的讲解和引导下，通过自己的理解和想象，表达出对于音乐的理解。教师的语言要生动形象，启发性要很强，把幼儿的注意、情绪引导到游戏情境之中，提高学习的积极性。教师也可以随时引用幼儿已掌握的知识技能，帮助幼儿提高学习质量；还可以让领悟力较强的幼儿表演示范给其他幼儿，以提高幼儿的学习积极性。在游戏过程中，可分小组练习，互相观摩、评议，提高幼儿对音乐伴随下动作的鉴别能力和学习的自觉性。

（二）中班音乐游戏设计案例

下面，我们通过中班音乐游戏“库企企”的设计来进一步比较和理解如何设计音乐游戏：

音乐游戏案例	中班音乐表演游戏 “库企企”（原版）	中班音乐表演游戏 “库企企”（修改版）
游戏目标	学习随着音乐的变化做动作。 能和老师一起随着音乐表演。	在音乐游戏中大胆表现音乐，体验音乐带来的快乐。 乐意与同伴合作表演。 能随着音乐段式的变化表演自己创编的各式情节。
游戏准备	图谱、音乐CD。	藏宝图，音乐CD，自制毒蘑菇，食人花。

音乐游戏案例	中班音乐表演游戏 “库企企”（原版）	中班音乐表演游戏 “库企企”（修改版）
游戏过程	1. 教师组织幼儿听音乐《库企企》，边听边跟老师一起做动作，拍手、踏脚、敲门。感受音乐ABC的音乐段式。 2. 教师讲故事，然后告诉幼儿音乐的故事：一个人骑马去旅行，他爬过高山，最终找到宝藏。 3. 教师带领幼儿跟着音乐玩游戏。教师在活动中，不断提醒幼儿倾听音乐，随着音乐变换动作，最终找到宝藏。 4. 分享找到宝藏带来的快乐。	1. 教师用一个问题带幼儿进去情景：今天，我们要一起去“寻宝”，可是宝藏藏在一个秘密的山洞里，我们要找到一个魔咒才能打开藏宝的山洞。这个魔咒藏在一首乐曲里，如果你找到了，请举手告诉我！ 2. 幼儿欣赏乐曲，感受ABC段式的音乐曲风。当有幼儿发现魔咒“库企企”的时候，有人举起了手，在音乐的反复欣赏中，最终全体幼儿找到了这具有魔法的咒语“库企企”。 3. 讨论：知道了魔咒，我们怎么才能找到宝藏？最终决定骑马去探险，当到了连马也上不去的地方时，我们自己爬山，最后找到山洞喊出魔咒。 4. 幼儿讨论怎样表现骑马、爬山、敲门喊咒语。鼓励幼儿大胆地表现自己的想法并与同伴交流。 5. 在音乐中表演寻宝的游戏，在反复的游戏中，故意在寻宝的路上设置“有毒的蘑菇、食人花”等给幼儿规则的约束，增加游戏的音乐性和挑战性。 6. 提问：这次的宝藏是在大山和森林里，下一次的寻宝你们想去哪里？怎么去？通过这种方式，拓展幼儿游戏的经验。
期望获得的效果	引导幼儿关注和感受《库企企》的音乐特点，并在音乐游戏中根据音乐的变化做出正确的动作。	1. 通过故事情境，将幼儿带入音乐的环境。 2. 幼儿自主发现音乐中的魔咒，讨论在音乐中如何表现探险和寻宝，体验扮演的乐趣。 3. 在反复游戏中，发现音乐中3种不同的节奏。
反思与评价	中班音乐表演游戏“库企企”选用的是一首节奏鲜明、旋律欢快、富有感染力的音乐。整个活动通过故事情节，来表现音乐的变化。在“原版”的游戏中，教师过多地禁锢了孩子的想象力和表现力，将音乐游戏直接灌输给了孩子。活动中，由于音乐的节奏鲜明和教师的热情，孩子们也有浓厚的兴趣。可是，无法体现孩子在活动中的想象力和创造力，更多的是完成教师的想法。在“修改版”的音乐游戏中，教师始终贯彻《指南》的学习目标，鼓励幼儿自己去感知、去探究。当孩子们自己找到音乐中的“魔咒”时，孩子们的喜悦是有感而发的。在不断的欣赏和教师推波助澜的提问中，孩子们一步步深入地随着音乐开展游戏，教师场景中“毒蘑菇、食人花”的创设，很好地解决了中班幼儿规则意识较薄弱这一问题。	

从中班音乐游戏“库企企”的设计中，我们可以进一步地感受到，选择好的音乐是激发幼儿积极参与游戏的前提条件。同时，教师在音乐游戏中场景的创设和情景的带入是幼儿全情投入的催化剂。最重要的是教师要给幼儿提供宽松自由的表现空间，让幼儿真正地感受音乐游戏的快乐。尽量不要采用灌输的方式，教师可以借助语言、借助音乐、借助情境的创设，一步步地将幼儿带入音乐的美妙世界，感受音乐游戏的快乐，掌握游戏的方法。

三、大班音乐游戏的设计

（一）大班幼儿的特点以及音乐游戏内容的选择和设计

1. 大班幼儿的年龄特点

好学好问是大班幼儿比较明显的一个特点，与小班和中班幼儿不同的是，大班幼儿更喜欢问“为什么”。对于身边的一切事物，他们更加喜欢细致深入地了解和研究，渴望成年人给予他们回答。同时，他们也愿意把这些知识与同伴们分享。在这个年龄段中，他们也可以通过音乐游戏学习音乐，这对发挥他们的潜能、提高认识能力、培养情操品格、发展动作等各方面都有更深、更广的活动余地。

2. 大班幼儿音乐游戏教学内容的选择

大班幼儿对音乐作品内容的理解已经达到比较成熟的水平，能够较独立地理解音乐的含义和表达的情感，感知其中细微的变化。大班幼儿的幼儿可以随着简单的音乐旋律或节奏做出相应的动作，领悟能力和乐感较强的幼儿也可以随音乐的变化而变换动作，学习体验和感受音乐艺术美，并用动作反映出音乐表现手段的明显变化，如强弱、快慢变化，进而用动作表达音乐艺术美。

大班的音乐游戏在情节、情结上的变化也要丰富多彩。

例如：

狩猎波尔卡

“狩猎波尔卡”这个游戏，在整曲中最突出的是弦乐合奏，仿佛森林中的那些轻舞飞扬着的小动物们在享受大自然赋予它们的美好生活。中间夹杂的三声枪声似乎破坏了这种和谐美好的气氛，小动物们开始四处游散，大鼓、小鼓、钹的拍击渲染这种气氛。全曲充满精神力量，动态幅度宽广，细节描述清楚，强弱对比鲜明，展现出既平衡又饱满的动力，以及积极向上的思想意境。

作为大班音乐游戏的内容，无论从曲式结构还是乐曲的内容来看，都是最合适不过的了。它能给予大班幼儿充分的想象空间，可以让他们尽情地发挥自己的想象力，用自己的方式来表现出自己对于乐曲的理解。

3. 通过游戏帮助幼儿构建健全的人格

大班幼儿非常喜欢带有竞赛、捕捉因素的游戏，要教育他们在游戏高潮中不忘遵守游戏规则，培养诚实、遵守纪律的优良品格和积极取胜的上进心。在带有竞赛性的游戏中，大班幼儿的集体荣誉感往往会表现得更加突出。他们会在游戏中具有强烈的责任感和荣誉感，他们知道集体的力量可以通过自己的努力来实现。在这样的音乐游戏中，教师可以利用他们的年龄特点来进行相应的教育，使幼儿通过游戏懂得团队的力量是很强大的。

4. 运用幼儿喜欢的方式帮助其提高音乐修养

在大班音乐游戏教学中，教师也可以通过引导，帮助幼儿将他们已学过的知识技能和游戏相联系，借助简单的音乐表情用语和舞蹈动作术语，采用边示范、边提示动作要领的方法，使他们更加深入地感受音乐，并尝试用自己喜欢的方式来表达对音乐的理解，以此提高幼儿的鉴赏能力和基本的音乐素养。

5. 从幼儿的生活经验中提炼音乐形象

大班音乐游戏中的形象表演动作，教师引导幼儿去观察所要表演的对象，了解表演的内容和动作的意义（如成人的劳动、动物的动作），根据自己的观察再做形象表演动作，来发展他们的想象和创造性。

（二）大班音乐游戏设计案例

下面，我们通过大班音乐游戏“土豆的一家”的设计来进一步比较和理解如何设计音乐游戏：

音乐游戏案例	大班音乐节奏游戏 “土豆的一家”（原版）	大班音乐节奏游戏 “土豆的一家”（修改版）
游戏目标	在音乐游戏中学习休止符。 能用动作表现儿歌。	1. 喜欢与同伴一起配合，随着童谣做游戏。 2. 在玩土豆一家的游戏情境中，尝试默念，感知休止节奏。 3. 能用语言动作有节奏地进行大胆表现，体验节奏活动的快乐。
游戏准备	熟悉儿歌。	了解各种土豆的菜肴。 熟悉儿歌并制作《土豆一家》PPT。
游戏过程	1. 教师带领幼儿复习儿歌。 2. 在熟悉儿歌的基础上，教师教幼儿用手的动作变化表示歌词，握拳是“土豆”，五指张开是“土豆丝”。手背朝上是“土豆皮”。 3. 在教师讲解后幼儿开始练习，教师注重指导。 4. 告诉幼儿加大游戏难度，遇到“皮”和“丝”的时候，就不能念出来，在心里默念休息一拍。出示休止符给幼儿认识。 5. 全班随教师一起念儿歌玩节奏游戏。规则：随着音乐做动作，当遇到“皮”和“丝”时，嘴里不能发出声音。	1. 看《土豆一家》的PPT复习儿歌，尝试根据教师的手势变换念儿歌的速度和声音的大小。 2. 吃土豆，感知休止符，初步感知游戏方法。 教师过渡语：每个小朋友都念得整齐、接得好。接下来，老师要带你们做一个游戏，看看怎么做？（播放课件）重点提问： 你能看懂图片上讲的什么？（丝儿手心朝外、片儿手背朝外）那么，怎么做呢？ 小结：把丝儿、片儿吃到肚子里了，嘴里就没有声音了，而用不同的动作变现。 3. 分组操作探索发现要求：老师为你们准备好了儿歌图片，分成两组，每组商量一下先吃一样什么，然后把吃掉的这样东西去掉，一起试一试、练一练，等会儿邀请你们表演哦！ 幼儿交流表现（根据幼儿选择的出示相应PPT） 教师提问：他们表现得好吗？为什么？你们用什么好办法说得这么整齐的？（吃得这么干净？）小结：哦，虽然不能说出来，但空格在，节拍还在，只是心里数了，这样的话不会乱，也不会丢掉了，行不行？我们一起试一试，别忘了好办法噢！ 4. 跟着音乐旋律节拍玩节奏游戏，用语言、动作表现小结：哦，难不倒你们。原来，不管吃掉丝儿还是片儿，我们可以用心里数的方法不说出来，留在这个节拍整齐地表现出来，真能干！接下来，老师觉得刚才吃掉一样东西还不够，现在请你们把丝儿、片儿全吃掉，行不行？用刚才的好方法。 5. 再次合着音乐表演，大胆用语言、动作进行完整表现——全部吃掉。 教师重点提问：全部吃掉，怎么办？（不发出声音，只做动作）完整表现把土豆全部吃掉。

音乐游戏案例	大班音乐节奏游戏 “土豆的一家”(原版)	大班音乐节奏游戏 “土豆的一家”(修改版)
期望获得的效果	教师引导幼儿用声势表现儿歌，并学习休止符，指导休止符就是休息一拍。	幼儿在音乐游戏中，发现身体就是乐器，可以开展节奏游戏。在音乐游戏中，感受有节奏地用肢体动作与同伴配合一起游戏的快乐。
反思与评价	“土豆的一家”是一个音乐节奏游戏。在原版的活动设计中，教师过多地强调配合，教师教的痕迹和灌输的痕迹过重，减少了游戏的乐趣。在修改后的节奏游戏中，教师通过儿歌复习导入—吃土豆练习休止符—分组探索发现要求—分组练习—集体展示，一步步激发幼儿节奏游戏的乐趣。幼儿在游戏中表现出浓厚的兴趣，在课后还不自觉地念着好听的节奏：土豆土豆丝丝、土豆土豆片片、土豆丝土豆片、土豆土豆丝片。 修改后的活动设计更加关注幼儿的探索与感受，图谱和PPT的运用在节奏游戏中解决了难点，帮助幼儿游戏的开展，教师善于在音乐游戏中总结归纳并提升幼儿的游戏经验。最重要的环节是幼儿分组探索发现要求，运用图谱分组进行练习。在活动中，教师通过指向性的提问，帮助幼儿在“吃土豆”的游戏过程中，不知不觉地掌握了好听的节奏和空拍。	

在这一小节中，我们从小中大班各年龄段幼儿的特点入手，依托案例，详细介绍了各年龄段音乐游戏的设计，帮助大家认识音乐游戏倡导音乐和游戏的充分融合，避免把音乐游戏变成枯燥的技能训练，让幼儿喜欢音乐游戏乐此不疲，用积极的态度全情投入，用游戏的形式培养幼儿的音乐的素养，从而让幼儿在游戏中体验音乐、在音乐中快乐游戏。在设计音乐游戏时，要考虑游戏的价值，要为一定的目的服务，使游戏的全过程都具有教育价值，包括游戏准备、规则制订、参加人数、分配角色、确定玩法、设计动作、变换队形、分层训练等。设计音乐游戏时，应留出幼儿创造的空间。把音乐游戏中的某一环节留给幼儿创编。开始时，可以是某种节奏、动作。随着程度的加深，可以分组由幼儿自己创编不同的游戏玩法。

第三节　幼儿音乐游戏的组织和实施

英国课程学家劳顿认为，影响教师专业发展的因素有3个，即教学思想的变化、教学内容的变化、教学技术的变化，而关键在于教师教学技术的跟进[1]。对瑞吉欧教育来说，教师的角色既不是母亲，也不是一般意义上的同伴，而是“以专业的眼光赋予学习者和学习以价值的人”（霍钦斯语）[2]。音乐游戏的组织就需要教师根据幼儿的实际情况，将音乐游戏设计方案灵活地转化为活动实践的过程。在教师组织音乐游戏的过程中，处处体现教师的教育思想和教育智慧。尝试根据音乐的不同风格，创设良好的音乐环境，利用游戏材料给幼儿提供更多自由表达自己的情感和想象的机会。

一、选择适宜的音乐素材，进入音乐的美妙旅行

音乐游戏素材的选择，就好比一个厨师要做出美食一定需要好的食材一样。在音乐游戏活动中，音乐素材的选择直接影响幼儿游戏的兴趣和游戏的效果。教师在音乐素材的选择上，要注重音乐性、游戏性、趣味性、创造性。这一原则体现在音乐素材应形象鲜明、结构工整，能随音乐的变化想象并表现游戏情节。

案例：

伦敦桥

如音乐游戏“伦敦桥”，它源于一首英国儿童歌曲《伦敦桥》。一部分幼儿在音乐中边唱歌边用身体创编各种各样的“桥洞”的造型，另外一部分幼儿变成“小船”在桥下自由划过。当听到“伦敦桥呀要倒啦，大家快逃”这一句时，“桥洞”可以扣住“小船”。

1. 选择有价值的音乐素材

鲜明的音乐形象也是激发幼儿游戏兴趣的前提。因此，在选择音乐素材时，应充分考虑其价值和幼儿的可接纳性。教师应该注意的是，同一首音乐可以放在小中大班不同的年龄阶段开展音乐游戏，但不同的年龄阶段游戏的设计一定是不一样的。要紧紧贴合孩子的年龄特点和兴趣爱好，给

[1] 傅建明 . 校本课程开发与教师专业发展［J］. 教育发展研究，2002–5.

[2] 屠美如 . 向瑞吉欧学什么——《儿童的一百种语言解读》［M］. 北京：教育科学出版社，2002–8–1.

幼儿充分感受和理解的过程。

2. 选择有代表性的音乐素材

在游戏中，教师可以根据幼儿的年龄阶段和特点，选择适合幼儿进行游戏的音乐素材。例如，我们在游戏中经常使用的进行曲、摇篮曲和圆舞曲这几种。幼儿对于音乐的领悟能力是随着年龄的增长而不断增强的，其中，进行曲是教师选择较多的内容，因为进行曲的节奏感强，幼儿非常容易把握，在游戏中也就能更多地体验到乐趣；摇篮曲相对来说应用的范围就比较小了，在幼儿音乐游戏中，教师可以利用它来作为游戏环节的过渡或者是背景音乐来选择；圆舞曲这种风格的音乐适宜作为音乐游戏的音乐，四三拍子或八六拍子的节奏感明显，也非常容易就被幼儿掌握。同时，根据幼儿年龄特点，小班选择节奏鲜明、充满童趣的音乐，如《两个小娃娃》《小兔乖乖》《一只哈巴狗》等；中班可以开始选择有一定情节和音域变化的音乐，如《买菜》《我有一双小小手》《铃儿响叮当》等；大班可以选择段落较多，幼儿可以合作表演的音乐，如《牛仔很忙》《喜洋洋和灰太狼》《士兵进行曲》等。

3. 丰富的音乐类型可提高幼儿的音乐认知能力

在音乐的选材上，可以不拘一格地尽量选择有特色的音乐，如具有民族风格的《金蛇狂舞》《喜洋洋》《采茶》《挤奶舞》等，以及具有鲜明特点的世界名曲如《四小天鹅》《土耳其进行曲》《拨弦波尔卡》《胡桃夹子》选段等。让幼儿充分感受不同的乐曲风格，在音乐游戏中去表现和提升幼儿的音乐品位。

二、营造有趣的游戏情境，感受音乐的魔幻世界

在音乐游戏中，教师要善于营造游戏的场景和氛围，让幼儿轻松自然地融入到音乐游戏之中，把音乐中不容易理解的内容变得生动有趣。3—6岁的幼儿具体形象思维明显，教师要善于创设游戏的场景，用游戏的口吻与幼儿交流，幼儿在游戏的场景中思维更加活跃，也更愿意表达自己的想法。教师也应融入到游戏之中，用夸张的肢体语言去感染幼儿，让幼儿充分感受音乐游戏的快乐。

案例：

小班歌唱游戏“王老先生有块地”

1.故事导入理解歌曲大意：在活动中，教师用故事导入活动，出示王老先生的卡通人物形象，告诉孩子们今天王老先生邀请小朋友去他家做客。然后，教师运用PPT展示王老先生家有一块很大的田地，他每天在地里干活，田地里还养着许多小动物。看到可爱的小动物，王老先生又会高兴地歌唱。

2.情景再现感受音乐旋律：教师边讲故事边优美地演唱歌曲，将孩子一下子带入了游戏的意境，很容易随着歌曲跟着“王老先生”一起演唱，随着孩子对歌曲的熟悉，教师可以和孩子一起边唱边表演。

3.游戏穿插挖掘音乐内涵：孩子和教师分别扮演王老先生和小动物，带上头饰，鼓励幼儿自由想象创编动作，进而更深一步地引导孩子在游戏中创编王老先生还可能养哪些小动物，并将其编入歌曲进行表演。

让幼儿在游戏的情境中感受创编和表演的乐趣，让幼儿在玩的过程中学会倾听音乐、理解音乐，能够根据歌曲变化动作，从而在游戏中走进音乐的魔幻世界。

三、提供适宜的游戏材料，表现音乐的多样性

在音乐游戏中，幼儿通过材料开展游戏感受音乐，游戏中材料的提供是幼儿顺利游戏的前提和保障。教师有技巧地运用适宜的游戏材料，可以帮助幼儿在感受和理解的基础上多元化地表现音乐，提高在音乐游戏中幼儿游戏的想象力和表现力。

1.投放游戏道具，生动形象的道具激发幼儿表现的欲望。

案例：

西班牙斗牛舞

在中班音乐游戏“西班牙斗牛舞”中，教师直接打扮成斗牛士的样子，随着音乐舞蹈，一下子将幼儿带入游戏的情境之中。在游戏中，教师为幼

儿准备了“牛角”、“红布”等道具，激发了幼儿创编动作的愿望。幼儿和教师在音乐游戏中扮演牛和斗牛士，A段只有牛的表演，BC段斗牛士加入，牛继续表演，两者之间有互动的表演。

2. 幼儿身体装扮的材料，是幼儿参与游戏的最大动力。

自我装扮对于任何一个年龄段的幼儿来说，都是极具诱惑力的。在音乐游戏中，教师可以根据音乐游戏的内容，提供一些道具供幼儿自我装扮后在音乐中游戏。

案例：

小鱼游

小班歌唱游戏“小鱼游”，教师可以提供纱巾、夹子等鼓励幼儿自我装扮成各种小鱼的样子，边唱边表演，这些装扮的材料提高了幼儿音乐游戏的兴趣。

3. 图谱、节奏卡、PPT等可视材料的运用，让音乐游戏中一些教师难讲不易理解的内容，变成可以看得见、摸得着，一目了然的具体形象的事物。

案例：

彝族娃娃真幸福

大班歌唱游戏“彝族娃娃真幸福”中，其中的歌词涉及到“彝族娃娃”“银项圈”“白衣白帽”“跳舞”“唱歌”等词汇。为了帮助孩子在游戏中记忆，教师就选择用图谱生动形象地画出歌曲中的内容，幼儿可以看着图谱边唱边跳，也可以分男女生对唱，这样一下子将游戏的主动权给了孩子，教师不需要在游戏中过多地强调、反复地指导。

图谱、节奏卡和PPT使用后，音乐游戏给孩子自主感受、自主表现的空间更大了，有助于音乐游戏的顺利进行。

四、挖掘游戏中的多样性，理解音乐的可塑性

在音乐游戏中，音乐的选择是多样性的，有的音乐节奏鲜明，有的音乐音色独特，有的音乐幽默诙谐。教师要根据不同的音乐特色，设计不同

的音乐游戏，并巧妙地组织开展好音乐游戏，让孩子在“玩”的过程中理解音乐、感受音乐并表现音乐。

1. 歌唱游戏

歌唱游戏一边唱一边游戏，是一种最为常见的游戏形式，在幼儿园小、中、大班都会开展。教师尽量避免一味的讲授和示范，抓住孩子喜欢想象、乐于表现的特点，让幼儿在游戏中学习音乐。在活动结束时，教师应鼓励幼儿对歌唱游戏做出适当的评价。在愉快的歌唱游戏中，幼儿在愉快的游戏氛围中，提高了自身的歌唱能力和表演能力。

案例：

小茶壶

在大班歌唱游戏“小茶壶”中，教师通过玩喝茶的游戏，帮助幼儿了解茶壶和茶杯的外形特点。在此基础上，用语言节奏朗诵歌词，帮助幼儿在游戏中熟悉《小茶壶》的歌词大意。然后，随着音乐教师和幼儿一起表演并演唱歌曲，教师鼓励幼儿在扮演小茶杯时的表演动作，共同体验茶壶往茶杯里冲茶这个环节时肢体动作创作的快乐。要尽力避免简单的教和学的过程，让幼儿在角色扮演中去表现，并尝试两人一组进行表演唱的游戏。

2. 表演游戏

表演游戏是幼儿通过扮演音乐作品中的角色，运用肢体动作、手势和表情等表演来表现音乐。如果表演游戏选择的是有歌词的歌曲，在导入阶段要做一些场景的再现和已有知识的回顾，避免幼儿在游戏中感到茫然，方便幼儿理解。在中大班阶段，教师可以选择一些世界名曲或民族乐曲开展表演游戏，在活动中尽量给孩子感受体验的空间，教师避免强行灌输，多让幼儿自己发现、自己感受、自己表演。

案例：

兔子和狼

小班表演游戏“兔子和狼”，教师首先用兔子和狼的人物手偶讲述故事，导入游戏，再让幼儿倾听音乐。音乐分为AB段：A段是欢快的音乐，小兔子在草地上采蘑菇；B段是沉重缓慢的音乐，表现大灰狼出现抓小兔子，小兔子要躲进蘑菇房里。这是一个非常适合小班开展的音乐表演游戏，音乐形象鲜明。同时，游戏中兔子和狼的形象是小班幼儿喜欢的卡通人物，幼儿在音乐的伴奏下表现小兔子玩耍的各种形态和躲避大灰狼的形态。

3. 节奏游戏

每一个幼儿都喜欢敲敲打打，对声音具有天生的敏感。幼儿在很小的时候，就能用拍手、跺脚、吧唧嘴、敲小勺等开展各种节奏游戏。因此，节奏游戏是培养幼儿对音乐活动兴趣的一个有效的形式。要善于挖掘节奏游戏的亮点，来满足幼儿心理和生理的需求，提高幼儿的音乐理解能力。

案例：

咚咚锵

在小班节奏游戏“咚咚锵”中，教师在组织的过程中，先带领幼儿用身体乐器去体现敲鼓和敲锣声音的不同。敲鼓时，幼儿尝试跺脚；敲锣时，幼儿尝试拍手。在这样反复探索身体乐器的过程中，感受随着歌曲玩节奏游戏的快乐。小班教师可以尝试在第二、三次的活动中加入一些乐器，如小鼓和小锣，让小班幼儿随着音乐游戏，潜移默化地感受节拍｜××｜，在节奏游戏中感受齐奏的快乐。

4. 听音游戏

听音游戏主要是幼儿对声音的高低、长短、强弱、音色等基本特征的分辨能力，主要包括声音配对、声音辨别等声音游戏和听觉感受游戏。“大巨人和小矮人”“什么乐器在唱歌”“有趣的长短音”等，都属于听音游戏的范畴。

案例：

有趣的长短音

在大班听音游戏“有趣的长短音”导入部分，教师鼓励幼儿回忆自己听过的声音，并表演给同伴听，再用神奇的魔盒开展“送声音”的游戏，让幼儿发现声音有长有短，在游戏中顺势导入音乐“七式进阶”，让幼儿去发现音乐中的长短音，并鼓励幼儿用肢体动作表现长音和短音的不同。最后，根据音乐的特点，教师和幼儿创编各种长短音的游戏。幼儿自己创编游戏“喜羊羊和灰太狼”：在短音的时候，羊羊们欢快地舞蹈；在长音的时候，灰太狼出现，羊羊们迅速躲避。幼儿通过声音的长短来开展游戏。

总之，在音乐游戏中，一定让幼儿感受在前，只有在音乐游戏中不断地感受和探索，幼儿才能表达自己的愿望和想法，教师再适时地总结归纳并提升。教师在音乐活动的组织中，应逐步丰富幼儿的审美经验，帮助幼儿理解和感受音乐的美。通过开展各种不同形式的音乐游戏，激发幼儿自主探究和表现的欲望，调动幼儿参与音乐游戏的兴趣。

第四节　借力教研活动提升教师开展音乐游戏的能力

游戏是上天赐予幼儿的最好的礼物，每一个孩子天生就会游戏，喜欢游戏是他们的天性。在音乐游戏中，孩子之间看得懂也喜爱彼此的游戏，而恰恰是教师有时会看不明白。那么，我们怎样去欣赏、去理解孩子的游戏呢？这需要教师不要用所谓的“游戏”去为难孩子，音乐游戏更是不需要教师刻意安排，一遍遍地进行演练。让我们看着孩子在音乐游戏中喜悦的目光吧，孩子在音乐游戏中的喜悦、灵性和自由自在的尽情投入，是令人为之动容的。很多时候，教师不恰当的指导往往令幼儿无所适从，甚至不会游戏了。《幼儿园教育指导纲要》指出：“幼儿园应为幼儿提供丰富的生活和活动环境，满足他们多方面发展的需要，使他们在快乐的童年中获得有益于身心的经验……幼儿园教育应尊重幼儿的人格和权力，尊重幼儿身心发展的规律和特点，以游戏为基本活动。”

音乐游戏就是使幼儿在游戏中感受音乐的乐趣。音乐游戏的方法是多种多样的，没有固定的程式。教师在开展音乐游戏时，要注意灵活多样。给幼儿设计游戏应留有余地，鼓励幼儿主动地、创造性地参与音乐游戏。

这就要求教师转变教育观念，改善教育策略，发挥教师在幼儿游戏中的特殊作用，让幼儿在游戏中真正获得发展，成为游戏的主人。这些道理和理论说来简单，但教师具体实施和落实起来确实有一定的难度。有一句诗说得好："不识庐山真面目，只缘身在此山中。"教师在音乐游戏的过程中，也往往存在这样的问题。理论知识都知道，但具体到落实的过程中往往就会大打折扣。这就需要园所和教研团队针对教师的具体情况，开展具有实效的教研活动，促进教师的专业成长，最终收获幼儿音乐游戏中喜悦的目光和全情的投入。

下面，我们将借助音乐游戏教研活动案例，解决教师在音乐游戏中容易出现的问题和难以解决的困惑。

一、"微格教学"在音乐游戏教研活动中的运用

在音乐游戏中，教师往往对什么时候回应幼儿不好把握，有的时候不适宜的回应和介入打断了幼儿游戏的兴趣。那么，怎么让教师的回应变得适宜有效呢？

（一）"微格教学"教研活动

运用录像记录游戏关键环节，进行定格分析，探讨具体操作，达成完整共识，促进教师回应策略的提升。

案例一：

大班音乐游戏"龟兔赛跑"

1. 开始环节实录

师：第一次欣赏了音乐《龟兔赛跑》后，你们想到了什么？

幼：很多，我想到了很多东西。

师：感觉里面讲了一个什么故事？

幼 1：奥特曼和怪兽在打架。

幼 2：蜗牛和蜜蜂在跳舞。

师：你们还想到什么？

幼 3：小刺猬上山和下坡。

师：还有吗？

幼：没有了。

2. 开始环节实录剖析

根据这个游戏环节的实录，我们可以看到教师向幼儿提出了4个问题，其中前两个问题是教师预设的。当幼儿没有回答出教师想要的答案时，教师又提出了两个没有太大意义的问题。

根据游戏实录，教师们展开讨论和剖析，认为执教教师前两个问题的提出是合理的，只是在回应幼儿的第3个问题上，教师要做出调整。

第三个问题：你为什么这样觉得？

第四个问题：你的想法很特别，有没有和他不一样的想法？

（该环节的目的是让幼儿感受两个乐段的不同性质，感受音乐要素在塑造形象时的意义。因此，此处教师不用幼儿一定回答出乌龟和兔子的形象，可以用追问帮助幼儿总结归纳。在教师的追问下，幼儿可能会说："慢慢的音乐像蜗牛，快快的音乐像蜜蜂。"这说明，幼儿已经感受到两个乐段音乐的不同。这个时候，该环节的目的已经达到。幼儿说不说得出乌龟和兔子赛跑并不重要，关键是让每一个幼儿都能在主动体验中说出自己的想法并获得教师的欣赏和鼓励。）

案例二：

小班歌唱游戏"小兔乖乖"

1. 歌唱环节实录

<table>
<tr><td>活动目标</td><td colspan="4">喜欢用自然、欢快的声音演唱歌曲《小兔子乖乖》，鼓励幼儿在游戏中积极用动作表现歌曲，体验表演唱带来的快乐。</td></tr>
<tr><td rowspan="2">活动过程</td><td rowspan="2">设计意图</td><td colspan="2">教师策略</td><td rowspan="2">幼儿表现</td></tr>
<tr><td>语言</td><td>体态</td></tr>
<tr><td>1. 认识歌曲中的"小兔子"和"兔妈妈"。</td><td>激发幼儿对演唱歌曲中的人物的兴趣。</td><td>"咦，兔妈妈来了，她对兔宝宝说什么呢？"</td><td>教师双手举过头顶，竖起食指和中指变身兔妈妈的样子。</td><td>目光停留在教师的动作上，马上举起双手进行模仿。</td></tr>
</table>

活动过程	设计意图	教师策略		幼儿表现
		语言	体态	
2. 根据情景表演，熟悉歌词大意。	帮助幼儿理解歌词大意。	“哦，你们是妈妈的兔宝宝吗？妈妈去给你们采蘑菇，等下妈妈回来敲门，你们帮妈妈开门啊！”	及时用手触摸模仿动作的幼儿，注意强调歌词内容和模仿小兔的动作。	1. 幼儿注意力集中，全情投入游戏场景。 2. 积极回应“兔妈妈”并模仿“兔妈妈”的动作。
3. 跟唱歌曲。	学唱歌曲。	兔妈妈和兔宝宝在玩什么游戏？我来看看我的兔宝宝会不会跟妈妈一起唱歌。	教师边表演边演唱歌曲，并注意引导幼儿跟唱。	幼儿能借助情境和道具表演并自然地跟唱歌曲。
4. 扮演“小兔”，和同伴、老师一起边唱歌边结伴游戏。	发挥幼儿的表现欲和创造力，开展音乐游戏。	兔宝宝们都学会了歌曲，现在和兔妈妈唱歌做游戏吧，请你拉着你的好朋友一起表演。	教师利用夸张的肢体动作，鼓励幼儿和同伴一起参与表演唱。	幼儿能关注到自己扮演的“小兔子”的角色，和同伴一起游戏并用动作表现。

2. 歌唱环节实录剖析

从该实录中，我们不难发现，这是一位有着丰富音乐游戏经验的教师。她通过角色的带入，帮助幼儿建立角色意识。于是，幼儿的歌唱游戏变得主动积极并富有创造性。这次的“微格教学”给很多刚入职的新教师留下了深刻的印象和启示。

（二）“微格教学”教研活动的成果分享

1. 让教研活动富有生命力

所谓“微格教学”音乐游戏研究，就是用摄像机或手机记录音乐游戏中的关键环节，再现场景，教师分析比较。这样的方式最大的优点是及时记录、真实还原，教师可以从“执教者”变成“旁观者”，将教师的预期目标和实际处理构成对比，让教师们在教研活动中引起思考，做出评价。事实证明，这种方式对于优化音乐游戏、提高音乐游戏的质量具有显著功效。

2. 让教师扬长避短迅速成长

“微格教学”音乐游戏研究，有利于加速青年教师的成长。由于集思广益，在研讨中民主平等，大家不会有很大的压力，也避免了说大话和说空话的现象。同时，对于骨干教师和经验丰富的教师，有利于将他们的经验加以总结，形成理念，形成自己的教育风格和特色，也便于其他教师学习观摩。

3. “微格教学”教研活动中应注意的点

要注意理论联系实际，注重问题发生的原因，要灵活把握。解决问题的方法不是一成不变的，实践中一定牢记“以幼儿为本”。该教研模式对待不同层面的教师意义不完全一致，因而更注重分层和扬长避短。

二、“同课异构”在音乐游戏教研活动中的运用

在音乐游戏中，有时候一些好的音乐素材往往深受教师和幼儿的喜爱。在选用这些音乐素材的过程中，有的教师能够举一反三地运用好的音乐素材，开展一系列的音乐游戏，也有一部分教师面对好的音乐素材时，只能模仿照搬别人现成的游戏方案。那么，怎样运用同一素材开展不同形式的音乐游戏呢？

（一）“同课异构”教研活动

让每一位教师充分挖掘音乐素材，开展丰富多彩的音乐游戏。教师针对同一个音乐游戏，根据不同的切入点，设计不同的游戏活动。

案例一：

爷爷为我打月饼

“同课异构”音乐游戏教研活动——大班音乐游戏

教研背景：

每年的九月，我们都会迎来中国的传统佳节“中秋节”。在大班的节日活动中，有一首歌曲《爷爷为我打月饼》。结合这个音乐素材，我们开展了“同课异构”的音乐游戏教研活动，鼓励教师在教研活动中集思广益。一旦发现同一音乐素材的侧重点不同，就可以开展不同的音乐游戏。

1. 剖析展示运用统一音乐素材开展3种不同的音乐游戏形式

音乐游戏形式	游戏目标	侧重点	重点环节
表演游戏	1. 幼儿根据歌词大意表演音乐情节和不同的人物形象。 2. 激发幼儿热爱自己的长辈和亲人。	角色扮演创编动作	发现幼儿的动作亮点，及时鼓励幼儿大胆创编动作。 师：刚才的游戏中，我发现有的小朋友模仿老爷爷打月饼的姿势，还有的模仿“爷爷是个老红军”的动作。谁愿意来分享自己的经验？ 幼：我觉得老爷爷打月饼的姿势要用力一点，一个手打开，一个手当锤子用力打月饼。 幼：可以敬个军礼，表现爷爷是个老红军。 师：你们说的真不错，那我们和着音乐一起来学学这些动作吧！ 分析：在该环节，幼儿通过图片和录像，结合自己的实际经验，结合歌词大意，大胆地表现爷爷打月饼、爷爷当红军的样子。
节奏游戏	1. 熟悉乐曲的节奏，尝试运用小鼓等多种乐器表现节奏的变化。 2. 懂得关爱家人。	乐器伴奏和节奏的变化	师：小鼓也想来表现爷爷打月饼的声音，听听它是怎么敲的？ 幼：唱一句敲一下，“八月十五”敲一下，“月儿圆”敲一下。 师：原来，小鼓是根据音乐节奏的变化敲打的，我们也来学学吧！ 分析：通过倾听、引导和示范等多种教育手段，让幼儿感受小鼓的节奏变化。在音乐游戏中探究节奏敲打带来的乐趣。
歌唱游戏	1. 幼儿能够大声演唱歌曲，懂得长辈对自己的关爱。 2. 尝试创编歌词，体验成功的喜悦。	表演唱并创编歌词	师：歌曲中唱的是什么节日？爷爷为宝宝做什么？ 幼：唱的是八月十五中秋节。 幼：爷爷为我打月饼。 幼：还唱了爷爷是个老红军。 小结：教师根据幼儿的回答，将歌词大意进一步梳理，并带领幼儿学习演唱。 师：我们可以为爷爷做什么？能编到歌曲中演唱吗？ 幼：我们可以为爷爷捶捶背、倒杯水。 分析：通过一系列的节日活动，孩子们对长辈的关爱已经有了一定的经验。因此，在演唱的基础上创编难度不是很大。

2.“爷爷为我打月饼”同课异构音乐游戏教研分析

在本次教研活动中，我们运用同一个音乐元素，开展了3种不同的音乐游戏，即节奏游戏、表演游戏、歌唱游戏，力求提高教师的教学能力、音乐素养和与幼儿开展音乐游戏的能力。本次教研活动选择节日主题中的音乐元素，在教研的过程中让教师对音乐素材的把握和运用变得更多元化。同时，也让教师了解音乐游戏的开展不仅要挖掘音乐元素，更要注重音乐元素中隐藏的情感教育意义。

（二）“同课异构”教研活动的成果分享

在教研活动中，教师根据自身的特点选择同一音乐元素开展不同形式的音乐游戏。“同课异构”音乐游戏教研活动，尝试通过不同教师不同班级幼儿开展同一音乐元素不同的音乐游戏，或者一个班级一位教师选择同一音乐元素开展 3 次不同类型的音乐游戏等多种方式，帮助教师充分挖掘音乐元素中的音乐故事和音乐情感，提高教师音乐游戏的质量，创设一种宽松和谐的研讨氛围。

从案例中不难看出，教师在观察后理解的视角不同，指导的策略也会不同。莎士比亚说过：“一千个人心中会有一千个哈姆雷特。”这就需要教师不断地提升自己的专业素养，逐渐形成自己设计和开展音乐游戏的独特经验。这里必须指出，教师要善于让孩子感受体验，避免一味的灌输，让音乐游戏失去了它本来的面目。

三、在音乐游戏教研中创设“优质游戏大家上”

所谓“优质游戏”，就是优秀的成功的游戏活动。那么，什么样的音乐游戏才算“优质游戏”？首先，选材要贴近幼儿，内容符合幼儿的年龄特点，游戏的目标设定适宜，幼儿在轻松愉悦的游戏场景中感受音乐的魔力，体验游戏的快乐。[1]

所谓“优质游戏大家上”，就是鼓励教师借鉴优秀成功的音乐游戏方案，并进行模仿、实践，让教师在此基础上习得音乐游戏教学的方法，为教师的成长提供最有力的支持，起到“助跑”的作用。

---

[1] 孙霞 . 幼儿园音乐游戏资源开发［M］. 成都：四川大学出版社，2014-3.

（一）“优质音乐游戏大家上”案例分享

案例一：

泡泡不见了

中班音乐游戏

游戏目标

1. 在唱唱跳跳中感受吹泡泡的乐趣。

2. 边演唱边表演音乐内容。

3. 能跟着乐曲创编简单的吹泡泡的韵律动作。

游戏设计

1. 吹泡泡激发兴趣。

2. 听音乐创编动作。

3. 拓展户外游戏。

游戏过程

师：今天，老师请来了小朋友非常熟悉的一个朋友，看看我请谁来了（拿出准备的吸管和泡泡）。

幼：泡泡。

师：你们吹过泡泡吗？（总结归纳幼儿的回答）想不想玩吹泡泡的游戏？先一起来听听吹泡泡的歌曲。（一起欣赏歌曲熟悉旋律）小朋友们怎么吹泡泡的？用你们的动作表演一下。

幼儿根据歌词创编动作。教师注意归纳提升，促使动作简单明了，便于幼儿表演。最后，教师带领幼儿在室外进行音乐游戏。

反思调整

让幼儿在玩吹泡泡的动作基础上，创编音乐游戏的动作。幼儿有吹泡泡的经验，因此，在创编动作进行表演的过程中兴趣盎然。游戏中，教师各个环节的提问清晰到位，帮助幼儿梳理和提升了经验。

案例二：

五指歌

小班音乐游戏

游戏目标

1. 感受歌曲旋律，初步跟唱歌曲。

2. 会用简单的动作表现五个手指，锻炼手指的灵活性。

游戏设计

1. 情景故事“五个孩子捡黄豆”。

2. 幼儿随着音乐与老师跟唱并模仿。

3. 完整表演唱并启发幼儿思考表演后四段。

游戏过程

游戏开始，教师将自己的手指画上人的五官，讲述故事“五个孩子捡黄豆”，并提问：“到底谁的本领大？”（鼓励幼儿发现五个手指在一起才本领大）

接着，教师边表演边演唱歌曲。教师带着幼儿一起玩，幼儿边唱边模仿。在幼儿熟悉大拇指的演唱后，教师提出问题：“小朋友，大拇指还有哪些好兄弟？如果他们也来做游戏，他们怎么唱歌呢？”启发幼儿思考其他几个手指的表演唱。

反思调整

本次游戏根据小班幼儿的年龄特点，为幼儿创设了温馨的导入环节，用手指小人带出故事“五个孩子捡黄豆”，幼儿一下子就被吸引并融入到角色当中。本次游戏的挑战点在于幼儿边唱边用手指表演，并自己根据大拇指的演唱表演其他手指的演唱。

（二）“优质游戏大家上”教研活动成果分享

在“优质游戏大家上”的活动中，教师通过不断反思调整来提高自己。教师在拿到“优质游戏”的同时，要思考该游戏如何适合自己本班幼儿的特点和已有经验。教师会思考“优质游戏目标为什么这样制定”、“教师如何提问”、“过渡环节如何衔接”等一系列问题。游戏开展后，教师又会进一步思考自己的教育行为，从而发现问题的关键。同时，不同层面的教师在“优质游戏大家上”的活动中都能不断反思和提高。例如,新教师开展“有趣的长短音”的音乐游戏，往往会因为前期经验准备不足，急于将自己的想法直接告诉幼儿，自己把控了幼儿游戏的主导地位。成熟型教师则会在观察孩子的基础上，给幼儿一些新的游戏。例如:“找一找我们生活中听到的声音,模仿一下。”这更贴近幼儿的生活,幼儿也容易获得游戏的满足感。接着，教师拿出“魔盒”玩“送声音”的游戏，让幼儿在不知不觉的音乐游戏中，感受了什么是“长短音”。在此基础上，带领幼儿欣赏“七式音阶”，幼儿就很容易发现音乐中的长音、短音，进一步感受到幼儿游戏的趣味性。现在，有了“优质游戏大家上”的研讨，新教师可以不把重点放在游戏的设计和目标的设定上，腾出更多的时间尝试与幼儿互动交流，激发幼儿参与游戏的积极性和表现力。这会让新教师更容易获得成功的喜悦和体验，更快地掌握开展音乐游戏的诀窍。而对于一些老年教师，由于思想的固化，往往按照教唱歌的方式和不断练习的方式开展音乐游戏，使音乐游戏的趣味性大大降低。因此，“优质游戏大家上”也能帮助老年教师抓住幼儿的兴趣点“生生互动”，开展多维度的音乐游戏，通过“优质游戏大家上”转变教师观念,拓展音乐游戏玩法,更进一步地理解和落实《指南》中艺术活动“引导幼儿学会用心灵去感受和发现美，用自己的方式去表现和创造美”[1]。

本小节，通过音乐游戏教研活动的具体实施案例，让教师和幼儿园管理者更加直观地了解，如何通过不同形式的教研活动解决音乐游戏中教师存在的问题和困惑。当然，教研的形式是多种多样的。例如，还有“专家讲座”、“师徒结对”、“一课三研”等各种形式的研讨。我们要尝试运用最适合本园教师的教研方法，围绕核心“问题”选用合适的教研形式，通过音乐游戏教研活动促进教师专业梯队的形成，让我们一起在音乐游戏的教研活动中，感悟聆听、实践反思、收获成长。

[1] 许卓娅 . 幼儿园音乐教学游戏化设计［M］. 南京：江苏教育出版社，2014–6–1.

第五章 幼儿智力游戏的设计与实施

现代生理学、心理学的研究表明，人类脑细胞的发展在 3 岁时已形成 70% ~ 80%，人的智力发展速度最快的时期就是学前期。学前儿童的智力具有很大的发展空间，其发展的可能性往往超乎我们的预想。

生动有趣的智力游戏是学前智力教育中采用最多、最有益的一种方式。充满魔力的智力游戏给了孩子们一把开启智慧之门的金钥匙。为此，我们需要探索更多的生动有趣的游戏形式，使幼儿在愉快、轻松的智力游戏活动中，增进知识、发展智力，将学习因素和游戏形式紧密结合起来，对儿童进行有效的智力开发。

第一节 幼儿智力游戏概述

智力游戏属于规则游戏中的一种游戏类型，它是根据一定的智力任务设计的，以智力活动为基础的一种有规则的游戏。它以生动、新颖、有趣的游戏形式，使幼儿在轻松愉快的活动中完成增加知识、发展智力的任务。是帮助幼儿认识事物、巩固知识、发展智力的一种有效手段。智力游戏把智育因素和游戏形式结合起来，以生动有趣的形式使幼儿在自愿、愉快的活动中增进知识、发展智力。[1] 智力游戏强调要靠生动有趣的活动形式完成教学的任务，进而开发儿童的智力，增进儿童知识，使其获得更快的发展。

一、智力游戏的价值及教育作用

（一）智力游戏的价值

首先，智力游戏是人类文化的载体之一。智力游戏并不是一种简单的

[1] 邱学青 . 学前儿童游戏［M］. 南京：江苏教育出版社，2008.12：317.

游戏，相反，它要求游戏者具有一种高度复杂的抽象思维能力与空间想象能力。同时，它作为中华传统文化的重要组成部分，蕴含着天人合一及象数逻辑论等思想，其厚重的文化底蕴值得我们深思。

其次，智力游戏是儿童文化生活的方式之一。人从出生到衰老死亡，度过了童年期、青年期、成年期直至老年期。虽然从广义上来说，无论是童年期的嬉戏玩耍还是成年后的严肃的工作都可统称为“游戏”，但严格说来，儿童的游戏明显不能等同于成人的游戏，游戏是儿童特有的文化生活方式。既然游戏是儿童特有的文化生活方式，那么作为游戏一部分的智力游戏，也就成为儿童文化生活的方式之一，承担着开发儿童智力、促进其问题解决能力以及培养创造力的功用，同时也为儿童的文化生活注入一丝愉悦。无论是古时的九连环、华容道、七巧板，还是现代的飞行棋、跳棋，这些智力游戏都与儿童的文化生活息息相关。如七巧板最初是根据宋代的燕（宴）几图演变而来，围棋是尧舜为教育子女而造的，九连环的构思则来自于数学思想。

最后，智力游戏是儿童早期文化适应的基本途径之一。智力游戏是人类文化的载体，是人类文化得以继承和延续的形式。智力游戏中的玩具、规则都留有明显的文化传承特征。儿童在摆弄玩具的过程中，对物质文化有了适应；在对游戏规则进行理解并进一步游戏时，则对人类行为文化有了适应。因此，作为儿童特有的文化生活方式之一的智力游戏，自然也就成为儿童早期文化适应的基本途径之一。

（二）智力游戏的教育作用

智力游戏的教育作用体现在能够使幼儿在愉快的情绪中，主动学习，发展智力，使幼儿的观察力、注意力、记忆力、思维能力、语言能力等得到发展。在规则的遵守过程中，可促进幼儿的自信心和意志力的养成，有助于独立性和探索能力的提高。

1. 智力游戏有助于幼儿观察、注意、记忆、思维等智力因素的发展

在游戏过程中，依据不同的智力因素的侧重点，智力游戏分为多种类型。每一种智力游戏都能促进相应智力因素的发展。在游戏中，幼儿需要调动感知仔细观察并进行快速分类，使各种感觉器官积极参与，以促进其感知觉和记忆能力。在智力游戏中，各种学习任务是通过新奇、形象、生动、

有趣的游戏形式向幼儿提出的。幼儿听听、看看、说说、摸摸、做做，使眼、耳、口、手、脑等各器官都活动起来，做出智力上的努力。同时，通过智力游戏，促使幼儿掌握解决各种智力问题的简便而又合理的办法，从而使注意、记忆、思维、语言均得到训练，提高智力才能。

2. 智力游戏有助于幼儿社会性以及自律、他律、坚持性等意志品质的形成

建构主义认为，儿童在社会道德和政治方面的发展，不可能在课堂上通过教师的说教来形成。儿童伙伴之间的社会性交往，是他们认知与道德发展不可或缺的因素和条件。[1] 对儿童而言，当今社会是竞争激烈的社会。要使儿童适应这样的社会，就必须从小培养他们的竞争意识。智力游戏活动就是孩子模拟竞争的好形式，它以生动有趣的游戏形式，使幼儿在愉快、轻松的游戏活动中，增进知识、发展智力，将学习因素和游戏形式紧密相互结合，也利于儿童学会团结，学会分享和友谊，因而也是对幼儿情感及社会性教育十分有效的手段。

“没有规矩，不成方圆。”游戏规则贯穿于各类智力游戏的始终，规则的执行和遵守有助于幼儿的责任感和社会规则意识的建立。智力游戏要求幼儿控制自己的行为，善于与别人合作，坚持完成游戏任务，还可激发幼儿坚守规则的好品质。在不断游戏的过程中，幼儿的自律能力逐渐形成，并得到快速发展。

3. 智力游戏有助于幼儿的语言能力和身体动作的发展

在智力游戏中，无论是幼儿的自言自语，还是与同伴之间的相互交流、协商探讨，都有助于语言能力的发展。一些智力游戏还穿插了走、跑、跳、钻、爬等环节，也有助于幼儿身体动作的协调发展。

综上所述，有趣的智力游戏能使幼儿产生愉快的情绪，提高学习的积极性和努力完成任务的坚持性以及思维的敏捷性和灵活性，能养成幼儿乐于动手动脑的习惯。这对于幼儿的智力发展收效是很大的。

[1] 刘焱．儿童游戏通论［M］．北京：北京师范大学出版社，2004.10：571.

二、智力游戏的结构

智力游戏的结构比较复杂，一般由游戏的任务和目的、游戏的玩法、游戏的规则、游戏的结果这 4 个部分构成。它们互相影响，缺一不可，缺少任何一个都不能构成一个完整的智力游戏。

（一）游戏的任务和目的

这里所说的游戏的任务是指在游戏中要求幼儿认识的内容和智力训练的任务。一般游戏名称很明确地体现了游戏的任务，如“猜猜我是谁”“比大小”等。每个智力游戏各有不同的智育任务，如训练感官、训练记忆力、练习分类与归类、练习语言描述等。游戏的目的是教师通过游戏想要达到的某些教育方面的要求，直接指向游戏的结果。

（二）游戏的玩法

游戏的玩法是指幼儿在游戏中对幼儿动作和活动的要求，如各种棋类游戏有不同的玩法。接龙、套圈也有各自的玩法，但玩法一定要紧密围绕和服从游戏的目的任务。同时，要具有一定的兴趣性和吸引力，以引起幼儿的兴趣，愿意进行游戏。

（三）游戏的规则

游戏的规则是指确定和评定幼儿的游戏动作和活动是否合乎要求的标准，或关于动作的顺序以及在游戏中被允许和被禁止的活动的规定。规则从属于游戏的任务，是幼儿在游戏中必须遵守的。规则在智力游戏中起着组织游戏者参加活动和充当评价游戏行为标准的作用，约束与调整幼儿游戏行为及其相互关系。规则可以提高游戏的趣味性，促使幼儿在游戏中付出一定的努力。

（四）游戏的结果

游戏的结果是指幼儿在游戏中通过努力达到的目的，是判断游戏任务完成与否的标志。智力游戏都有一定的结果，游戏的结果是教师事先能预料到的，游戏的结果也反映了幼儿掌握知识和智力发展的情况。良好的游戏结果可以帮助教师了解幼儿的发展水平，并能激发幼儿继续游戏的积极性，更重要的是使幼儿获得快乐和满足。

下面，我们对两个智力游戏分别进行结构分析，进一步理解智力游戏的结构内容。

游戏名称	听听谁在叫(小班)	夹珠子(中班)
游戏的任务和目的	使幼儿初步分辨几种动物的叫声。	训练幼儿的空间感知觉——目测力，并练习夹物技能。
游戏的玩法	请一个小朋友站到前边，教师给他戴上一个动物头饰。其余幼儿按照动物头饰发出叫声，由戴头饰的幼儿猜一猜自己戴的是什么动物的头饰。	用筷子将大小不同的珠子夹入相应大小的洞里。
游戏的规则	戴头饰的幼儿不能看头饰，其余幼儿园只能发出动物的叫声，不许说出动物的名称。	必须用筷子夹，不能用手去取，珠子与洞的大小必须匹配。
游戏的结果	猜对了，幼儿获得表扬，并能戴着头饰回到座位上。	在一定时间内，将所有的珠子都准确地夹入相应的洞中。

游戏的任务和目的、游戏的玩法、游戏的规则、游戏的结果这 4 个部分是互相联系、互相配合的，综合地体现于每一个智力游戏中。失去任何一个部分，便失去了智力游戏的特点。

三、幼儿智力游戏的种类

（一）根据智力游戏所使用的材料对智力游戏进行分类

1. 利用专门的玩具、教具、自然材料、日用品进行的智力游戏，如积木、套碗、积塑等。

2. 利用图片进行的智力游戏，如棋类、纸牌、拼图等。

3. 利用语言进行的智力游戏，游戏中不接触图片、实物，主要通过语言来完成游戏任务。

（二）根据智力游戏的任务对智力游戏进行分类

1. 训练感官的智力游戏，如摸箱游戏、听音游戏等。

2. 发挥想象、锻炼思维的智力游戏，如猜谜游戏、组画游戏、拼图游戏等。

3. 发展语言的智力游戏，如听辨音和发音游戏、正确运用词汇的游戏、学习句子的游戏、练习口语表达能力的游戏等。

4. 练习记忆的智力游戏，如各种扑克游戏、棋类游戏等。

5.训练计算能力的智力游戏，如练习数数、序数和加减法运算的游戏，认识几何形体的游戏，区别物体大小、长短、粗细的游戏，时间概念的游戏等。

不管哪种智力游戏，其任务应该不仅仅局限于一种，但应该围绕一个重点的任务为中心。通过调动幼儿多种感知觉器官，综合运用看、听、说、摸、嗅、摆弄、拿放等动作，运用比较与选择、分析与综合、记忆与猜猜等多种活动方式，进行智力活动。

四、幼儿智力游戏的设计

应根据教育部制订的《幼儿园教育指导纲要》和《3—6岁儿童学习与发展指南》，为各年龄段幼儿选编智力游戏。在具体确定每一游戏任务时，应考虑到幼儿的生活经验与接受能力。设计的智力游戏应符合幼儿智力发展的水平，要循序渐进，要有一定难度，这样可以激发幼儿去思考探索。当幼儿征服困难后，会受到鼓舞，学习的积极性会更高。反之，轻而易举就完成游戏任务或难以完成游戏任务，会使幼儿对游戏不感兴趣或失去积极性，造成消极的后果。

如何设计科学合理的智力游戏活动？智力游戏的教育目的是增强儿童的能力。游戏者必须进行建构活动，它是技能发展的起始阶段。技能是创造性的开端，游戏中应当注重对幼儿的技能训练。这与我国当前提倡的素质教育和能力教育是一致的，它可以产生更具创造性的行动，既增强幼儿的能力，也增强幼儿的快乐。在经验中建立连续性的能力被称为适应性，教学的过程是在经验中努力保持连续性的过程，主要是建立课程，给予幼儿最大的自由去提出问题、确立问题，进而努力探索解决问题的办法，从中收获知识和快乐。

（一）智力游戏的设计要遵循幼儿认知发展规律

设计智力游戏时，强调要遵循幼儿认知发展规律。教师设计的智力游戏活动要以儿童兴趣为出发点，符合儿童智力开发及年龄特点，设计带有很大的灵活性，要创设真实的活动情境。通过智力游戏的设计，让儿童对生活中经历过的事物有更透彻的认识。比如，通过玩积木，让儿童对楼房的构造和立体的方位等都有更深刻的认识。可以设计诸如神奇小迷宫、火柴迷你游戏、脑筋急转弯、青蛙打字、猜字谜等游戏，并注意结合幼儿的年龄特点进行设计，做到难度适宜。

案例：

棒棒糖

“棒棒糖”这个游戏在小班可以让幼儿复习巩固对数字1、2的认识，让幼儿根据老师说的棒棒糖的数量，迅速粘在一起。到了中大班，教师可以加大难度,对幼儿提出更高的要求。如老师说:“我有6个棒棒糖。”于是，每6个幼儿一组，将耳朵或其他五官粘或靠在一起。通过这种方式来加大游戏的难度，提高幼儿对数字的运用。在游戏中，幼儿既巩固了知识，又提高了游戏兴趣，玩得不亦乐乎。

从案例中不难看出，设计智力游戏时要遵循幼儿认知发展规律，结合幼儿的年龄特点来进行设计，不能超越幼儿的认知发展规律，不能违背儿童智力开发规律及年龄特点。

（二）在设计幼儿智力游戏时，教师应坚持的几项原则

1. 坚持趣味性原则，增强吸引力

在设计智力游戏时，教师要尽可能提高游戏本身的趣味性和吸引力，使幼儿乐意参与游戏。比如，在智力游戏“小动物找家”中，有的动物可以只出示半个头部，有的动物可以只出示一只脚印，让幼儿根据形状特征来辨别是哪种动物。这样的形式能增加游戏的趣味性，调动幼儿参与游戏的积极性。

2. 坚持挑战性原则，激发求知欲

根据幼儿的年龄特点，智力游戏的内容应具有一定的挑战性。比如，在智力游戏“你说我猜”中,教师可出示一些比较抽象的图片,如“地球”“闪电”等，让幼儿竭尽所能地想出合适的词语以完成游戏任务，满足幼儿求知的需求。

3. 坚持渐进性原则，体现成就感

智力游戏材料的投放，一定要遵循由浅入深、由易到难的顺序。比如，在投放拼图类益智游戏材料时，可先投放一些简单的镶嵌式拼图，然后逐渐增加难度，投放一些不同形状的几何体图形让幼儿拼摆图案，最后再投放小木棍或火柴，让幼儿在一定数目下摆成正方形或三角形。

4. 坚持适宜性原则，具有针对性

所谓适宜性，是指进行智力游戏设计时要符合最近发展区理论，既要符合儿童的认知发展水平，又要贴近儿童的“最近发展区”。就是说，要让儿童能充分动脑去解决问题，真正起到科学开发智力的作用，让儿童在玩中学习。支架式教学提示我们，借助于支架，教师能让儿童独立探索并解决问题，建构意义。这种支架根植于儿童的“最近发展区”。通过其支撑作用，儿童的认知发展不断由实际水平提升到潜在水平。

案例：

娃娃脸

以大班“娃娃脸”的教学为例，搭建支架。幼儿已经掌握了按照指定的标准，对物体进行简单分类。教师要帮助幼儿排除物体颜色、大小、形状的干扰，学习按物体的不同特征（颜色、大小、形状）进行3次逐级分类。

此时，教师出示“娃娃脸”的图片，让幼儿观察比较：这些图形中，娃娃的脸有什么不同呢？如按照脸的大小或肤色或脸型分类，分别又是几个呢？教师通过问题将幼儿引入一定的情境，让幼儿沉浸在探索之中，独立探索。幼儿通过观察比较，找出娃娃脸的不同之处（大小、肤色、脸型）；分别按大小、肤色、脸型分类，数出每种类别的个数。

5. 坚持灵活性原则，体现个别化

所谓灵活性，是指可以制定一些简单的游戏规则，可以融入一些民间的经典游戏，可以是户外的也可以是室内的，同时还要注意儿童游戏中的安全问题。以“造房子”的游戏为例，在地上画有数字的楼房一幢，三角形的房顶上放一只盒子，上插小红旗若干。玩游戏时，从格子“1”开始，每个格子都要走到，可以不按顺序。走时，碰到单数必须单脚跳进这格，碰到双数则双脚跳进这格，最后一个若是单数则单脚站立取红旗。在此过程中，若跳错动作则主动退出。这个设计就很有新意，突出了智力开发的作用。但是，一定要注意结合儿童的年龄特点。该智力游戏训练了儿童的数学思维和敏捷的反应能力，也培养了儿童的规则意识。但是，要注意游戏安全，防止儿童摔倒。

总之，好的智力游戏应是智育任务明确、玩法新颖，并逐步复杂化，能激发幼儿的智力活动，规则简单易行。

第二节　幼儿智力游戏的组织与实施

智力游戏对幼儿的身心发展具有重要的价值，设计出一个好的智力游戏只是开始，游戏的组织与实施是达成游戏成效的关键。

一、幼儿智力游戏组织与实施过程中存在的问题

幼儿智力游戏范围较广，涵盖内容也较多。为真实反映幼儿智力游戏活动的开展现状，下面从几个方面对幼儿智力游戏组织与实施过程中存在的问题进行分析。

（一）智力游戏材料及环境创设不充分

智力游戏的材料十分缺乏，材料种类单一，而且有些玩具与幼儿的年龄特点不吻合，没有很好地被儿童和教师利用。有的只是简单地放几个玩具在活动区，没有激发幼儿对智力游戏的最大限度的兴趣。智力游戏材料应通过幼儿摆弄操作、游戏来发展幼儿的感觉，调动幼儿通过五官感受物体的形状、大小、长短、粗细，让幼儿在不断探索中开发智力。但是，因为材料投放的问题，许多幼儿不愿意选择材料，加上没有教师的引导，幼儿感受不到乐趣。比如，在小班进行的数学领域的比较大小的智力游戏活动中，教师只是拿着同样种类的水果摆放在桌子上，水果大小不同，先后出示苹果、橘子若干，教师两两比较，然后让幼儿根据苹果大小说出对应数字的大小。那么，这个游戏的设计就存在很多问题。首先，吃的东西虽然也能引发幼儿的兴趣，但更容易使幼儿分散注意力。如果把水果换成别的东西，幼儿未必会比较数字大小，因为苹果的大小和数字的大小没有必然的联系。

（二）智力游戏设计目标单一

许多教师都没有从培养幼儿全面发展的角度去设计智力游戏，只是单

纯地突出智力游戏活动的益智性和趣味性，忽视幼儿的情感、社会性等方面的发展。智力游戏的设计内容单调、形式单一，没有结合多种教学手段，同时也没有结合幼儿的年龄特点进行设计。我们说，智力游戏虽然要突出智力开发，但绝不是忽视或者否认其他方面能力的发展。幼儿都是喜欢做游戏的，对于动脑筋的游戏也会很感兴趣。家长们对幼儿智力游戏活动开展的必要性也持普遍肯定态度，认为智力游戏的开展有诸多好处。但是，由于教师在设计智力游戏时内容单调、形式单一，智力游戏活动所达到的教育效果并不理想。

案例：

和我说的不一样

在中班智力游戏“和我说的不一样”中,老师说:“长,猴子的尾巴长。”幼儿说:“短,兔子的尾巴短。”采用这种方式,逐一进行“好与坏”、“胖与瘦”、“哭与笑”、“对与错”、“里与外”、“出与入”、“苦与甜”等游戏。可以和老师拿不一样的东西进行比较。老师拿大球，幼儿拿小球，或者图片，更换物体，反复进行。幼儿把自己画的用一对或几对反义词说出来，然后老师给予评价。

在以上案例中，教师虽然丰富了幼儿的词汇，使幼儿初步掌握了生活中出现的反义词，有一定的趣味性，但却只是注重教师和幼儿互动，没有幼儿和幼儿之间的合作和互动，没有渗透对儿童社会性发展的教育。

（三）智力游戏的组织实施效果不佳

1. 游戏活动开展时间不足

“幼儿园教育应尊重幼儿的人格和权利，尊重幼儿身心发展的规律和学习特点，以游戏为基本活动，保教并重，关注个别差异，促进每个幼儿富有个性的发展。”《纲要》对以游戏为基本活动及幼儿每天的游戏时间已有强调。但实际上，许多教师在组织幼儿智力游戏时，每次游戏的时间在20分钟左右，其中还包括教师在游戏中维持纪律、向幼儿说明游戏规则等行为。幼儿在游戏中已建构游戏规则，这也需要连续充分的时间。因此，智力游戏的效果就不好。事实证明，充足的游戏时间可以保证幼儿进行有效的探索、建构活动。在幼儿园里，教师对幼儿游戏时间的控制完全是按照幼儿园里教学时间安排进行的。每次游戏活动都是按照时间表进行的，时间一到，就匆忙结束了游戏活动。幼儿之间存在着很大的个体差异，探究问题、熟悉材料和自主游戏的方法和途径也各不相同。如果智力游戏时间过短，教师在游戏指导中就难以照顾到幼儿的个别需要。

2. 教师指导不充分

教师没有对幼儿进行个别指导，没有起到很好的启发作用。智力游戏的时间短、比重小，教师对游戏时间的控制缺乏弹性，过于死板，没有很好地发挥智力游戏启迪智慧的作用。因此，没有办法探索材料或是与小朋友进行社会交往，导致幼儿会选择认知层次较低的游戏形式，会出现智力游戏中的无所事事、旁观行为等现象。

（四）智力游戏的评估不科学

幼儿园在对智力游戏实施的效果进行评价时，存在着很多问题，如评估时指标单一，甚至没有评估指标。一是忽视评价的整体性。幼儿教育的根本任务是促进幼儿身体、认知、语言、社会性、情感等方面和谐的发展，所以，幼儿发展评价必须服从和服务于幼儿全面发展这一幼儿教育的总目标，也就是要注重整体评价。只有将整体评价与局部评价有机地结合起来，才能对幼儿教育活动作出全面深入的考察与分析。幼儿园在进行教学活动评价时，比较重视局部评价，缺乏整体评价意识。比如，智力游戏活动中没有对儿童的多元智能进行整体评价。二是忽视评价的过程性。毫无疑问，教学目标是教学活动的导向。但是，教学活动的结果都是在教学活动过程中形成的，而且幼儿的心理特点决定其更注重活动过程的体验。幼儿教师在组织教学活动时，往往比较重视目标评价，忽视过程评价。这种以目标为主的评价势必降低幼儿对活动的兴趣，直接影响活动质量。三是忽视评价的差异性。在教学活动评价的过程中，幼儿园往往忽视了每个幼儿的个体差异。而“个性”具有客观性，忽视每个幼儿的“个性”便成为幼儿园进行教学评价的不足之一。《纲要》指出，幼儿发展评价应“承认和关注幼儿的个体差异，避免用划一的标准评价不同的幼儿，在幼儿面前慎用横向比较”。而纵向评价是一种自身评价。结合现代教育评价“强调评价的目的不是为评价而评价，而是为发展而评价”的理念，探讨幼儿园教学评价中有效利用发展性评价的策略，可以充分体现评价作为“促进每一个幼儿发展、提高教育质量的必要手段”的发展性功能。教学评价的基本价值取向应该是：教学应促进幼儿认识、学习策略及情感等多方面的全面、和谐发展；教学应尽可能引发幼儿多感官的参与，体验、尝试和发现等是幼儿重要的学习方式；适宜的目标和内容才能引发真正有效的教和学；教学应当具有开放的、能激发幼儿探究欲望和思考的环境；产生问题、引发互动是有效教学的重要特征。因此，智力游戏必须是能对儿童的个体差异及儿童的某个方面做细致的评估，而不要只注意整体。

（五）园所没有充分利用家长、社区资源

幼儿园在组织和实施智力游戏时，往往对智力游戏材料的重视程度不够。同时，很少与幼儿家长进行良好的互动，没有充分利用家长和社区资源来探求智力游戏活动的材料。幼儿园如果能及时地与家长进行沟通，可以利用家长的力量来整合游戏材料，促使家长在物质上给予投资，提供其家庭中的智力游戏活动材料，或者寻找家长志愿者为园所智力游戏活动当观摩嘉宾，为智力游戏的开展提出合理化建议，促使园所智力游戏材料更加丰富。一般说来，社区中总有一些可以为园所引用的智力游戏材料。因此，园所可以充分利用家长、社区资源。比如，鼓励家长和社区在物质上进行投资，为智力游戏的材料准备提供经费，并带幼儿进社区组织智力游戏活动。可以让幼儿采纳长辈的意见，比如问问他们小的时候都玩过什么游戏，然后融入到幼儿智力游戏中，为智力游戏的开展提供更广阔的思路。

二、针对幼儿智力游戏中存在问题进行的原因分析

（一）园所资金投入不足

由于投入经费不足，导致园所的游戏玩具有限。当前，虽然学前教育已经得到国家的高度重视，然而，投入的经费却依然不足。因此，实际用于智力游戏活动的经费依然很匮乏。

（二）智力游戏的时间明显不足

总体来看，智力游戏时间不足的原因主要有两个。一是幼儿园时常要组织大型活动。比如，庆祝“六一”儿童节等，排练节目、准备材料要占

用教师和幼儿更多的时间。每当遇到这种情况，为了确保教学活动能照常进行，教师只能选择牺牲游戏时间了。二是幼儿园一日活动的时间安排很紧凑。幼儿喝水、上厕所、穿脱衣服、收放物品等，都需要充足的时间。一旦上一活动环节因故拖延了时间，后续环节就势必受到影响，最终被缩减的大多是游戏时间。这样一来，智力游戏时间自然减少了。

（三）教师指导游戏的能力有待提升

幼儿教师由于多数学历不高，缺乏知识理论和系统的学习，导致理论知识匮乏。同时，相当一部分幼儿教师实践经验不足，教学水平不高。因此，在设计游戏的时候，这些教师没有根据幼儿的年龄进行游戏设计，有的只是照搬教案进行游戏教学，并没有结合本园幼儿的现实情况进行教学设计。一些幼儿教师也尝试自己摸索实践经验，但由于缺乏系统的学习和培训，对智力游戏的目标和方向把握不准确，加之游戏材料有限，对设计智力游戏就会产生直接的影响。虽然现在提倡手工制作玩教具，但仍有一些教师不会做手工教具。即使会做，也会耗费大量的时间和精力。

由于普遍缺乏全面性的教学能力，幼儿教师往往只关注幼儿智力发展，忽视情感、社会性等方面的发展。有部分幼儿教师即使意识到了智力游戏对于儿童发展的全面作用，但由于能力有差异，这些教师设计不出更高水平的智力游戏活动。一些年龄大的教师虽然经验丰富，但缺乏创新性的思维和新颖独特的游戏设计，因而在游戏的设计、实施和对幼儿的全面发展水平进行评价的时候显得颇为困难。

（四）实施过程中教师没有与幼儿进行良好的互动

在现实中，教师和幼儿在游戏过程中缺乏良好的互动。由于教师指导方法选取不当，方法不具有继发性和趣味性，没有适时地参与游戏，同时对智力游戏中有问题的儿童又没有进行合理的指导，导致智力游戏活动效果不理想。教师在选择介入游戏时机、把握游戏时间、和幼儿进行交流等多个方面做得不好。比如，在认识蔬菜的游戏活动中，教师带领幼儿复习蔬菜的特征，了解交易的方式，将幼儿分成若干组，由幼儿自己商讨分配角色。教师先当营业员，说："卖菜，卖菜，新鲜的蔬菜，个大圆溜、通红的西红柿，快来买呀。"扮顾客的幼儿问："请问，西红柿多少钱一斤？称两斤。"然后，过秤、付钱。顾客说："再见。"营业员说："欢迎下次再来。"

在游戏中，正确使用了礼貌用语，培养了幼儿的交往能力。但是，教师在游戏中还应该强调营业员的热情、负责。在游戏一段时间后，可增设市场管理员，对不当行为进行纠正，并可以适时地参与游戏，也可让幼儿互换角色。

第三节　如何进行幼儿智力游戏活动的指导

幼儿智力游戏需要在教师的指导下开展，并实现一定的教育目的。只有在教师的指导下，幼儿的智力游戏才能顺利开展，才能实现一定的教育要求。教师对幼儿智力游戏的指导主要有以下几方面：

一、为幼儿进行智力游戏创造条件

（一）关注材料投放

幼儿进行智力游戏往往需要各种玩具、教具及其他材料。教师应根据教育要求和幼儿的实际需要，为幼儿选择、制作各种玩教具。教师利用废旧材料进行手工制作，为智力游戏活动提供了材料，有一定的好处。比如，可以节省幼儿园玩具经费，提高幼儿的动手能力，引导幼儿养成节约的习惯。然而，由于幼儿园中智力游戏的材料数量很少，又不具有专门性和针对性，这就会给幼儿教师组织智力游戏活动带来困惑、增加难度。幼儿园应根据幼儿的实际需要，及时更新、补充游戏材料，撤去幼儿已经不感兴趣的、不能满足幼儿发展需要的材料，增补幼儿喜欢的、符合幼儿年龄特点的游戏材料。玩具、教具在室内摆放的位置，要以便于幼儿自由取放为原则。同时，要注意更换和增加新的玩具、教具。对于新的玩具、教具，教师要教会幼儿玩的方法，然后让幼儿自己玩。

（二）关注环境创设

除了关注游戏空间、游戏材料等物理环境之外，幼儿园还应为幼儿创造一个好的游戏的社会环境。学前教育相关部门应制定游戏目标理论引导，对家长进行理念宣传，进行家园合作，营造良好的家园互动氛围。可以对教师进行智力游戏教法培训，切实提高教师设计智力游戏的策略和能力。

（三）关注师幼关系

教师应与幼儿建立起亲切、平等、和谐的师生关系。在幼儿园，教师应在幼儿游戏中充当他们的帮手和支持者。智力游戏可以与学习相联结，谜语和拼字游戏都是教师使用游戏促进学习的例子。只要教师善于引导并支持幼儿游戏，还可以促进幼儿身体、社会性等多方面的发展。幼儿园中的幼儿与幼儿之间应形成互助友爱的关系，教师与幼儿应该是主导与主体的关系。

二、教会幼儿正确地游戏

（一）不同年龄段幼儿智力游戏的指导重点

1. 小班

小班幼儿进行智力游戏多是利用玩具材料来进行，要求玩具和材料形象正确、颜色鲜明、品种简单。教师首先要考虑如何通过游戏玩具、教具的出现，来激发幼儿的游戏兴趣。在游戏时，教师的讲解应力求生动、简单、形象。过多的解释将会转移幼儿的注意力，使幼儿失去游戏的兴趣。有些讲解可以和示范动作相结合，以吸引幼儿的注意力。如“奇妙的口袋”或“摸箱”游戏，教师应先摸给幼儿看，边摸边讲解。有些游戏的规则可在游戏过程中逐步提出。比如，“什么东西不见了”的游戏，可在游戏进行中提出规则：“现在，小朋友们都把两只小眼睛闭上，看谁闭得好。”在游戏过程中，要不断提醒他们遵守游戏的规则。

2. 中班

中班幼儿仍然需要示范和讲解游戏的玩法和规则。在游戏进行中，应注意检查他们对游戏玩法的掌握与执行规则的情况。对遵守规则的幼儿应给予鼓励，使幼儿明确，只有严格遵守规则，游戏才有趣味。要鼓励幼儿关心并努力争取好的游戏结果。中班幼儿应能独立地玩熟悉的游戏，教师只在必要时给予指导即可。

3. 大班

此年龄段的幼儿对活动强度高的智力游戏（比如各种棋类游戏）更感兴趣，也喜欢参加具有竞赛性的智力游戏。在这个年龄段，教师对智力游戏的指导主要是靠语言来进行的。教师要依靠语言讲解游戏，要求幼儿独立地进行智力游戏，并严格遵守游戏规则，争取最好的游戏结果。教师还可以要求幼儿对自己的游戏结果进行适当的评价。

（二）要注意对个别幼儿的照顾，鼓励每个幼儿积极参加各种智力游戏

智力游戏条件简便，方式灵活，游戏时间、课堂上及日常生活中都可以采用，以便向幼儿进行教育。教师要更多地利用这种游戏，来复习巩固幼儿所学的知识技能，还可以利用它来对幼儿进行个别教育。教师应当根据幼儿的不同需要，提出共同的要求，进行不同的练习。尤其是对能力差的幼儿，应更多地鼓励、吸引他们参加智力游戏，及时肯定他们的进步，逐步增强他们的自信心，不断提高他们的游戏能力。

在游戏过程中，教师应注重个别差异，提供适当指导。不同年龄段的幼儿会表现出不同的身心发展特点，而同一年龄阶段的幼儿也会因个人差异出现不同的行为特点。这些差异不仅表现在性格上，也会表现在幼儿自身发展水平上。教师在进行指导时，应该特别注意幼儿之间的差异性，提供适当的指导，给予每位幼儿一个适度的目标和正确的方向引导，不能将所有幼儿都整齐划一。如有些幼儿逻辑思维能力较强或者家长在外报过相关培训班的,在指导的时候就可以适当提高要求。其他幼儿玩出了一种“走迷宫”的路线，就可以让他试着走出两种或更多种路线。而有些幼儿能力较弱，发展水平低于一般幼儿，教师可以先手把手指导，再逐步过渡到让其独立完成。

智力游戏简便灵活，无论在教学活动时间，还是自由活动时间，不拘环境条件与时间长短，均可开展。如认识几种家畜的外形特征与习性，可采用“找出它们”和“爱吃什么”的游戏。饭前幼儿在盥洗室门前等候盥洗的短暂时间，可带领他们玩简短的、安静的游戏，如“传电话”、“找一找”等。在准备离园时，也可玩单纯语言或使用简单材料的游戏。在自由活动时间，可提供智力游戏的玩具或材料，鼓励幼儿自选。

智力游戏除采用集体、分组与个别游戏相结合的方式进行外，还应尽量设法让每一个幼儿都有游戏材料，都有参加游戏进行锻炼的机会。根据游戏的教育任务，不断地向幼儿提出新课题，启发他们动脑筋找答案，促进智力水平的不断提高。对能力差的幼儿，应更多地吸引他们参加智力游戏，鼓励他们的进步，提高他们的自信心和智力才能。对中大班幼儿，还可要求他们讲述为达到游戏结果而采用的方法。

三、教师要控制好智力游戏时间，把握好介入游戏的时机

维果茨基在论述儿童游戏的最近发展区理论时强调指出，儿童在游戏中的行为表现总是高于他在现实生活中的行为表现，在游戏中表现出来的行为总是高于他实际年龄所表现的行为。[1] 建构主义理论的教学模式，如“抛锚式教学”、“随机进入教学”、“支架式教学”，对幼儿园智力游戏的组织与实施有很大的借鉴作用。在幼儿园进行“抛锚式教学”时，教师要积极组织和指导幼儿的游戏，为幼儿创设良好的智力游戏环境，控制好整个游戏的时间。要切实做好游戏引导工作，在符合幼儿以往经验的基础上向幼儿抛出问题，让幼儿思考后进入游戏，并能适时参与游戏。要注重“随机进入教学”，处理好自发游戏和组织游戏的关系，尊重幼儿的想法，懂得倾听幼儿的表达，在游戏中鼓励幼儿互相帮助和交流，进行“协作学习”和“会话交流”，在幼儿已有水平的基础上实施“支架式教学”，根据最近发展区理论，指导幼儿进行知识的“意义建构”。

四、教师在智力游戏中要与幼儿进行良好的互动

1. 教师要及时适度地指导幼儿，搭建脚手架，帮助建构儿童的经验

教师以玩“挖山洞”的游戏作为幼儿经验准备，问幼儿是否在电视、书本上见过山洞，进而提示沙子可不可以挖出洞呢？这种洞与山洞有什么差别呢？然而，教育者不能完全准确地了解幼儿游戏的规则及游戏中儿童的言行，很有可能会偏离游戏中的秩序，违反或忽视游戏规则，成为一个“违规破坏者”。因此，必须尊重幼儿游戏规则。另外，教师在游戏进行中要仔细观察，并对不安全的智力游戏予以告知与制止。

对于不同的年龄班,应当提出不同层次的问题。教师不要为了教而教，而要把活动延伸放大，让幼儿的视野更宽阔。也就是说，教育者对幼儿游戏的指导思路应当是发散的，点燃幼儿思考与兴趣的火苗，让智力游戏与教育实现自然过渡，把隐性指导渗透在显性指导之中。教师的指导必须适度，因为过度的指导有可能会阻碍幼儿主观能动性的发挥。如果

[1] 邱学青 . 学前儿童游戏［M］. 南京：江苏教育出版社，2008.12：172.

教师不指导，幼儿可能会不爱思考。然而，按部就班又会抹杀孩子的自主思考能力。因此，游戏指导必须是有限的。

2. 教师要最大限度地激发幼儿的兴趣，通过引导的方式让幼儿自己建构经验

智力游戏指导涉及的方面较多，如对游戏中幼儿技能以及发散思维的指导等。在游戏进行的过程中，当幼儿“无所事事”时、遇到困惑时，教师必须给予指导。另外，则是知识的启蒙与启发。激发幼儿的兴趣很重要，要让幼儿乐于思考，养成思考的习惯。如在创意贴画游戏中，教师在艺术区创设简易的心形图案。同时，引导幼儿参观，请幼儿随意贴出想要的图案。在此基础上，再让幼儿贴出规定的图形。在这样的情境中，幼儿逐步实现创造和想象。这对幼儿的思维和认知发展起到了很大的提升作用，可使其充分感受到创造的乐趣。

案例：

玩　沙

在一次“玩沙”的智力游戏中，教师把沙子放好，在上面放上筒、小铲子、小推车、水瓶子、修理小车的钳子等塑料玩具，观察幼儿会怎样玩沙子。其中一个幼儿用手推小车在沙子间行走，不一会车倒了。这时，教师就可以提醒幼儿：“车子这下可坏了，我们被困在沙漠中了。该怎么办啊？”可以让幼儿找其他小朋友一起讨论，商量该怎么办。要观察幼儿能不能想出打电话报警、用工具修车或找人来帮忙等办法，以此拓宽幼儿的思路，培养幼儿解决问题的能力。

3. 教师对智力游戏活动的指导要全面

教师对幼儿智力游戏活动的指导不能只停留在认知层面，一定要培养幼儿全方位的能力。如为什么手抓不住沙子，让幼儿思考其中的奥秘。在这里，共同讨论还有助于增强幼儿的语言表达能力和团结互助意识。同时，这种思路还可以唤起幼儿先前的生活经验。在同一问题中，也能看出每个幼儿间的个体差异，教师可以鼓励不爱说话的幼儿参与进来。建构主义理论强调协作学习，提示我们在智力游戏活动进行中，幼儿可以将其在学习

过程中探索、发现的信息和学习材料与其他同伴共享，甚至可以同全班幼儿共享。因此，幼儿能从同伴那里得到许多新的信息和经验。在观点的相互作用和碰撞中，就能逐渐丰富和建构起新的知识经验。同伴的不同看法和解决问题的不同方式，也能促进幼儿不断思考，从中获得启发，在完成探究任务的过程中相互沟通、相互合作、共同负责，从而达到共同建构知识的目的，完善自己的想法或建构新观点、新策略。

在实际活动中，要营造民主和谐、团结互助的氛围，帮助幼儿在集体中学习，使幼儿在轻松愉快之中学会合作。如在“娃娃脸”的活动中，把全班幼儿分为若干小组。每组幼儿合作，将几何图形板按要求进行分类。幼儿能从同伴那里得到许多分类的经验。另外，通过会话交流，幼儿之间的交流、意见综合等有助于幼儿的主动探索和主动发现，激发他们的深入思考和批判性反思。只有这样，才能更好地获取关于客观事物内在的规律性的知识，建构起新的、更深层次的理解。意义建构是学习过程的最终目标，整个教学过程都是紧紧围绕这个中心而展开的，学习过程中的一切活动都是为了帮助幼儿主动建构起事物的性质、规律和事物之间的内在联系。

五、充分整合家庭、社区资源，辅助幼儿智力游戏活动的开展

1. 鼓励家长和社区在物质上进行投资

智力游戏活动的开展可以充分利用家长和社区资源，比如鼓励家长和社区在物质上进行投资，为智力游戏的材料准备提供经费。这样一来，园所就可以节省部分开支。由于智力游戏不应该局限于单一的游戏形式，因此，在保证安全的情况下，可带幼儿进社区组织智力游戏活动。在采纳那些传统游戏的时候，要进行必要的调整，使其既适合幼儿的年龄特点，又符合本园所的实际情况。

2. 邀请家长和社区人士适时地参与活动

家长可以参与到幼儿智力游戏活动中来，同孩子共同游戏，还可以参与到游戏活动的设计和评估中。通过家园合作的方式，家长能够了解幼儿的现有发展水平，教师也能够了解家长的愿望和要求，了解家长和幼儿的已有经验和家庭背景。实践证明，教师只有经常与家长在活动方面进行交流，才能真正做好智力游戏活动。

第六章　幼儿角色扮演游戏的设计与实施

幼儿教育家陈鹤琴先生曾经说过:“孩子的知识是从经验中获得的，而孩子的生活本身就是游戏。游戏是幼儿的心理维生素，幼儿可以通过角色游戏创造性地反映现实生活。”3岁前的幼儿以做模仿动作为满足，而3岁以后的幼儿已不满足于简单地模仿动作了，而是对扮演角色很有兴趣，并渐渐进入角色，对现实生活中各种角色的认识与情感体验逐渐加深。因此，角色游戏也是最适合幼儿身心健康发展的游戏之一。

第一节　幼儿角色扮演游戏的设计

“孩子是游戏中的主体。”那么，孩子在角色游戏中的主体地位体现在什么地方呢？我们纵观幼儿游戏的全过程，不难发现教师在角色游戏的指导过程中要确立幼儿的主体地位，就必须尊重幼儿的意愿，真正实现5个自由，即尊重幼儿选择主题的自由、尊重幼儿选择情节的自由、尊重幼儿选择玩具的自由、尊重幼儿选择角色的自由、尊重幼儿讲评自己的游戏的自由。因此，在设计角色游戏时，要切实做到尊重幼儿这5个自由，游戏才能变为孩子们自己的游戏。角色游戏也是教师进行教育的一种手段。因此，在尊重幼儿5个“自由”的同时，教师在设计游戏时还应该把全面发展教育的目标和计划时时刻刻装在脑子里，并且根据幼儿的年龄特点及思维、意识、情感这些特点来设计角色游戏。

一、角色游戏设计的价值原则

维果茨基指出："游戏创造了幼儿的最近发展区，幼儿在游戏中的表现总是超出他的实际年龄，高于他在日常生活中的表现。游戏好比是放大镜的焦点，凝聚和孕育着发展的所有趋向。"角色游戏是幼儿根据已有经验，通过想象力和创造力对现实重新塑造的过程。因此，角色游戏不仅要运用幼儿的已有经验，在设计角色游戏时更要遵循以下原则：

1. 既贴近幼儿的生活，又考虑幼儿未来的发展需要

幼儿教育不仅要符合幼儿的现实需要，而且要为幼儿未来的生活和工作打下良好的基础，它涵盖了幼儿的身心健康、人格发展、学习能力及兴趣等方面的发展。因此，在角色游戏设计的过程中，既要满足幼儿的好奇心和探索的愿望，也要帮助幼儿掌握生活中必备的知识和技能；既要贴近幼儿的生活，又要考虑幼儿的发展需要。

2. 既适合幼儿的现有水平，又有一定的挑战性

维果茨基的"最近发展区理论"认为，幼儿的发展有两种水平：一种是幼儿的现有水平，指独立活动时所能达到的解决问题的水平；另一种是幼儿通过教学、游戏所获得的技能和潜力。两者之间便产生了"最近发展区"。因此，既适合幼儿的现有水平，又有一定的挑战性是幼儿角色游戏设计的价值核心原则。

3. 既符合幼儿的兴趣和现有经验，又有助于拓展幼儿的视野

角色游戏必须关注幼儿的兴趣，并从他们感兴趣的事物和社会角色中选择有价值和符合幼儿发展规律的教育内容。只有这样，才能激发幼儿参与游戏的积极性和主动性。[1] 同时，教师还要时刻关注幼儿在游戏中的情态表现，以捕捉能提高幼儿现有水平的教育契机，使幼儿不断面对新的挑战，并引导幼儿在新的问题和挑战中通过观察日常生活细节、亲子阅读、收集资料、与同伴及成人探讨等方式寻求解答，以此来提升经验和拓展视野。

---

[1]　于渊莘.角色性主题游戏课程［M］.北京：教育科学出版社，2012.4.

二、角色游戏目标的设计

关于角色游戏目标的制定，应当遵循《指南》中提出的教育理念："注重激发和保护幼儿的求知欲和学习兴趣，调动幼儿学习的积极性和主动性，鼓励、支持和引导幼儿去主动探究和学习。要充分认识生活和游戏对幼儿成长的教育价值，把握蕴含其中的教育契机，让幼儿在一日生活中，在与同伴和成人的交往中感知体验、分享合作、享受快乐。"

（一）情感态度目标

具有良好的心理素质和修养，愿意积极地体验生活中的美好。

1. 积极参加各项游戏活动，情绪稳定、愉快。

2. 感受游戏的快乐，动作协调灵活。

3. 愿意努力和友好地克服及解决游戏中出现的矛盾、困难和挫折。

4. 乐意模仿各种常见的职业和社会角色，并愿意去了解他们的劳动与自己生活的关系，尊重、感激他们。

（二）社会性发展目标

具有良好的品德和行为习惯，学会与人相处沟通。

1. 学会互助、合作和分享，知道与人友好相处的态度和方式。

2. 理解并遵守角色游戏中的基本社会行为规则，形成规则意识。

3. 理解并愿意主动履行角色中应承担的职责，有初步的责任意识。

4. 学会理解、关心和尊重各种社会角色，并从角色扮演中感受他们的生活、工作和情感。

5. 会使用礼貌用语清晰地表达自己的感受，能耐心友好地倾听别人说话。

（三）行为技能目标

具有良好的身体素质、语言表达能力、创造能力、动手能力以及良好的思维品质和习惯。

1. 学会保护自己，有基本的安全保健常识，有良好的生活及卫生习惯。

2. 对角色、情境、材料有好奇心，具有强烈的求知和探索愿望。

3. 能发现游戏中的问题，并通过动手动脑、与同伴及成人交流、提问、共同搜集资料等方式反映自己的探索过程和结果，表达发现问题、解决问题的成功体验。

4. 通过和同伴及成人共同搜集、制作身边的物质材料来布置角色游戏的环境，发现物品和材料的多种功能和特性，并能在游戏中学会一物代替多物、多物顶替一物。

各年龄阶段角色游戏设计目标：

年龄段	分段总目标	学期	各年龄段角色游戏学期目标
小班角色游戏目标	1. 有初步的角色意识，能运用玩具、材料扮演熟悉的感兴趣的角色。 2. 会模仿角色的典型行为和语言。 3. 能进行角色间的简单交往。 4. 在教师的帮助下，初步学会整理玩具、材料、爱护玩具，并能参与游戏的评价。	第一学期	1. 有初步的角色意识，喜欢运用玩具、材料扮演熟悉的、感兴趣的角色。 2. 游戏中知道自己扮演角色的名称，学习模仿角色的行为和语言。 3. 乐意和同伴进行交往。 4. 在教师的帮助下，初步学会整理玩具和材料，并知道爱护玩具。
		第二学期	1. 能动用玩具、材料扮演熟悉的感兴趣的角色。 2. 明确自己所扮演的角色，会模仿角色的典型行为和语言。 3. 会进行初步的角色交往。 4. 在教师的帮助下，学会整理玩具、材料，参与游戏的评价。
中班角色游戏目标	1. 扩大角色范围，加深角色的理解，提高角色扮演水平。 2. 会进行初步的合作，学习遵守游戏规则。 3. 会选取替代材料，有自制简单玩具的能力。 4. 初步会对游戏材料进行简单的评价。	第一学期	1. 观察了解经常接触到的人们的社会交往活动，有初步的感性经验。 2. 在情景中明确角色的职责，并学习遵守规则，进行角色交往。 3. 在教师的指导下，会为游戏寻找替代品。 4. 游戏评价时，在教师的启发、鼓励下，能发表自己的意见。
		第二学期	1. 观察了解人们的基本交往活动，并进行初步的模仿活动。 2. 在教师的启发、帮助下，初步会按自己的意愿提出游戏主题，商量游戏规则，合理分配角色，构思情节。 3. 初步有为游戏寻找替代物、自制玩具的能力。 4. 在教师的帮助下，学习讨论解决游戏中出现的问题，对游戏进行简单的评价。

年龄段	分段总目标	学期	各年龄段角色游戏学期目标
大班角色游戏目标	1. 具有初步的游戏目的性，丰富加深游戏情节，进一步加深对游戏规则和角色职责的理解。 2. 乐于与同伴合作，完成游戏。 3. 游戏中能发挥想象力和创造力，有假想替代行为。 4. 有初步的独立解决问题的能力。 5. 在教师的指导下，会对游戏进行比较准确的评价。	第一学期	1. 游戏时，能先构思游戏情节后行动，增强游戏目的性。 2. 在教师的引导下，能较形象地扮演角色，按角色职责行动。 3. 在教师的引导下，能用想象中的物品或动作替代所需物品，有初步的想象力和创造力。 4. 初步学习独立解决问题。 5. 在教师的引导下，乐于对自己、他人的言行做出正确评价。
		第二学期	1. 会集体讨论，提出自己的意图和设想，确定游戏主题和计划，并实现计划。 2. 在教师的引导下，会丰富和加深游戏情节，能较逼真地扮演角色。 3. 在游戏中乐于自制玩具。 4. 能积极参与游戏的评价活动，在教师的指导下，对游戏进行比较具体、准确的评价。

案例：

大班角色性主题游戏“美食城”

一、设计意图

“美食城”这一角色性主题游戏能主动反映幼儿多种多样的生活经验，让原本互不联系的区域之间有了很好的衔接，让角色游戏内容不断拓展，情节持续发展和深入，幼儿主动表现自己所扮演的角色，动作熟练，角色语言逐渐丰富。在整个角色游戏中，幼儿可以互相交流，自由互动，并逐渐学会创造性地使用游戏材料，能在游戏过程中逐渐增强规则和责任意识。

二、游戏价值

1. 服务员礼貌迎客，态度亲切友好；能有礼貌地与来客简单交流，愿意主动使用角色语言。

2. 会按分工进行角色扮演，各司其职，比较熟练地使用各种工具进行工作。

3. 能简单地计算食品价格，按价收费，顾客能准确地使用货币。

三、材料准备

1. 餐厅：桌子、椅子、餐具、桌布。

2. 厨房：各类柜子、炊具、盘子、自制食品。

3. 工作服、厨师帽、点餐单、食谱、价目表、食品宣传栏。

四、指导要点

1. 合理利用现有空间开展游戏，引导幼儿熟悉游戏场地。指导幼儿美化餐厅环境，提供舒适服务。

2. 提醒管理人员随时增添新的材料，使游戏顺利进行，鼓励不愿积极主动参与游戏的个别幼儿，调动其参与活动的愿望，适时给予角色调换的建议。

3. 观察幼儿角色游戏中的流程和使用工具的情况，适时进行指导。

五、角色游戏区的教育作用

1. 帮助幼儿了解人际关系。通过不同角色的身份，学习扮演适当的行为方式，发展幼儿的社会性。

2. 帮助幼儿学习友好交往的技能，如轮流、分享、协商、互助、合作等。

3. 培养幼儿大胆表达个人意愿、情感、见解，能相互沟通，发展语言交流能力，实践和尝试幼儿自己解决问题的方法。

4. 发展表征能力。如能以物代物，激发想象力及能创造性地反映现实。

5. 学习适度表达个人情绪，了解他人情感。能自我控制、调整与伙伴间的相互行为关系。

三、角色游戏内容的设计

贯彻陶行知的“生活教育”理论，使幼儿在生活中习得经验，并由此产生自发的游戏活动，在轻松愉快的游戏中感受生活的乐趣。要使生活和游戏相互促进、相互转化，相应的游戏内容、形式都应该是从幼儿熟悉的生活活动中演化而来。

游戏的内容应紧密结合并来自于幼儿发展特点和生活经验。教师设计角色游戏时，日常生活经验应成为游戏的首要资料。幼儿最熟悉的地方是家庭，最先接触和了解的劳动就是家务活。因此，无论是在哪个年龄班，娃娃家都是角色游戏的中心主题，并由此扩展出以反映社会生活为主题的活动，小班的角色游戏区的主题以家庭生活为主。到了中班，角色游戏区就出现了以反映社会生活为主题的活动。大班的角色游戏区的主题则更加丰富多样。

角色游戏主题除了从幼儿的生活中来，还不能忽视是否适合于本班幼儿的需要，应该是幼儿熟悉、了解和接触过的或是感兴趣的。也可以结合平时的教育教学活动组织幼儿参观、游览，从中产生新的主题。

在设计一个新的角色游戏以前，不妨与幼儿共同讨论，听听他们的想法。也许一位幼儿刚刚去吃过自助餐，就会提出开一家自助餐厅；也许一位幼儿在街上看见过礼品店，就会提出开一家礼品店……这样一来，角色游戏区的活动将越来越丰富有趣。因为是幼儿日常经验接触的，所以玩的时候会很投入，规则意识也会很强。

四、角色游戏设计应遵循的特点

1. 让幼儿对社会有所了解

通过角色游戏设计，让幼儿对社会有所了解。角色游戏是幼儿反映社会、反映成人活动的一种游戏，这种游戏带有很大的模拟性。幼儿在很大程度上就是通过模拟来熟悉社会、了解社会，教师提供了一个游戏的场景，设计游戏情节，让幼儿从不同的侧面了解社会，这是角色游戏与其他游戏的一个不同所在。

2. 培养幼儿积极的情感

通过角色游戏设计，培养幼儿积极的情感。这里所指的积极的情感，具体包括两个方面：一是对人的积极情感；二是对社会的积极情感。我们的孩子是一个个活生生的人，他们生活在这个社会里，与形形色色的人打交道。因此，培养幼儿良好的情感，爱憎分明，是角色游戏中重要的教育内容。之所以这么说，是角色游戏本身性质所决定的。通过设计角色游戏，让幼儿模拟成人活动，反映社会及人际关系。

3. 培养幼儿良好的行为习惯

通过角色游戏设计，培养幼儿良好的行为习惯。幼儿期是培养道德意识、道德情感和传授正确道德行为的关键期，因为这个阶段的幼儿会很轻易地接受正确的、美好的、规范的刺激，这对他们养成习惯至关重要。那么，通过角色游戏可否完成这些目标呢？回答是肯定的。由此可见，游戏中传授给幼儿的道德意识、行为规范在孩子心目中是根深蒂固的。

4. 提高幼儿解决问题、处理问题的能力

通过角色游戏设计，教会幼儿处理问题、解决问题。通过角色游戏，教会幼儿处理问题、解决问题的方法，提高幼儿解决问题、处理问题的能力。人的一生总会碰到许多问题需要解决、需要处理。在学前教育期，我们有意识地为幼儿设置一些小小的问题，鼓励他们解决、处理，使他们从小就看见问题不足为怪、看见问题不害怕、看见问题肯动脑筋解决。这对他们将来踏上社会必定是极为有益的。

5. 扩大幼儿的知识面

通过角色游戏设计，扩大幼儿的知识面。教育家陈鹤琴先生曾经说："孩子的知识是从经验中获得的，而孩子的生活本身就是游戏。"[1] 在游戏中，让幼儿获得知识，对幼儿来说学得安闲，对老师来说也教得自然。事实上，在游戏中可以丰富幼儿的知识有许多，诸如四大发明、交通规则、交通工具、人体的发育成长、世界闻名的建筑物、中国文化历史等，这些知识的传播在游戏中是幼儿最渴望获得的。

6. 角色游戏设计符合幼儿的年龄特点

中班上期，幼儿角色意识并不明确，更换角色相当频繁。对社会化的反映极少，多的只是四周生活中的小事。他们游戏的目的性不强或者说根本没有，很多时候还存在着小班的特点，需要教师不断地捕捉角色语言、角色动作、角色情感。而大班幼儿则不同，他们在各方面的水平都有明显提高，自主性、目的性增强。这里就需要教师根据幼儿年龄的不同来设计游戏，真正做到有的放矢、量体裁衣。

第二节　幼儿角色游戏的组织与指导

游戏的组织包括游戏的准备、游戏的观察、游戏的指导及游戏的计划与记录、游戏的评价等方面。幼儿教师通过适当的引导，让幼儿玩得自由、开心。而怎样的引导才能让幼儿既自由又自觉遵守规则呢？这就需要教师以朋友的身份、以游戏角色身份出现在他们面前，通过游戏无意中体现出

[1] 刘艳 . 幼儿园角色游戏指导手册［M］. 南京：江苏教育出版社，2013.3.

幼儿各种知识的准备，潜移默化地把规则印入脑海。为此，教师必须认真做好游戏的组织工作。

一、游戏的准备是顺利开展游戏的前提

（一）知识准备

丰富幼儿生活经验，打好角色游戏的基础。角色游戏是幼儿通过扮演角色，创造性地反映生活经验的游戏。生活经验越丰富，幼儿在游戏中就越积极，角色扮演越逼真，情节越丰富，角色间的关系越密切，幼儿自然玩得更开心。因此,开展角色游戏首先要丰富幼儿对周围生活的知识和经验。幼儿在角色游戏中所反映的经验有其特点，不只是认识事物间的关系，还要求幼儿认识人的活动和人与人的关系。在平时生活中，要有意识地让幼儿多接触生活、多观察生活，使幼儿有更丰富的生活经验。这样一来，他们就会在所进行的角色游戏中更加容易融入角色，使游戏内容变得充实新颖。

案例：

玩“娃娃家”（小班）

1.引导幼儿观察父母的活动

小班的角色游戏主要是“娃娃家”，游戏内容大多是反映父母对娃娃的关心和照料。教师可提醒他们回去注意观察父母在家做的事情，爸爸、妈妈如何关心爱护自己，让他们说说在家里的所见所闻。然后，在游戏中引导幼儿将观察到的内容运用到角色的扮演中。

2.经常引导幼儿观察周围社会生活

在生活中观察得越细致，感性认识越丰富，在游戏中反映得就越逼真。让家长带幼儿到一些周边的环境中去体验生活，回园后用谈话的方式回顾情景及对话，充分激发出幼儿的原有生活经验。在明确了人与人之间的关系后，介绍家里的一些生活物品。接着，引导幼儿开展游戏。在原有生活体验的基础上，幼儿玩得有声有色。由此可见，生活经验特别是反映游戏中人与人关系的经验对幼儿充分参与角色游戏具有至关重要的作用。

3.假日、节日谈话，归纳生活印象

幼儿在假日、节日的生活是丰富多彩、活泼愉快的。在假日、节日前后，

教师跟幼儿谈话，加深幼儿的生活经验，从而在游戏中反映出来。游戏本身就是以幼儿能了解和想象的事物、经历过的生活、接触过的事物为素材的。

诸如此类，幼儿的游戏都是现实生活的反映。我们要经常与幼儿交谈，了解他们的生活内容，有目的地帮助幼儿归纳生活印象，把话题接过来，加以发挥和充实，使游戏的情节由零星、片断的情节到有一系列的情节，并逐渐发展情节的丰富性和创造性。

（二）物质准备

怎样为幼儿准备游戏的物质材料呢？教师首先为幼儿准备宝宝、家的图片、灶具、蔬菜、食物，放在玩具箱中，供幼儿选用，让幼儿自己选择自己需要的，让玩具在游戏中得到充分利用。游戏玩一段时间后，随着内容的不断丰富，要求也有所提高。不过一开始时，更需教师先带头做起，常常根据游戏的需要而制作新玩具。幼儿有了更多的选择，玩得也更开心了。所以，做好物质准备工作，使角色游戏更顺利。

1. 材料提供要充足

场所、设备、玩具、游戏材料是幼儿进行角色游戏的物质条件，能激发幼儿游戏的愿望和兴趣，发展幼儿的想象力。准备和提供角色游戏所需要的这些物质条件，是教师组织与指导游戏的重要职责。但是，角色游戏所准备的材料并不一定都要真实的，幼儿在开展游戏时大多是以想象为基础的。因此，绝大多数材料都可用简单的物品代替，幼儿可通过丰富的想象力，来补充玩具的不足。为使游戏更有趣，发展幼儿的创造力，教师应当和幼儿共同收集废旧物和自然物来做玩具。虽然这些是废旧物和自然物，但很形象，幼儿玩角色游戏时会更逼真。在游戏中，尽量少用买的或现成的玩具，而多采用半成品或供给材料，让幼儿自己努力制作玩具。这样在游戏中，既开发了幼儿的智力，又培养了幼儿的动手能力，充分发挥了幼儿的积极性、主体性和创造性，他们会在游戏中玩得更开心。

2. 环境、心理准备

为了让幼儿萌发介入的愿望，我们要为幼儿创设有意境的、丰富的游戏环境。如在教室、“娃娃家”、医院、理发店，可以随意地摆弄或添置一些玩具和场景，从而不断地积累经验，产生游戏的灵感。除了用环境引发幼儿的愿望外，还可以和幼儿一起回忆游戏中有趣的情节，设想一下明天的游戏如何做、下一次游戏所需的玩具，或寻找一下共同游戏的伙伴，使幼儿在游戏前有目的、有思想，带有强烈的向往加入游戏。教师还应根据本班幼儿开展角色游戏的情况，考虑游戏内容、角色分配、游戏材料的提供、个别幼儿的教育以及游戏过程中的常规等设计，在游戏前就对如何指导幼儿游戏做到心中有数。

二、角色游戏的观察，使幼儿成为游戏的主人

角色游戏是观察幼儿的窗口，观察分析幼儿的游戏，也是组织与指导好游戏的重要一环。只有观察得仔细，教师才能有的放矢，从而让幼儿玩得自由开心又遵守规则。我们要注意幼儿在游戏中是积极主动地玩，还是消极被动地玩；是创造性地玩、独立地玩，还是模仿别人、跟别人玩。和同伴相处的关系如何？语言交往能力、动手操作能力怎样？对待玩具和同伴的态度怎样？角色意识、角色间的关系、游戏情节的发展变化等，都是我们教师所必须观察的。观察时，还要有耐心，要善于分析，同时要尊重幼儿的认识特点、幼儿的情感特点去分析他们在游戏中的表现，这样才能得出公正客观的结论。

在游戏的具体过程中，幼儿会经常出现或多或少、过大过小的问题。仔细观察不仅能帮助教师更加深入地了解幼儿游戏时兴趣的需要所在，而且能帮助教师适时地把握时机，更加有效地对幼儿进行游戏指导，进而拓展角色游戏，并促进幼儿的学习和发展。

（一）主要的观察内容

1. 观察角色游戏的情节和主题。例如，幼儿角色游戏的主要内容是什么？幼儿在游戏中玩的是什么？幼儿在游戏过程中是如何玩的？

2. 观察幼儿的动作和行为。观察幼儿正在扮演的角色是什么？有没有角色意识？有哪些具体行为表现？

3. 观察操作和选择材料的情况。哪些材料被选择了？是怎样操作的？有什么解决不了的问题？[1]

4. 观察幼儿的社会性水平。了解幼儿的社会性水平发展（平行游戏、独立游戏、合作游戏、联合游戏），幼儿是能否主动去选择伙伴？能否协

[1] 黄进. 游戏精神与幼儿教育［M］. 南京：江苏教育出版社，2006.

调和伙伴之间的关系？

5. 观察幼儿的表现和特征。是用类似实物的玩具来替代，还是直接选择了替代物？或者用言语和动作来替代？在玩的过程中，遇到了什么样的问题和困难？怎么样去解决？

案例：

<table>
<tr><td rowspan="3">装扮行为</td><td>年龄</td><td>游戏主题</td><td>游戏情节</td><td>角色扮演</td></tr>
<tr><td>小班</td><td>形象玩具诱导装扮动作（“娃娃家”、医院、超市）。</td><td>单一、受玩具影响出现最典型的动作（烧饭、吃饭、打针）</td><td>真假混淆、对应性角色（妈妈和宝宝、医生和病人）</td></tr>
<tr><td>中大班</td><td>脱离形象玩具、最感兴趣、印象深刻的生活经历，以意愿发起、找材料展开游戏，逐渐扩展至经历的生活各方面。</td><td>丰富复杂，一个主题有6个情节（医院：挂号、看病、开药、打针、化验、开刀等）</td><td>具有清晰的角色意识，角色认知水平提高，理解所扮演的角色，逼真表现同一性角色（医生与医生）、关联性角色（一人演爸爸、营业员）</td></tr>
<tr><td rowspan="3">替代行为</td><td>年龄</td><td>替代物</td><td colspan="2">替代特征</td></tr>
<tr><td>小班</td><td>形象玩具诱导下使用：娃娃与（积木）奶瓶。</td><td colspan="2">单物替代、单功能替代（积木当电话一阵子）——过渡到2—3个，同一物替代几种不同物品</td></tr>
<tr><td>中大班</td><td>按意愿寻找，追求相似性，自制，大班会用很不相似的物品。</td><td colspan="2">灵活使用替代物，多个替代、多功能替代（积木电话机、针筒）</td></tr>
<tr><td rowspan="4">交往行为</td><td>年龄</td><td>玩伴群体</td><td colspan="2">遵守规则</td></tr>
<tr><td>小班</td><td>平行游戏——合作游戏。</td><td colspan="2">不能理解，反复提醒，养成良好的行为习惯（物归原处、轮流、分享玩）。</td></tr>
<tr><td rowspan="2">中大班</td><td rowspan="2">合作、有主题、情节、替代物和角色之间的协商和协调（提供自由交往的机会，观察各种交往关系）分工。</td><td>中班</td><td>有简单规则，但认识和行为不一致，喜欢独占，教师可以给幼儿试错机会。</td></tr>
<tr><td>大班</td><td>能理解、协商，解决纠纷，教师要放手。</td></tr>
</table>

（二）教师通过仔细的观察，可以采用不同的情形并运用相适应的指导方式

1. 成为幼儿游戏的隐性指导教师。教师参加幼儿的游戏并用自己的行为以及角色游戏的材料或游戏的语言，引导幼儿角色游戏的行为，并通过诱导、启发进一步地去促进幼儿的游戏发展。这也是创造性角色游戏的指导方式之一。由于幼儿的个人经验是有限的，游戏的内容有时会过于单调和贫乏；也会有个别的幼儿由于个性所限，缺少与他人沟通的技能和技巧。

即使自身条件准备得较好，但因为缺少其他的游戏伙伴的加入，导致游戏情节无法正常展开。

案例：

娃娃家

大班幼儿在玩“娃娃家”的角色游戏时，“妈妈”、“爸爸”及其他角色都在自己玩自己的，根本就没有注意到自己的角色和行为。这时，教师应该以“客人”的身份加入到游戏中，并说：“家里有人吗，我是爸爸的好朋友，来你们家里做客了，快点来欢迎我啊！妈妈忙什么呢，是在为我准备好吃的吗？”这样一来，“娃娃家”的各个成员便能意识到自己该做些什么，游戏就能开展起来了，并能向更深层次去发展。

在教师的隐性指导中，教师一直以参与者的身份参加幼儿的游戏，在不知不觉中引导幼儿进行游戏。这也是一种幼儿较能接受的方式方法。

2. 教师以直接点拨的形式进行显性指导。为了让幼儿学习到一定的经验，或者在游戏中偶然出现一些困难事件时，教师有必要及时地进行直接指导。比如，在游戏中，幼儿存在过激的行为，或者有不安全的因素和倾向，有在困难面前想退缩的行为表现或出现特殊的事件等，教师都应该及时地加以指导。

案例：

去“超市”买东西

教师看到去“超市”买东西是幼儿非常热衷的一件事，跑来跑去的同时也不忘记手里的一大堆东西。于是，教师就可以直接去提醒他：你的东西太多了，再跑一会儿就要掉了，你是不是应该找一个袋子装一下呀？或者给他去“娃娃家”做客的建议。这样做，既可以处理他手里的东西，又可让他参与到更多的交往中。

三、根据幼儿角色游戏的年龄特点进行指导

角色游戏是幼儿在假想的情景中反映他们对周围现实生活的认识、感

受和体验。不同年龄的幼儿因其身心发展具有不同的年龄特征，他们在对现实生活认识的范围、深度上就不一样，感受和体验的深刻性也不同，再加上儿童在注意力、想象力和思维能力等方面也存在年龄差异，这就使幼儿在角色游戏中表现出不同年龄各不相同、同一年龄则相对稳定的年龄特点。在教育工作中，把握幼儿在角色游戏中的年龄特点，进行有针对性的指导，是帮助幼儿提高游戏水平、发挥游戏教育作用的基础。

角色游戏的各年龄段指导特点及指导要点

年龄段	角色游戏的特点	角色游戏的指导任务	角色游戏的指导要点
小班	第一，小班幼儿的角色游戏直接依赖主题形象玩具。 第二，他们的角色游戏以重复的游戏动作，即对玩具的不断摆弄为主。 第三，小班角色游戏的主题和角色均带有不稳定的特点。 第四，小班角色游戏以个人独立游戏、并列游戏为主，他们还不会彼此交往。	指导幼儿学习扮演最熟悉的角色，知道自己扮演角色的名称，模仿他们最有特征的动作，产生简单的角色语言和行为，逐步发展他们与同伴交往的能力，并培养他们爱护玩具的良好习惯。	第一，创设主题游戏环境，提供主题形象玩具，激发幼儿玩角色游戏的兴趣，引起幼儿对玩具操作的积极性。 第二，教师以角色身份，作为幼儿游戏的伙伴和游戏的发起者与指导者介入幼儿游戏。教师可扮演与幼儿平等的游戏角色，以自己的游戏动作和角色语言为幼儿示范，启发引导幼儿的游戏动作。 第三，应利用再现式评议和教师讲述评议的方式促进幼儿游戏动作的交流，再次提供幼儿对角色扮演的互相模仿机会，从而促进幼儿游戏水平的提高。
中班	第一，游戏主题较小班扩展，仍以日常生活为主，能反映社会生活中的广泛内容，但情节仍较简单。 第二，幼儿对角色扮演积极性提高，并能初步按所理解的角色职责去行动。 第三，出现游戏前商讨计划、分配角色、制定游戏任务的要求。游戏中，幼儿的交往增多，交往能力提高。 第四，幼儿喜欢对游戏进行评议，评议中争论较多。	帮助幼儿加深对角色的理解，提高幼儿扮演角色的能力。培养幼儿的组织游戏、交往、初步合作等能力，鼓励幼儿为游戏选择替代玩具和自制玩具，指导幼儿对游戏进行简单评议。	第一，教师应创设局部的主题游戏环境，提供主题形象玩具与素材玩具，增强幼儿的独立性和创造性。 第二，有计划地指导角色游戏开始时的组织游戏过程，使幼儿学习组织游戏的方法，培养他们先构思后行动的能力。 第三，教师可以合作参与者的身份介入角色游戏，提高幼儿角色扮演水平和合作交往水平，从而丰富角色游戏的内容。教师继续以扮演同一性角色去帮助幼儿区别不同角色的行为、角色语言和表情，以新的符合角色职责的动作和语言，给幼儿角色扮演以新的启示。 第四，评议活动应以专题讨论、现场评论为主，以提高幼儿的分析和表达能力，加强幼儿游戏的目的性。专题讨论的重点应该是在游戏中发生的困难和冲突，以及与主题有关的生活经验。

年龄段	角色游戏的特点	角色游戏的指导任务	角色游戏的指导要点
大班	第一，游戏的主题广泛、丰富，能反映幼儿所能理解的社会生活中的各种事物与现象。 第二，游戏有明显的目的、计划，有独立性与集体性。 第三，角色扮演逼真，能反映角色的主要职责及角色之间的关系。 第四，对游戏规则有足够的认识。要求与同伴进行有目的的广泛而友好的交往，能独立解决游戏中的问题。 第五，会自制玩具，充分运用玩具来开展游戏。 第六，会评价自己与别人的游戏行为，对评议游戏表现积极。	通过玩扩大、完整的游戏主题和逼真扮演角色，使幼儿获得对角色的认知。培养幼儿角色游戏的能力，以促进幼儿独立性和想象能力、创造能力的发展。重视角色游戏中的语言运用，培养幼儿的听、说能力。	第一，指导幼儿自己创设主题角色游戏的环境，构建玩具和物品。 第二，教师可以口头提问，建议与扮演角色相结合的方式介入游戏，对幼儿游戏进行指导。对幼儿游戏技巧的指导主要是在游戏过程中以个别提示、建议或角色间的交往的方式进行。对游戏情节与内容的参谋，应从丰富幼儿生活经验和提供新的玩具材料等入手。 第三，评议游戏在大班指导中占重要地位，它是教师对幼儿言行的评价，也是幼儿对自己、对同伴言行的评价。评议游戏的内容时，不应以游戏过程中的具体表现为主，而应突出游戏行为的意义，对良好言行给予强化。评议方式以共同讨论为主，它可以是全体的，也可以是小组的。这一时期的幼儿对教师评讲是非常重视的。

四、教师把握介入幼儿游戏的时机，促进游戏深入开展

角色游戏是幼儿期的一种典型的游戏类型，也是幼儿最喜欢并能最大限度地满足心理需要的一种综合性强的游戏方式。要真正实现角色游戏的教育功能，教师的指导是必要的且是重要的。适时的指导不仅可以丰富幼儿游戏的主题，增加游戏情节，促进角色交往，更能发展幼儿的主动性和创造性，提高幼儿组织活动的能力，促进幼儿健康、和谐、富有个性地发展。

1. 当幼儿遇到困难、挫折，即将放弃游戏意愿时

有的幼儿刚参与一个新游戏时，兴趣十足，但很快兴趣就减弱了。细究原因，不外乎两点：一是游戏玩法单调重复，幼儿觉得没意思；二是幼儿遇到困难或不知道该怎么游戏了，游戏难以深入。出现这种情况时，教师应该及时介入指导，激发鼓励幼儿进一步游戏的兴趣。

2. 当游戏中出现消极的内容时

幼儿在角色游戏中，可以自由表达对生活和世界的认识、体验和感受。因此，有时也会出现一些不健康或不适合幼儿的内容，如打麻将、赌博、烧香拜佛等。对此，教师应及时发现并进行适当引导。

3. 当游戏出现不安全的因素时

年幼的孩子在游戏情境中，往往会把假象和现实混淆。因此，当游戏出现不安全的因素时，教师必须在第一时间介入指导。幼儿如果使用危险物品进行游戏，或者在游戏时出现危险动作，都有可能受到伤害。教师应在第一时间发现并制止，确保幼儿的生命健康。

4. 当幼儿主动寻求帮助时

活动室是一个无限的空间，而幼儿游戏中的想象是无限的。当幼儿向教师寻求帮助时，教师不需要做太多的事，只要简单的几句话，就可以协助幼儿解决问题，将游戏进行下去。

5. 当游戏中出现不利于游戏开展的过激行为时

当幼儿扔玩具、破坏别人的游戏时，教师必须制止并问明缘由。

当然，除此之外，幼儿在游戏中还会出现各种各样的状况，如伙伴意见不一致、幼儿不按要求活动等状况。为此，必须完善并确立游戏的观察要点和介入时机。

五、引导幼儿评价游戏，促进幼儿自我成长

（一）评价的内容

评价的具体内容一般表现在幼儿的创造性和幼儿在遇到困难的时候用什么办法去解决的。例如，在游戏中你遇到了什么困难？是如何解决的？你的困难是什么？是否需要大家帮忙出主意？你还需要什么才能使下次玩得更开心？怎么做？这样一来，幼儿既能和他其他小朋友共同享有处理问题的经验，也可以通过研讨商量去把问题解决，这样做还能为下一次的游戏深化主题做好铺垫。但是，评价的内容应该随着游戏的内容和情况灵活地进行调整。

（二）评价的时机和形式

从评价的时机来看，教师可以在幼儿游戏当中作出评价，也可在游戏

即将结束时作出评价。从评价的形式来看，可以是小组评价、集中评价，也可以是个别评价。从评价的主体来看，教师可以是评价的主体，幼儿也可以进行自我评价。但评价的时机和形式也要根据游戏的具体内容和具体需要做灵活的调整。例如，大班的幼儿思维和语言已发展到一定的水平，所以，教师要尽量为幼儿创建一种自由、宽松、支持、平等的评价环境，以便鼓励幼儿能够进行自我评价，且主要用幼儿来评价，也可通过商量和研究达成一致的见解。

从心理学角度上来说，合理的评价是对自身行为的一种总结和反思。评价是一种自我意识的增长，是幼儿自我能动性的表现，更能表现出幼儿对周围事物的态度和认识，可以引导幼儿进行自我评价，能够促进幼儿的自我成长。然而，在游戏中，幼儿往往玩好了就结束了。游戏仅仅存在于感性的过程，而无法上升到理性的认识，也就无法实现幼儿在游戏中的自我成长的作用。因此，教师必须引导幼儿实现游戏中的自我评价。

角色游戏评价

分析原因	对策	教师作用
1. 影响游戏情节继续的：空间材料(洗澡用花洒瓶子易坏，理发店无布、造型，没人烧饭)；经验缺乏(小班牙齿坏了，拔牙不适宜全班分享)。 2. 幼儿集中一处：可能是新内容，在幼儿发展区，玩具吸引人。 3. 幼儿间无交往：主题太多，材料太多。	1. 分享中进行问题讨论。 2. 丰富经验：积累生活中与主题相关的语言、行为。 3. 调整空间与材料。	引导、组织、支持，整理提升经验。
评价时间	小班：5—8钟；中大班5—15分钟。	
评价内容	主要三大类：快乐（情绪情感体验）；创造(新发现、新玩法)；问题(在游戏中出现哪些问题)。	
评价方法	1. 再现式：在局部游戏情景(照片或实物道具)，幼儿借助医院照片等回忆游戏情节，用角色语言或动作来表现，展现游戏中的快乐体验。	

分析原因	对策	教师作用
评价方法	2. 及时干预式：在游戏的过程中，直接用语言引导幼儿的游戏，将幼儿已有的经验运用到游戏情节中。 3. 讨论式：如何分工使游戏继续？在游戏结束后，可采取提问题的方式，让幼儿讨论，在医院看过哪些病，医院医生是怎么询问我们病情的，病人生病除了打针，医生还给病人做什么？ 4. 肯定式：及时地、灵活地捕捉游戏中良好的点点滴滴，让它在评价中得到升华。游戏时发现到幼儿的闪光点后，应及时地将这些闪光点在游戏讲评时发扬光大，给予肯定。 5. 总结式：游戏完成后，引导幼儿进行评价，谁玩得好，让幼儿说说自己在游戏中遇到了哪些困难，是怎么克服的，游戏中谁最会动脑筋，谁最遵守规则等。这样做，能使幼儿进一步明确游戏中的规则意识，促使他们自我提高，以获得更高的游戏质量。	
评价中的互动策略	1. 接受幼儿回忆经验的方式(摆弄、说、画)，给幼儿安排适合的回忆方式与材料。 2. 将个别或一组幼儿的经验通过操作展示扩展为公众经验，让观者明白，既体验满足与自豪，又提高其他幼儿的参与兴趣。	

（三）角色游戏评价的作用

1. 不同的游戏评价方法，给幼儿更大的游戏空间，让幼儿的游戏更加快乐。

在不同的评价方法中，教师的身份是不同的，其产生的效果也是各不相同的。

游戏初，教师以角色的身份参与游戏，用自己角色身份评价游戏，而到了游戏后的讲评时，老师运用开门见山型的评价方式，引起大家的关注。在满足孩子对变化所产生的效果后，再提出问题引发孩子们的讨论。此时，老师是旁观者，把空间留给了孩子，让孩子通过自己的讨论去发现。

不同的评价方法，帮助教师以合适的身份评价游戏，有更多的时间和耐心去关注幼儿的游戏，倾听幼儿的需求，这样就让幼儿获得了更多的自主空间。在这样的空间中，幼儿可以更多地满足自己游戏的需要，玩得更快乐。

2. 不同的游戏评价的方法，帮助幼儿成为游戏评价的主体，让幼儿的游戏更快乐。

随着幼儿年龄的增长，他们逐渐变得有主见，是非观念也逐渐明确和增强，很乐意对自己、对他人的言行做出评价。此时，让幼儿来评价游戏，能够充分调动其主观能动性。[1]

游戏中，教师活动用录像记录下来。在评价时，运用“情景再现法”让幼儿自己发现一些不好的行为，结合自己的生活经验做出判断。这样的提问引领了幼儿的关注点，让他们围绕一个话题进行讨论，同时总结出了经验，在这样的评价方法中，让幼儿来看——游戏的过程，为幼儿的判断提供了基础；让幼儿来说——表述自己的看法，引发幼儿认知上的冲突，并经过围绕同一话题的讨论达成共识，获得经验的积累。此时，他们俨然成为游戏的主体，幼儿会主动地思考——想想我还可以怎样做，在满足角色行为的前提下会思考更多的内容。也就是在这样的思考中，幼儿快乐地游戏着，在这样的思考中前进。

3. 不同的游戏评价方法推动游戏发展的进程 ，让幼儿的游戏更快乐。

驱使幼儿参与角色游戏的根本动因是游戏的内在价值，而非外在价值。游戏的外在价值是成人（包括教师）由于教育需要而赋予的，它必须与游戏的内在价值相一致。改变游戏评价的方式，让内在价值和外在价值相统一。只有这样，才能让游戏成为幼儿的游戏。[2]

当教师改变了游戏的评价方法，让幼儿投入到评价中来时，他们已经成为了游戏主人。此时，角色游戏是幼儿最喜欢的游戏，幼儿也就是在这样的快乐游戏中前进着，同时推动着游戏发展的进程。

总之，角色游戏是幼儿期的一种典型的游戏类型，也是幼儿最喜欢、最能满足幼儿心理需要的一种综合性的游戏方式，它也最能促进幼儿综合素质的发展。要真正实现角色游戏的教育功能，体现其教育价值，教师的指导是必要且重要的。及时、适当、高效的组织和指导，不仅可以丰富幼儿游戏内容，增加游戏情节，扩充游戏主题，促进角色交往，提高组织能力，还能发展幼儿的主动性和创造性，促进幼儿健康、和谐、多元且富有个性

[1] 孙民从 . 浅析幼儿角色游戏的年龄特点 .［J］学前教育研究，1998.04.

[2] 周建平 . 游戏教学观论要 .［J］教育理论与实践，2002.05.

地发展。

第三节　提升教师在角色游戏中的观察与指导能力

幼儿园游戏是幼儿园教育的重要组成和基本形式。因此，除了为幼儿创设良好的游戏环境以外，教师在游戏过程中的引导作用对幼儿发展的影响也是深远的。但教师如何贯彻、实施《纲要》的教育理念与精神，让幼儿在角色游戏中生动、有趣、健康地发展，关键在于教师能否对幼儿实施高素质的教育，教师是否具备先进的教育理念、学科与教育的专业知识、实践智慧、合作和反思能力、人文素养、批判理性等多种职业素养。我们只有针对教育实践过程中遇到的具体问题，采用多种形式的研究手段进行探讨，寻求解决问题的方法，才能推动角色游戏的改进，使教师更好地在角色游戏中进行观察与指导，逐步推进幼儿教师专业化的发展，促使角色游戏活动立体化。

一、对教师游戏指导能力的评析

通过实践活动的观摩，发现教师在指导游戏的过程中存在着这样一些问题：

1. 目的性不强，手段单一

与集体教学活动不同的是，角色游戏中有太多的不确定因素，使得教师难以应对，缺乏现场观察、指导的经验。对游戏的指导缺乏整体的把握，不明确我要观察什么，而是看到什么就指导什么，还停留在随意性的观察水平上。

2. 教师理论支撑不足

教师能捕捉到角色游戏中的一些现象，但不知从哪些方面去分析，缺乏解读、分析幼儿行为的方法与思路。不能较好地理解游戏的意义和价值，不能看懂幼儿的游戏行为，对游戏的内涵缺乏理解，对游戏的价值不会挖掘，导致对游戏的组织与指导无法有效地促进幼儿的发展。

3. 缺乏有效互动的方法与策略

观察更需要“思考”。在角色游戏中，教师很少对所看到的现象进行“为什么”的思考，从而不能对幼儿已有的经验进行评价，确定幼儿所需要的帮助，计划自己下一步应该“怎么办”。而如果有会观察的教师在旁指导，幼儿会发展得更好。但我们面临的问题是现在的很多教师“不会看”，不知道如何给幼儿提供支持。

因此，要解决教师的困惑，就要从这些原因入手，让教师在观察与指导幼儿角色游戏时能做到有思路、有方法、有策略。

二、多渠道提升教师指导能力

（一）以理论学习为载体，帮助教师解读游戏观察的内涵与意义

教师在游戏中如何观察、观察什么，反映了教师的基本技能。会观察的教师能够在游戏中看到幼儿的游戏行为与发展的关系，能够从幼儿发展的角度对幼儿的游戏行为进行思考，并及时将观察的现象进行记录与分析。因此，在研究过程中，我们首先选择理论学习，通过收集资料、查找信息、交流探讨，以先进的理论来引领教师的发展。经过多次的实践活动及研讨，我们不断探讨办法，在实践中确立了观察的步骤：第一，观察什么？第二，什么时候观察？第三，采用何种观察方法？第四，如何处理观察资料？观察为教师反思提供了生动而真实的第一手资料，是成功反思的基础。通过对游戏观察要点的把握，教师观察的目的性加强了，观察的效果体现了。教师只有了解幼儿现有的发展状况、发展的个别差异，只有通过细心观察幼儿的游戏行为来作出推断，才能真实地认识幼儿。

（二）丰富角色游戏研究的形式与内容，帮助教师提高指导角色游戏的能力

1. 途径一：关注共性问题及理念提升的“参与式培训”

所谓参与式培训，与以往的讲座式培训并不完全一样。虽然它也是邀请专家、名师来作相应主题的讲座，但它特别强调在真实的问题情境下组织培训活动，鼓励教师在这个过程中思考问题、提出问题、分析问题、解决问题。

参与式培训的特色在于“两问”。一问在培训前，根据讲座的主题对不同专业水平的教师给出“第一问”，让教师带着问题去听讲座，从而在听讲的过程中围绕问题展开思考。二问在培训后，教师通过对“第一问”的思索，消化培训内容，在此基础上进而提出新问题。因此，对参与“参与

式培训”的教师来讲，前一问是“我被提问”，后一问是“我来提问”。

问题——如何开展角色游戏

教师在参与式培训中解决了一些问题，并通过深入思考进一步提出新的问题，这正是一种通过学习、思考来获得进步的表现。

虽然被称之为“参与式”培训，但教师在此过程中的参与度并不如其字面表达那么浅显。教师的思考是贯穿始终的，他们要带着问题边听边思考，攻克下“第一问”。然后，结合对“第一问”的认识，在此基础上提出源自自身的问题，使自己对“第一问”、对讲座内容的认识不断深化，使自己以后在直面相类似问题时能够从容应对。

2. 途径二：关注专项问题的“级组沙龙”

专项问题的“级组沙龙”就是各教研组以“从问题出发”为基点，针对某一主题组织相关的教育教学研究与教师培训工作、探索教师专业化与学前“二期课改”背景下教育教学研究有效结合的途径与方法而开展的研讨活动，旨在理论联系实际，逐步形成教师自主选择、自主反思、自主建构、可持续发展的能力。

问题——如何让被动型的幼儿成为游戏的主角

“专题式研讨”过程

针对这一议题，教师们首先对这种现象的原因进行了分析，得出了3种可能：第一，可能是这部分幼儿的性格内向，由于不太在人前大胆表达想法，非常容易被同伴忽略；第二，可能是这部分幼儿的能力较弱，这样就会经常处于从属的地位；第三，可能是幼儿园的评价失度导致的。

在摸清源头之后，教师们就如何应对又展开了激烈的讨论，总结了一些相应的策略。首先，要加强对“被动型”幼儿的个性培养，引导幼儿逐渐克服性格上的缺陷，提高幼儿的人际交往能力。其次，要营造一种“关怀型”的游戏活动环境，使其体会到关怀，融入环境当中去。

成效与反思

通过专题式研讨，教师们学会了思辨的方法——找问题先找根源。虽然切入点在“如何让被动型的幼儿成为游戏的主角”，但为何会出现“被动型的幼儿”呢？教师们能更细致地从根源上进行探讨，大大增加了研讨的有效性。从案例中可以看出来，教师们提出了3种可能的原因。而在此基础上,再回过头去分析“如何让被动型的幼儿成为游戏的主角”这一问题，并对应提出相关的策略，最终得出的总结就更具有针对性了。

3.途径三：关注实践问题的“现场教研”

教研活动内容丰富多彩，形式也更趋多样化。“问题导引”下的教研活动较多地关注教师如何进行有效的教学实践，注重教师实践操作能力的提高，更加关注幼儿如何学，教师如何在整合课程资源的同时引导幼儿主动去实践，在形式上也打破了过去的固定模式。

现场教研正是为了达到上述目的，即参与实际教学观摩，通过学习与反思，掌握课程实施的一些方法、途径，从而最终提高自身实践操作能力。

问题——如何推进主题背景下的角色游戏

“实践式教研”过程

为了解决“如何推进主题背景下的角色游戏”这一关键问题，请骨干教师进行了游戏活动展示活动。通过现场观摩，教师们进行了认真的思考，并分享了各自的想法。

进行展示的骨干教师首先介绍自己在游戏中的“巧思”，进行经验上的辐射。而进行观摩的其他教师一方面学习执教教师的方法，一方面指出其欠缺的地方。众教师随后再围绕这些骨干教师都尚未解决的“欠缺”之处展开热烈讨论，通过讨论找出弥补的方法，使该活动的有效教学方法更加丰富。

思考

实践式教研并不是听评课那么简单。听课是一个单向的接收动作，评课是一个单向的反馈动作；而提出的“实践式教研”则是在结合听课与评课的基础之上，还要融入教师自身的思考，与其他教师进行互动的过程。

从案例中可以看出，对于展示活动的教师来说，他既是自身经验的辐射，同时也接受了同行的意见，对课程实施方面的不足有了新的认识；对观摩活动的教师来说，他不但习得了良好的他人经验，同时还站在他人的肩膀上进一步思考该活动中的欠缺之处，促进其反思。随着教师间的互动，众多观点的碰撞与融合，最终形成了研讨与反思后的总结，这对教师们完善课程实施方法、策略等有着重要的意义。

教师必须通过具体的事例来不断发现、思考、探索、解决教育中的困惑和问题。如何寻找合理的反思途径，并以正确的理念来审视自己的行为，是教师面临的最大挑战。在“问题导引式”的研究模式下，教师可以从一个点进行反思，这样反思的价值会更高。

4. 途径四：关注兴趣与特长的“名师工作坊”

积极挖掘园内资源，利用园内名教师成立“名师工作坊”，形成一种全新的分层互动式教研模式。这种“名师工作坊”打破以年级组为单位的教研形式，而是以园内名师及骨干教师的自身特长开设工作坊。而教师们则根据自己的喜好及特长，申报参与不同的工作坊研讨活动，以一种开放自愿的形式让教师进行共同研究与多元实践，关注特色课程创建及薄弱环节的提升，进一步解决课程实施中遇到的难点，从而提高教师在角色游戏中的教研实践能力。

5. 途径五：关注青年教师问题的“师徒有约”

青年教师的成长与打造始终是应该放在首位的一个问题，利用青年教师存在的普遍问题，把有这些需求的青年教师组成徒弟团。而把成熟教师、骨干教师聚集在一起，成为师傅团。定期开展一些答疑解惑的“师徒有约”活动。这种师徒有约，有别于青年教师以往由幼儿园帮助教师们建立的一对一带教的模式，而是集大家的问题，又集大家的智慧，组成了不同的团队，在团队与团队的提问与解析中，新教师能收获到来自不同层面师傅的多种解决方法，成熟教师则能从他人的教育方法中提升自己的教育经验，对新老教师的教研水平都能有所促进与提高。

案例：

问题——如何让青年教师制定有效的角色游戏目标

“师徒有约”活动并不是单纯的答疑解惑的活动，而是根据青年教师实际教学中产生的比较共性的问题，由师傅团由浅入深地帮青年教师发现问题、寻找问题、剖析原因，最终再寻找到解决的方法。在来来回回的互动与提问的过程中，不但能提升青年教师的实际教育技能，同时也是对成熟教师和骨干教师的一次再思考与挑战的过程。通过活动，引导教师明确，在游戏活动设计中不仅要准确制订目标，还要特别关注目标的具体落实这一问题。教学目标应该在内容展开过程中落实和完成，以实现目标、内容、形式的一致性，体现目标的达成度，切实提升教师的目标确定的能力。

三、分层培训，为不同阶段的教师明确指导方向

分层教研内容关注教师的问题与需求，形成“聚焦问题，有效互动”的局面。同时，又在教研形式上不断拓展，关注“训”的积极作用的发挥。换句话说，就是把教师实际需要解决的问题作为实训内容，牢牢把握住教师的发展需求作为实训的契机，保障了教师的发展，发挥了教师的潜能，也使教师的专业能力和研讨能力稳步提升。

问题导引下的教师分层指导活动，对教师而言，可以将他们最希望解决的问题有针对性地加以解决。通过各类研训途径，让他们带着问题思考，并加以实践和研讨，深化自己对问题的理解。在这一过程中，他们不断学习、不断思考，有效地促进了专业能力的发展。再通过互相的交流与观摩，传递自己的经验与研究结果，让其他教师能有效运用，大大提高了教研的有效性，保证了教研活动的有效开展。

四、观察记录方法，提高教师游戏指导和撰写案例的能力

（一）观察记录调整前后对比表

阶段	记录方式	关注重点	措施	优缺点
调整前	提炼重点，简单记录	游戏内容观察	以教研组为单位，进行角色游戏内容的预设。各班根据班级实际情况，调整选择班级角色游戏创设内容一个主题之后，组内研讨提出改进意见，作为下一轮教师的预设建议；班级层面确定班级角色游戏内容、重点创设及指导要点，一周一次做好重点指导过程记录。	观察无重点；评价分析不到位。
调整后	真实情景，切实可行	关注幼儿个体发展	基于以上的分析，幼儿园聆听部分教师的意见、想法，学习优秀经验，经过研讨，重新调整区域活动观察记录表，从表格的设计上力争简便有实效。	关注背景；关注重点；图文并茂；幼儿发展评价。

（二）观察记录表质效跟进

经过研磨调整，在记录时如何记录更有效、发展评价怎么写才更有意义等问题依然存在。为此，通过分组及园本研训活动，逐步改进教师的区域游戏观察行为，提高教师的观察能力。

1. 困惑问题，及时解决

首先，通过各种渠道吸纳关于游戏观察的信息，提升自身的教育管理理念，并带领教研组长参与到整个角色游戏观察革新行动之中，以点带面地启动全园的区域游戏观察实践。教师遇到问题时，在第一时间做出反馈：为教师购买理论书籍《幼儿园游戏指导实务》；推荐优秀观察案例；每月常规检查反馈中，重点针对《区域观察记录表》提出改进意见；每学期开展游戏案例专题研讨等。多形式、多途径地让每一位教师开展游戏观察实践，在问题中改进。

2. 经验智慧，集体分享

每学期的教研组成果展示是一个智慧分享的良好平台，更是各教研组展示常态研训活动的机会。这项常规活动也助推了幼儿园区域游戏教师观察实践活动的行进。例如，年级组以"观察解读改变"为题，进行角色游戏指导策略的研讨展示。小切口、符合实际的选题，原生态案例记录的交流，让全体教师共享了本学期幼儿园新尝试的角色游戏观察记录的案例。同一内容，不同教师体现了不同的观察角度、指导策略。在组长带有研究性的指导策略梳理介绍中，体悟到了游戏观察的时机、介入的效果等方面的重要性。

五、通过总结反思，帮助教师学会分析、学会解读

教师要从学会解读幼儿的游戏需要入手，做幕后推动者。我们必须真正地、深入地、持续性地观察幼儿的游戏，倾听幼儿的对话，解析幼儿游戏中遇到的问题，并采取适宜的策略来推动游戏的开展。在实践中，我们做了以下尝试：

案例：

指导学习的教师学会解读幼儿的需要

游戏一开始，门口没有收银员，门口造成了拥堵；一些幼儿从梅花桩

上掉了下来，也没有重新开始；有的梅花桩还没排列好，距离太远，幼儿根本无法通过，场面较为混乱。

解读分析：

活动一开始，由于设置了3条通道，工作人员摆放需要一些时间，而工作人员只有两名，对于开始游戏群拥而至的幼儿远远不够，因而导致了门口的收银员不在岗位上。这时，教师发现情况后，就运用语言提示工作人员到位，并鼓励幼儿向客人解说规则。在此过程中，教师运用了建议性语言，虽然达到了目的，但并没有从游戏的本身来解决问题。[1] 例如，调整游戏规则，请小朋友在工作人员完成准备工作后再来；基于游戏比较热门，可适当增加工作人员；通过减少通道等方式来真正解决游戏拥堵的状况。幼儿在角色游戏中花样百出，层出不穷，而作为教师，就需要观察、分析幼儿的行为，才能更加有效地进行指导。

案例：

指导学习教师观察幼儿行为 善于发现和解决问题

工具商店种类繁多，物品琳琅满目，游戏一开始就吸引了众多的幼儿。在买卖物品的过程中，营业员和买东西的人基本上没有语言交流，没有询问价格，付完钱拿了物品就走的幼儿很多。

解读分析：

可能是物品太吸引幼儿了，也可能早已熟悉了价格，因此，拿了玩具付了钱就走的幼儿很多，和营业员交流、选购和询问价格的幼儿很少。教师发现了这一情况后，也试图和幼儿一起进行运算，并提醒幼儿要看清价格，并且付给营业员相应的价格。虽然教师在幼儿游戏过程中进行了干预，但显而易见，这样的情况可能已经存在一段时间了。因此，要在游戏开始时就采取相应的措施解决。例如，设立收银台，给幼儿一个运算和收银、找零的过程，便于幼儿进行运算，从而获得更多的实践机会。

教师的支持策略应是多元的、适时的。不管是教师以角色的身份直接

---

[1] 谈言的blog. 搭建支架 提升教师游戏观察能力 2014-12-19 ［EB/OL］.http：//blog.phedu.net/u/426/archives/2014/263684.html

影响幼儿，还是及时分享、回顾同伴间有价值的游戏经验，抑或是借助外援支持丰富幼儿经验，前提是教师必须学会解读幼儿的真实需要，诊断问题的核心，并跟踪关注问题解决的过程和效果，激发幼儿创造的火花，不断产生新的游戏情节及内容。

总之，角色游戏离不开教师的指导，教师采取适当的指导策略不仅能让幼儿获得强烈的游戏体验，在情感上得到极大的满足，还能增强幼儿的社会意识，提高语言表达、合作、创新、解决问题等多种能力。因此，教师应不断研究实践指导策略，充分发挥指导作用，不断增强指导效果。

第七章　幼儿表演游戏的设计与实施

表演游戏是一种创造性游戏，是幼儿按照童话、故事中的角色、情节、语言，进行创造性表演的游戏。[1] 表演游戏的内容来自于语言丰富优美的儿童文学作品，可以萌发幼儿的审美情趣，丰富幼儿的词汇，发展幼儿的口语表达能力。同时，它不同于故事表演，幼儿可以通过想象，围绕主题增减故事对话，改编故事情节，自主表演角色的活动，从而获得表演和游戏的快乐。

表演游戏是幼儿园游戏活动的一种重要游戏类型，表演的方式也是按幼儿自己对作品的理解来进行的。一般说来，幼儿园里的表演游戏可分为作品表演游戏和创作表演游戏两大类。作品表演游戏是我们平日里现成的教材，我们可利用这些教材让幼儿在表演游戏中共同思考并掌握作品的主题和情节，共同制作道具，共同布置情景，共同协商角色进行表演，充分体现了交流、合作的乐趣。而创作表演游戏是指没有现成作品，幼儿根据已有的经验和丰富的想象创作作品并加以表演的游戏。在表演游戏的过程中，幼儿既要有独立性，又要互相交流、协商合作、解决问题和冲突、勇敢大胆表现等。所以，表演游戏不但满足了幼儿的表演愿望，能学习一些优美的语言，体会一些积极的情感，明晓一些生活中的道理，而且潜移默化地养成了良好的品德和行为习惯，它为每个发展水平不同的幼儿提供了表现的机会和场所。

[1] 黄人颂 . 学前教育学［M］. 北京：人民教育出版社，1989：253.

第一节　如何进行幼儿表演游戏的设计

美丽的童话与动人的故事总是让幼儿充满着无限想象与幻想，在听过一个个童话与故事后，无论是小女孩还是小男孩，都会想象着自己就是白雪公主，自己就是那个白马王子。在自身的情感与感受达到高潮时，他们会自然不自然地自己表演起来，模仿着他们的动作，模仿着他们的表情。这就是幼儿游戏中的自身表演——表演游戏。幼儿表演游戏融想象、创造于一体，对幼儿创造能力的培养与发展起着不可低估的作用。幼儿的表演游戏要经历一个从一般性表现到生动性表现的发展过程。但是，幼儿自身并不能完成从一般性表现到生动性表现的提升，也不能完成从目的性角色行为到嬉戏性角色行为，再到更高水平的目的性角色行为的回归。如要幼儿从自身的表现水平上有一个很高的提升，这个提升过程就需要教师的悉心设计与指导。在这样的表演游戏中，教师如何进行幼儿表演游戏的设计对幼儿主体性的发挥起着重要作用。

一、确定有效的表演游戏的内容

选择内容是表演游戏中的一个重要环节，教材内容是否适合幼儿的年龄、心理特点，直接影响幼儿参与游戏的积极性。

1. 幼儿熟悉、喜爱是选择表演游戏内容的基本条件

凡是幼儿熟悉并喜欢的故事、童话、诗歌等儿童文学作品及幼儿周围生活中有趣味、有意义的人和事，都是幼儿表演的基本素材。同时，故事中的角色要个性鲜明，情节简单，拥有趣味，动作性强，对话多次重复，语言朗朗上口，要易于为幼儿掌握和表演，有集中的场景，易于布置。道具要简单，可以利用现成的桌椅、积木、胶粒拼图及实物等。

案例：

表演游戏“黑暗中的富兰克林”

表演游戏“黑暗中的富兰克林”脚本选择时，当时有17个绘本（或

故事)。然后,进行投票决定,每个幼儿要说出自己要表演的理由。最后,《黑暗中的富兰克林》以一票的微弱优势战胜了“劲敌”《蛇偷吃了我的蛋》。

教师在组织幼儿选择表演内容时，始终坚持尊重幼儿的意见，做幼儿活动的引导者、支持者，不做指挥者、决策者。

因此，只有选择幼儿喜爱的故事内容，才能充分调动幼儿参与的积极性；只有选择幼儿喜爱的故事角色，才能吸引幼儿，让幼儿有可能富有创造性地表演故事中的情节，抒发自己的情感，给幼儿积极、愉快的体验。

2. 故事内涵丰富，有助于幼儿形成良好的个性品质，是选择表演游戏内容的重要依据

在表演“三只小猪”中，幼儿可模仿作品每一角色的语言和动作，表现他们的性格特征。例如，扮演大猪、二猪的幼儿表现出贪图省事、懒惰的个性品质；扮演小猪的幼儿则体验到其积极、勇敢的品质；扮演大灰狼的幼儿则可尽力表现其狡猾、贪婪的特性。通过这个故事，幼儿体验到角色不同的性格特征，从而初步树立自己的是非观及良好的个性品质。

3. 故事情节具有足够的灵活性，有让幼儿进行创造的空间，有助于发展幼儿的想象力，是选择表演游戏内容的必要条件

表演游戏中有许多创造性的成分，给予幼儿生成情节变化很大的空间，在剧情采集中尽量放手给他们一个充分自由发挥的空间，使每个幼儿都能根据自己的理解、喜好、特长、原有的程度来进行自由的想象、自由的表现和自由的创作。尤其是中大班采用师生共同仿编剧本的部分情节，或按照主题实施的轨迹共同创编剧本，实施效果更为明显。

案例：

东郭先生与狼[1]

《东郭先生与狼》中有一个片段，其故事结尾的仿编就流露出了幼儿们对生活不同的关注点和情绪，自然成为剧本生成的有趣线索：

欣欣的故事结尾：狼把东郭先生吃到了肚子里，结果被猎人救了出来。

[1] 夏静．幼儿园开展表演游戏的实践与探索［A］

猎人把石头装进了狼的肚子里，狼以后就再也吃不下任何东西了。

嘉惠的故事结尾：东郭先生爬上了一棵树并开始呼救，突然被天上的大雁听见了。它们成群结队地赶到，嘴里衔着一个竹竿，让东郭先生吊在竹竿上，带着他飞走了。狼在大树下只能低低地嚎叫着，无可奈何。这反映了幼儿们对互相帮助、聪明机智品质的喜爱。

贝贝的故事结尾：东郭先生爬上了树，狼也想爬上去，可就是不行。原来，狼不会爬树，只能在树下等。结果，等了几天，活活饿死了。而东郭先生靠着树上的野果子，却神奇地活了下来，回到了村子里。这是幼儿对狼这一动物习性的关注的表达。

幼儿们关注视角的不同，经验积累的侧重，都决定了幼儿们的剧情内容有“百花齐放”的可能。尤其是幼儿们有了丰富的故事养料和表演经验之后，会在故事迁移和情节重组中闪现不同的创作灵感。只有采集、采纳幼儿不同的剧情创编，才能激发幼儿更多的表演热情。

附：

各年龄段表演游戏故事推荐素材

年级组	表演游戏推荐素材(上学期)	表演游戏推荐素材(下学期)
小班	孩子自己不要妈妈抱，宝宝的家，铃儿响叮当，小兔乖乖，小猫本领大，勤劳的小蜜蜂，水果营养好，苹果和蜗牛，怪汽车，迪迪医生，晒大阳，三只小猪。	玩具要回家，三只熊，太阳找朋友，大树和小树，找朋友，大熊猫看戏，小雨点，小刺猬理发，小动物们进美容院，快乐小鸭，小动物们在洗澡，小鱼游。
中班	金色的房子，我们长大了，小松鼠扫落叶，找路，蔬菜王国奇遇记，小鸡和小鸭，小黑猪，猫，小花伞，和水宝宝做游戏，不怕冷的大衣。	玩具总动员，小羊和狼，马戏团里的演员，五只猴子来表演，春天的朋友在哪里，小动物们去春游，加油干，小演员，工具箱里的秘密，洗刷刷，小熊乘飞机，开火车，荷花池里的朋友们。
大班	阿凡提旅行记，小红帽，海的女儿，乌鸦喝水，食物的旅行，我不生气了，快乐小木偶，快乐种植园，长胡子的洋葱，白雪公主。	奇特的建筑，魔法奶奶的电话，微笑的花朵，快乐的小动物，小蝌蚪找妈妈，找朋友，狮子王，书包里的朋友，小木匠学本领，我们长大了。

选择好一个适合幼儿的文学作品，就要制作一个详细的实施计划，帮助幼儿熟悉、理解作品，并根据幼儿对作品内容的理解和游戏情况及时调整、修改计划，以便于游戏的顺利开展。

二、根据不同年龄阶段选择表演方式

表演游戏是幼儿根据自编或成品故事的内容和情节，引入剧场的概念和规则而展开的游戏活动。因此，依据不同年龄段的游戏特点及目标，选择不同的表演游戏方式来开展。

附：

各年龄段表演游戏目标

小班	中班	大班
1. 愿意听故事，对文学作品感兴趣。 2. 能随录音机学唱曲调简单、节奏明显的短歌，并能根据音乐自由想象去编创舞蹈动作。 3. 愿意模拟身边熟悉的人物角色(语言、动作、表情)。 4. 能使用简单的手偶进行有意、无意的小肌肉活动。 5. 愿意用造型、道具表现自我经验。	1. 能跟着录音复述简单的故事。 2. 能随音乐做模仿动作及简单的舞蹈动作，对音乐节奏、旋律有一定的感知能力。 3. 能自己组织表演，与同伴间有一定的合作精神。 4. 在对一些经典文学熟悉、理解的基础上，学习自编、自演故事，有一定的想象力、创造力。 5. 愿意参与布置环境、制作道具，有一定感受美、表现美的能力。	1. 愿意主动表现自己、展示自己，能自信地表演。 2. 学习用舞蹈的形式表现藏、蒙、维、汉4个民族的特点。 3. 能积极大胆地讲述故事内容，生动地表现人物特点，能以积极的态度进行故事内容和角色的讲述、分析与比较。 4. 愿意有礼貌地倾听、欣赏同班的讲述，能尊重他人，有规则意识。 5. 在表演游戏的过程中，有合作意识，能够与同伴协商、讨论，并进行分工合作。

1. 以自我欣赏为主的小班歌舞表演游戏

小班幼儿处于平行游戏阶段，以单独游戏为主。即使有交往，也是以工具性的交往为主。这种特点决定了他们的游戏缺乏合作和交往的基础。因此，小班表演游戏以自发的歌舞表演为主。

为小班幼儿提供各种各样的表演服装和乐器，并因地制宜地为他们创造表演的机会和条件。比如，提供大面的镜子，使他们在对着镜子唱唱跳跳的过程中获得自我欣赏的快乐和满足。这个阶段表现的歌舞内容大多来自幼儿的日常生活，或是跟随喜欢的音乐进行的即兴创造。

到了小班后期，随着交往的增加和语言能力的增强，幼儿已能表演简单和熟悉的故事。

2. 以表现故事为主的中班故事表演游戏

随着合作、表演、语言等能力的发展，幼儿不再满足于自娱自乐的歌舞表演，而是更加欣赏有人物合作、有情节变化、有冲突的故事性表演游戏。因此，中班幼儿开始以故事性表演为主要形式，相对于小班的形式而言，是真正意义上的表演游戏。

中班幼儿不仅能依据已有的文学故事进行表演，还会自己创编故事进行表演。这个阶段的表演游戏的核心是故事情节，幼儿在故事框架下遵循故事线索进行合作表演。具体的表现形式包括：自编角色语言进行表演；跟随旁白进行表演；跟随童话剧录音进行表演……

在中班后期，增加一些打击乐器的使用。幼儿可以选择担任乐器演奏的角色，并做好与舞台"演员"的配合。

3. 以体验戏剧经验为主的大班表演游戏

戏剧的基本要素有导演、演员、故事、观众和剧场。大班幼儿已经具备了合作游戏的能力，在游戏中表现出更加明显的目的性和组织性，而且还会自然产生"领袖"。因此，应将这些基本要素引入大班表演游戏之中，让幼儿体验与戏剧相关的多种角色的工作。比如，在游戏中设计了院长的角色，指挥剧务人员摆放道具、安排演出场次等；设计了导演的角色，专门负责演员的排练工作。

三、顺应幼儿发展情况，合理推进游戏进程

许多教师安排的表演游戏时间非常短，显得比较仓促，幼儿没有充足的时间对作品进行深入的理解和表现。教师要改变这一现状，要围绕剧本及幼儿现有的表演经验、水平进行精心设计，有效促进幼儿表演经验的整合与提升。教师既要为幼儿创设体验、创造的平台，又要敏锐地捕捉活动中产生的各种教育契机，及时调整教育目标和内容，增强幼儿表演的自主

性。在活动的过程中，根据幼儿发展的水平，将表演游戏大致分为3个阶段。

1. 第一活动阶段以角色理解和故事表现为主[1]

幼儿对表演剧本的理解并非简单的照搬和模仿，而是以他们原有的知识、经验为背景来理解剧本。教师只有引导幼儿利用已有的生活经验充分认识、理解角色，幼儿才能更好地运用语言、表情、动作表达自己对故事情节和角色的理解，为下一阶段的表演奠定基础。

案例：

谁的本领更大

离园时分，幼儿们在观看动画片《猫和老鼠》，不时地窃窃私语。

幼儿们正在争论。言论明显分为两派：一派认为，猫吃了老鼠；另一派则认为，猫没有吃掉老鼠。

教师：小猫的确有抓老鼠的大本领，但老鼠也并不是那么轻易就被抓住的。

经过随机的讨论，关注到幼儿们对猫和老鼠的关系有了自己的理解，于是我们表演里的情节细化到了由于小老鼠的机灵，小猫最终只抓住了一只老鼠。

在幼儿们喜闻乐见的动画角色和熟悉的动画剧情面前，我们看到他们越说越“起劲”，甚至完全能不用动画片的画面提示，就能自然地运用已有的生活经验和以往的动画欣赏经验，你一言我一语地互相理解、补充、丰富故事内容的情节和细节处理。这样热烈的场面，既是他们对熟悉的角色和情节的表达，也是对表演情节的进一步理解消化和模仿掌握过程。

2. 第二活动阶段以故事表演为主[2]

幼儿在前期角色理解和故事表现的基础上，根据自己的理解，能完整、连贯地进行故事表演。同时，经过不断尝试，表演得越来越生动、有趣。在第二阶段，教师要注意观察幼儿的游戏情况，敏锐地发现幼儿的兴趣和需要。教师要观察幼儿的表情、动作、语言，判断空间、材料是否适合幼

[1] 李莛．例谈幼儿园表演游戏的指导策略[J]．课程教育研究，2014 (9)．

[2] 李莛．例谈幼儿园表演游戏的指导策略[J]．课程教育研究，2014 (9)

儿的活动需要；要观察游戏中幼儿的协商、合作、道具使用等情况；要观察幼儿能否进行连贯、完整的表演等。教师根据幼儿表演过程中存在的问题，引导幼儿探讨解决的办法，并适时适度地提供帮助与支持。这一阶段除了进行集中游戏，还可以开展分组游戏、区域表演等。教师充分地与幼儿互动，并进行有针对性的指导，幼儿也会在活动中体验表演的快乐。

案例：

《金色的房子》中的小姑娘

《金色的房子》中的小姑娘是故事的主角，表演中“戏份儿”最多，语言对白也最多。教师心里想：一定有很多幼儿争着扮演，怎么分配好呢？而事实恰恰相反，最受欢迎的是故事里的小动物们，很多幼儿都抢着要演，而最大的“主角”却谁都不想演。眼看着活动进行不下去了，怎么办？

教师故做无奈状：“那谁都不肯演小姑娘，我也没办法。”幼儿们沉默了，你看看我、我看看你。终于，聪聪提议用猜拳的方式，谁输谁先演，大家轮流演一次。“那好吧，我们猜拳。”幼儿们勉勉强强地同意了，大家互相猜起了拳，“剪刀石头布”，一个一个认真地进行角逐。幼儿们的办法虽然是消极的淘汰制，但他们尝试着用自己的方式解决了表演中出现的问题。

在幼儿的世界里，人最大的分界线就是“好人”和“坏人”，也就是简单的“美”和“丑”。任何一个孩子都希望自己是好人、是美的，而不希望自己和“坏人”沾上边。这个时候，如果强迫幼儿，他们也不会委屈自己的。不妨随着幼儿的需要耐心等待，他们自然会发现故事中不同人物的情节与矛盾需求，自然会产生逐个角色的体验需求，每个不同的人物语言动作和情感起伏都能给予幼儿有趣的经历，量变积聚质变，既帮助幼儿有了多个角色尝试发挥的空间和心理满足，又丰富了幼儿们对不同角色的体验与表现力。

3. 第三活动阶段以游戏创作为主[1]

经历了前面两个阶段的表演，幼儿不仅对剧本有了深入的了解，而且能游刃有余地表演剧本的内容。因此，在第三活动阶段，教师要在游戏过

[1] 李茳．例谈幼儿园表演游戏的指导策略［J］．课程教育研究，2014（9）．

程中引导幼儿运用自己在各种活动中积累的经验，讨论、拓展作品情节，创编表演内容。教师可以引导幼儿在故事情节发展、结局或故事的延伸部分进行创编。刚开始，由于幼儿缺乏创编的经验和技能，往往会因为意见不统一而出现争论。教师可以引导幼儿用表格记录小组探讨的情节，如情节增加在故事的哪个部分，有哪些角色，需要准备什么道具，帮助幼儿统一想法，合作完成任务。

案例：

“快乐小木偶”音乐游戏

在大班“快乐小木偶”音乐游戏中，请幼儿根据曲子三段体变化想象小木偶之间的有趣表现。由于选择的乐曲旋律跳跃，节奏停顿，略有钟表感，速度徐缓，音乐形象活泼鲜明，非常利于幼儿富有节奏和力度的创编，所以，在设计的时候更加强调幼儿生活经验的迁移和艺术化表现。以下是一组小组合作表演时，幼儿在商量小木偶出场时的图谱片段：

小组表演的时候到了，轮到吉吉小组上台了，4个人非常尴尬。音乐开始了，一开始，大家扭扭捏捏不知道怎么开始，在教师的鼓励下才勉勉强强开始了。吉吉拉着琳琳的手跳起了他们练习的动作，小妮和可可则扭扭捏捏地躲到了一旁，很不好意思地做面对面招手的动作，很快又停了下来。“老师，他们跳得和我们不一样，他们不跳我画的。”吉吉气呼呼地向教师告状。教师了解后说：“我看出来了，吉吉、琳琳这两个小木偶在起床、刷牙、梳头发呢，可可、小妮这两个小木偶好朋友见面招招手真开心。咦，这些事情如果加起来不就是小木偶有趣的一天嘛。我觉得，你们可以连在一起跳哦，效果一定不错！”这时，幼儿们的气消了一大半：“那我们跳跳看。”大家又多云转晴，高兴地练习了起来。小木偶情景表演的内容更加丰满起来。

借助丰富的生活经验，赋予小木偶不一样的生命体征和表演情节，通过教师发现并赞赏每个幼儿的不同创作与想法加以表现。“一百种语言”的智慧，同样的音乐，不同的幼儿就会有不同的感受，并会按照自己的想象随着音乐进行创造性表现。同时，不同年龄幼儿发展的个体差异也会使幼儿的艺术表现产生差异。教师应接纳所有幼儿的创作方式，接纳所有幼儿的创作作品，鼓励幼儿大胆创新。

四、表演游戏中多通道渗透音乐元素

卡尔奥尔夫认为："完全没有音乐感觉的孩子是罕见的，几乎每个孩子都能理解和享受音乐。"所以，我们应注意随时让幼儿在各种环境下体验音乐、理解音乐，活跃他们的音乐思维，培养想象力和创造力。一个完美的故事表演必须有音乐的装点。音乐的选择不仅应充分考虑幼儿的喜好，也应该满足童话剧剧情的需要，恰到好处地烘托氛围、推进剧情。

案例：

小猫和大猫

在熟悉了《猫和老鼠》故事内容的基础上中，组织幼儿欣赏了剧本里的音乐，包括《找小猫》《躲猫猫》《一只小猫》《小猫和大猫》《小猫散步》等。结合小猫爬山、山顶游戏及滚、扭、走的游戏画面、捉迷藏等多幅动画，引导幼儿反复倾听熟悉各乐段，稳定律动的节拍，在音乐的轻响、节奏的快慢中匹配角色的情绪和情感。在欣赏《躲猫猫》这段音乐时，教师播放了幼儿玩游戏"捉迷藏"的视频。

"猫妈妈"惊讶地问："这些人在做什么呀？"

"霏霏小猫"热情地靠近猫妈妈，神气地说道："好多人都藏了起来，一个人在找，他们在玩捉迷藏呢！"

在猫妈妈的引导下，小猫们反复倾听，在熟悉音乐快慢变化的基础上，渐渐能自主地跟着音乐节奏，表现"躲猫猫"的情形。

《小猫和大猫》的背景音乐音色很浑厚，二段体变化处理很明显，但是每个乐段之间所留的间隙较短，而幼儿受发展水平的制约，不能很好地加以把握。因此，教师在组织幼儿表演时，可以根据幼儿的实际演出，分段重复或缩减乐句，协助幼儿开展表演。

在实践新教材、推进主题实践的过程中，应当尽量抓住幼儿表演游戏这些有意义的教育契机，全面把握幼儿主动学习的游戏过程，从而尊重幼儿的意愿和兴趣，按照他们的现有能力自主地开展表演游戏，在快乐游戏中主动学习、建构经验，为幼儿的长远发展奠定基础。

第二节 幼儿表演游戏的组织与实施

对幼儿来讲，所谓游戏，就是一种符合幼儿身心发展要求的快乐而自主的实践活动。游戏可以使幼儿自身的各种能力获得锻炼和发展，并掌握周边生活中最基本的知识。在幼儿园的教育中，教师应当充分理解幼儿对游戏的兴趣和愿望，给幼儿提供足够的游戏材料，让幼儿自由游戏，并且在有组织、有计划的教育、教学活动中多采用游戏的方式来进行，这样可取得教育幼儿的最佳效果。在表演游戏的过程中，幼儿能身临其境，加深对童话、故事的理解和记忆，更好地掌握作品的思想内容，发展语言，体会童话，受到教育，得到满足。

一、与“境”结合——凸显主体，快乐设境[1]

真实生动的游戏场景、丰富多样的道具材料，是表演游戏能否顺利开展的基础与前提，也是发挥幼儿主体性和创造性的良好契机。我们发现，过去开展表演游戏活动时，教师往往要花许多时间和精力进行各项准备，以保证表演游戏的顺利开展,但活动后的效果往往“差强人意”。究其原因，采取这种做法的教师往往是根据自己的主观愿望，来设计游戏并进行各种准备，忽视了幼儿的主体地位，抹杀了幼儿参与表演、参与游戏的积极性和创造性。那么，如何发挥幼儿的主动性，鼓励支持幼儿自己动手来创设表演游戏的环境呢?

(一)鼓励支持幼儿参与游戏材料的设计与准备

当幼儿共同认可了一个表演的素材后，就可以激发幼儿参与游戏的设计与准备的热情，引导幼儿根据表演作品的内容自主商议需要怎样的游戏情景与哪些表演道具，想想可能采用什么材料来做或什么物品来替代。让幼儿主动参与场景与道具的设计与准备，教师只做必要的提示和帮助，为幼儿提供必要的辅助材料。

---

[1] 罗青.幼儿园表演游戏中教师“三结合”支持策略的探讨[A]

案例：

表演游戏“黑猩猩的面包店”

在中班表演游戏“黑猩猩的面包店”中，在经过几次的故事分享之后，有个幼儿提问：“老师，我们表演需要什么道具？”教师反问幼儿们：“我们的故事中都有哪些角色？ 这些小动物都要用上什么道具？”接下来，教师和幼儿开始统计游戏所需要的道具，鼓励幼儿用图画的方式记录下来。在这个过程中，有的幼儿请爸爸妈妈来帮忙，有的幼儿自己动手做，有的幼儿去借——这是最让教师感到惊讶的。教师加入了幼儿的讨论，提出了问题：“你们向谁借呢？ 到哪里去借呢？”幼儿总是先从自己熟悉的环境入手，他们首先想到了到隔壁班去借。想出好办法后，幼儿就开始行动了。教师根据幼儿的意愿，对幼儿能力强弱进行搭配，分成了3组：第一组“借面包店的道具”——向隔壁班级借；第二组“借小动物的头饰”——向幼儿园保管室的老师借；第三组“借森林的道具”——去“角色体验馆”看看。

在筹备道具的整个过程中，每一个幼儿都主动积极，学会了大方、自信地表达自己的想法、意愿，学会了与同伴的合作，学会了如何与不同的群体交流，动手能力和责任意识迅速增强了。

我们尝试让幼儿根据表演的主题来确定需要哪些材料，思考可以利用什么物品进行替代，让幼儿参与到场景的设计与准备工作中来。幼儿能否主动与环境、材料产生相互作用，在很大程度上取决于他是否有自主选择和使用的权利和条件。

我们应该摆正游戏材料中师幼间的关系：以道具材料为媒体，以幼儿为主体，以教师为客体。幼儿的兴趣与需要、幼儿的主观能动性是促使幼儿大胆开展游戏的决定因素。因此，我们应当让幼儿做游戏材料的主人，根据故事表演中需要的情景、服装、道具，运用已有的知识经验进行大胆的创作。

（二）引导幼儿参与游戏场地选择

每个表演作品的内容都有不同的背景，有的是城市，有的是森林。如何选择一个合适的表演场所去布置游戏情境，也是一个十分有趣而又值得讨论的话题。在这样一个话题中，我们可以引导幼儿根据表演作品的内容去判断什么样的场地布置起来会更真实、更省力、玩得更开心，进一步激发幼儿参与游戏的欲望。幼儿园里有现成的游戏室，有户外天然的草地、木屋、小桥、大树，还有班级的活动室走廊和卧室等。我们以师生共同商议的形式，和幼儿一起根据游戏的需要来摆放场景、道具，组织幼儿在设置好的场地里走一走、看一看。慢慢地，幼儿知道了《三只小猪》适合放在户外草地上表演，《黑猩猩的面包店》适合放在公共游戏室表演，《彩虹色的花》适合放在班级走廊表演。有了这些活动的积累，幼儿俨然成为游戏情境创设的主人，乐在其中。

二、与“演”结合——趣味多样，快乐提升

表演游戏的“表演性”和幼儿的年龄特点决定了教师对幼儿的表演游戏进行指导的必要性。但是，如何把握好教师指导的尺度，既做到把表演游戏的主动权还给幼儿，让他们在整个表演游戏中充当“主角”，充分发挥幼儿的主体性，又能有效地推动幼儿在游戏中的发展呢？

（一）角色体验活动[1]

在游戏表演初期，幼儿对游戏的兴趣很高，但如果让其独自承担一个角色去扮演，大部分幼儿会略显紧张，不能很好地去表现角色的特点，感受游戏的乐趣。因此，在这一阶段，我们常和幼儿进行角色体验活动。

形式一：集体扮演一个角色

集体扮演一个角色是指全班幼儿共同扮演一个角色。这种表演形式可以很好地缓解或消除幼儿的紧张心理，幼儿可以学习他人的经验，弥补自己的不足，从而在宽松的环境中进行体验和表达，也较容易产生参与感，不觉得自己只是旁观者。在大班“小猪变形记”的游戏初期，幼儿总是表现不出大笑的样子，笑得很生硬。于是，教师就提供给他们许多视频资料，如动画片《喜羊羊开心闯龙年》等，其中有许多不同类型的笑的片段。幼儿根据自己从视频资料中获取的信息，集体模仿大象笑小猪的样子、声音。有了这样一个体验的活动，幼儿对角色的理解更加深入，他们的游戏兴趣自然就更高了。

形式二：结伴表演一小段情节

---

[1] 罗青．刍议幼儿园表演游戏的组织与开展[A]

幼儿可以根据自己想扮演的角色需要，自由去找自己的好朋友结伴（人数定为3—6人），一起讨论故事情节的发展，再把讨论的内容表演出来。例如，在表演游戏“春天在哪里”第一次游戏时，我们就使用了这种方法。请幼儿三五成群地自由结伴，在教师提供的故事主要情节的图片上，选择自己喜欢的一段情节，和好朋友一起协商表演，初步体验角色。当然，这种结伴方法最好是在中班下期和大班使用。

（二）木偶剧场活动

在进入表演的前期，幼儿会因为对话内容不生动或不熟悉，导致游戏中合作不顺畅。此时，我们会在班级固定设置一个木偶剧场，投放故事中各个角色的木偶若干、故事情节图片若干、故事视频资料一份，在晨间、区角活动、自由活动时间开放，让幼儿自由选择进入，选择喜欢的小木偶，结合故事情节图片或视频资料，进行木偶剧的表演，主要练习生动的对话内容。

（三）导演带演活动

游戏中期，幼儿有了前阶段的知识经验积累，可以进行分组表演了。这样的表演形式需要幼儿之间互相协调角色的分配、装扮及合作等，以保证故事情节自然有序地进行，对幼儿的个人表现能力和同伴间的合作能力都是一个挑战。这对于能力较弱的幼儿来说，会相对有些吃力。于是，在表演过程中常会出现因对话不生动不完整、角色出场接不上或动作表现不形象等问题而导致游戏中断。经过了几次的商讨后，“导演”的角色诞生了。

“导演”有时由教师担任，有时由能力较强的幼儿担任，主要职责是担当旁述人。这是引用戏剧教育活动中常用的策略，即让导演说故事，幼儿同时演故事，这样可以很好地解决角色的出场顺序、对话、表情、动作等方面出现的问题。

（四）快乐结对子活动

游戏开展到中后期，幼儿的角色表现力、合作协调性都有了一定的发展。此时，独立的分组表演形式得到了大家的喜爱。但在自由选择合作对象、协商表演角色时，仍会出现特别顽皮的、能力弱的幼儿“落单”。为了解决这个问题，“快乐结对子”的活动产生了。班级中先成立“快乐表演帮帮团”，鼓励幼儿主动报名参与。每次分组表演时，这些“帮帮团”成员必须去和能力弱等“落单”幼儿结对子，和他们共同表演一个角色，帮助他们练习表演的对话、动作等。这种互助的做法，让全班的幼儿都积极参与到游戏表演中，因为顽皮有能力的幼儿要做表率，对游戏规则严格遵守，而能力弱的幼儿在同伴的帮助下，能逐步克服胆怯心理，再加上可以模仿同伴表演，也对表演越来越有信心了。

三、与“创”结合——乐在其中，创意表演[1]

幼儿表演游戏的一般规律和年龄特点的研究表明：幼儿的表演游戏要经历从一般性表现到生动性表现的过程，同伴交往与嬉戏行为是幼儿理解、磨合、合作的基础，具有不容忽视的价值。事实上，到了游戏的中后期，随着幼儿嬉戏行为的产生，我们也看到了许多创造性的“火花”。如何让这些“火花”绽放，激发幼儿的创造热情，深入推进游戏的发展呢？

（一）丰富、改编剧本，激发幼儿的参与热情

目前，现成的适合幼儿表演的脚本少，基本是一些陈旧的故事，情节单一，角色对话平淡，大量的描述性语句或旁白，表演性不强，不利于幼儿想象力和创造力的发挥，无法激发幼儿参与表演的兴趣。因此，教师要结合本班幼儿的生活经验和发展水平来改编剧本，激发幼儿的表演热情。

1. 融入多元的表现手段，丰富剧本内容

幼儿表演时，不但关注剧本中的故事情节、角色对话，而且关注表演的氛围和方式。教师在改编剧本的过程中，可以适当地融入多元的表现手段，丰富剧本内容。例如，我们在剧本《小熊请客》中融合文学、音乐、舞蹈等戏剧元素，尤其是对话，均以说唱、歌曲的形式出现，歌词曲调朗朗上口。当然，教师也可以在一些表演脚本中融入押韵的童谣、朗朗上口的儿歌式对话等，让作品变得更加鲜活。

2. 选择本班幼儿喜欢的剧本并进行适当的改编，激发幼儿表演的愿望

好的剧本是开展表演游戏的基础，好的剧本能激发幼儿参与表演的积极性。因此，教师选择的剧本要线索清晰、情节完整，角色性格鲜明，富有戏剧冲突。许多优秀的图画书、动画片都可以改编为表演游戏的剧本，如《米奇妙妙屋》《喜羊羊与灰太狼》等。此外，教师还可对一些本班幼儿

---

[1] 罗青 . 幼儿园表演游戏中教师“三结合”支持策略的探讨［A］

喜爱的儿童文学作品进行改编。

（二）调整角色的数量、语气语调

游戏开展一段时间后，幼儿开始不满足于原来的、一成不变的故事情节，在许多不经意间都流露出创意的遐想。

1. 调整角色数量

案例：

表演游戏“小猪变形记”

大班表演游戏“小猪变形记”中的主角“小猪”只有一只，在表演中任务很多，往往会因为更换服装和道具而来不及衔接。在第三次游戏时，小淘气“涛涛”和“小宇”在装扮自己时互相打闹。“涛涛”顽皮地把美工区的黑色即时贴贴在“小宇”的装扮服上，还喃喃地说：“我偏不让你当小白猪，我就要让你当个小黑猪。”没想到两个幼儿之间的嬉戏，激发了大家的创意，幼儿讨论非常热烈。后来，经过商议，增加了故事角色，把小猪变成了小白猪、小花猪、小美猪、小飞猪、小黑猪等，游戏的角色变化又进一步激发了幼儿的表演热情，投入到新一轮的角色表现中。

2. 改变角色的语气语调

案例：

表演游戏“喜羊羊和小灰灰”

大班的表演游戏“喜羊羊和小灰灰”，游戏进行到后期，教师只是提示幼儿，变好的“灰太狼”说话不应该像原来那样粗野，并尝试和幼儿一起练习“灰太狼”由粗哑、凶狠的语气变成像儿子“小灰灰”那样有礼貌、轻柔的说话语气。这样的一个过程，让幼儿感到“十分有趣”，迅速地激起幼儿的“创造热情”。

四、与“眼”结合——关注问题，深入游戏

（一）教师要善于发现和掌握幼儿的兴趣点，了解幼儿的需要和经验

兴趣和需要是幼儿参与表演游戏的出发点，而幼儿的已有经验不但是

表演游戏顺利进行的保证，而且决定着表演游戏的发展方向。然而，幼儿的兴趣和需要是多方面的，他们的经验也存在着个体差异。

案例：

三只蝴蝶

在语言活动中，幼儿对故事《三只蝴蝶》很感兴趣，尤其喜欢小蝴蝶的花翅膀翩翩起舞的动作。于是,一个以幼儿自主探究的主题表演游戏“三只蝴蝶”开展了起来。

在“三只蝴蝶”表演游戏初次开展中，茜茜扮演的“红花”有与别人不一样的地方。表演中，她顺手拿起娃娃家花瓶里的一朵红花，围着自己带来的红、黄两条纱巾蹦蹦跳跳地上场了。由于茜茜对自己的打扮很满意，因此，她的表情生动、表演十分投入。

在茜茜表演之后，幼儿都开始考虑如何从服装道具上打扮自己，但带来的多是纱巾等现成的物品。妍攸拿出一个用红新疆帽加一大块红围巾制成的红蝴蝶头饰。俊颖带来了他和妈妈用摩托车夏天防晒坐垫剪成的白蝴蝶的翅膀。因此，美工区的展示架上，每天都有越来越多的小朋友围在前面讨论交流。

这个案例反映了中班幼儿对于表演游戏暂时只有头饰的经验，缺乏相关服装、道具的经验。茜茜的事例正好形象地引导其他幼儿发现了服装、道具的重要性，激发了其他幼儿进一步生动形象地打扮自己的愿望，可以将游戏活动推向深入。

通过案例，可以让我们通过观察幼儿的活动，倾听他们之间的对话，发现其关注点。也可以通过直观形象的服装、道具，进一步激发幼儿的游戏动机。教师还可以通过创设相应的情景，根据故事的情节，引导幼儿讨论该怎样布置游戏的场景,并一同准备布置。如用美丽的栅栏、悬空的雨滴、垂挂的柳条等，从三维空间上给予幼儿故事表演情境的感受，引起幼儿想在其中身临其境地生动表演的欲望。只有激发幼儿参与游戏的愿望和兴趣，提示幼儿在特定的游戏场景中进行大胆的表演，才能真正促进幼儿游戏的发展。

（二）关注游戏的问题，充分发挥讨论在表演游戏中的作用

表演游戏的每个阶段都客观存在着各种各样的问题，包括幼儿自己的经验与游戏经验存在差距问题、现有材料与游戏所需材料产生矛盾问题等。这当中，存在着许多很有价值的思路。但这些思路往往比较模糊，幼儿常常无法准确把握。这时，教师可以利用幼儿对新游戏的强烈愿望，用启发性的语言，引导幼儿展开讨论，帮助幼儿意识到为实现游戏愿望必须解决哪些具体问题。

案例：

白雪公主

兰润带来了《白雪公主》动画片，孩子们对其中的部分情节和角色非常感兴趣，并在表演区借助各种材料、自由分配角色、设计台词进行表演。

在最初的游戏中，幼儿特别喜欢表演“巫婆炮制毒苹果杀害白雪公主”这一段。博睿首次担任了巫婆角色，并当起了导演，和小伙伴一起设计情节，开始了第一次游戏。他从图书角拿来了书籍当作巫婆的魔法书，从美术角拿来颜料瓶当作魔法药水，用皮球当苹果，念起咒语，将老巫婆这个角色表演得惟妙惟肖。看到巫婆的角色表演起来非常有趣，大家都争着要扮演巫婆。没办法，大家协商轮流扮演。在一次次的游戏中，情节日渐丰富起来。

白雪公主是幼儿最喜欢的角色，却没人扮演。经过交流，教师了解到原来大家觉得这个角色表演难度大，要唱歌好、跳舞棒，还要长得漂亮，大家不敢尝试。于是，教师向大家发出倡议：“《白雪公主》童话剧马上要开演了，现就主要角色——白雪公主向小朋友发起挑战，请大家自愿报名，竞选主角。”这个主意得到了家长的大力支持。第二天，幼儿的表演精彩纷呈，大家争相表演，白雪公主终于“名花有主”了。

以上表演游戏突破了教师高控制之下，幼儿对教师模仿和服从的传统表演游戏模式，以促进幼儿主体性发展为宗旨，力求凸现游戏中一种新型的师幼关系。教师除了提供时间、空间和基本材料外，很少干预幼儿的游戏。

方法一：抛出能启发孩子思维的问题。

方法二：帮助孩子出谋划策。

方法三：为幼儿提供多样化的游戏材料，以鼓励和支持他们进行多样化探索。

方法四：为幼儿营造一种民主平等的讨论氛围，让孩子们的经验、困惑进行有益的碰撞，激发他们不断思考，自己发现存在的问题，找出解决问题的方法。

所有这些都收到了很好的教育效果。一段时间后，幼儿语言表达能力、自我表现能力和合作交往能力等都有明显的提高。

从以上案例中，我们可以看到游戏的整个过程（包括准备阶段），会出现很多问题情景。在这样的问题情景中，问题自然呈现在幼儿的视觉中。只要教师退一步，通过讨论把解决问题的机会留给幼儿，这样就能促使幼儿更积极地参与解决问题的活动，把活动引向深入。

（三）捕捉有价值的生成点，建构有效的支持

在任何一个主题的探究性游戏活动开展过程中，都需要教师改变原来在活动中死背教案、很少顾及幼儿表现的状况，在与幼儿共同的活动中更多地关注幼儿在活动中出现的各种不同，捕捉有价值的生成点而能及时做出专业判断，并进行有效支持。

案例：

三只蝴蝶

今天开展表演游戏时，屋外正在下雨，豆大的雨点打在阳台旁的树叶上，发出“沙沙”的声响。刚好，怡丹这组的小朋友在窗旁表演“三只蝴蝶”。丹丹小朋友扮演的“红蝴蝶”指着窗外伴随的雨点声说：“听，下雨了，快飞啊！”在她的带动下，小演员们表演得更投入了。当演到雨越下越大时，“三只蝴蝶”被雨淋得发冷了。高怡丹扮演红蝴蝶，一边做发抖的动作，一边请求：“红花姐姐，大雨把我们的翅膀淋湿了，大雨把我们淋得发冷了，让我们到你的叶子底下避避雨，好吗？”另两只蝴蝶也跟着边发抖边请求道。“红蝴蝶的颜色像我，请进来，白蝴蝶、黄蝴蝶别进来。”扮演红花的陈泽茜招招手表示欢迎红蝴蝶，又摇一摇手拒绝白蝴蝶和黄蝴蝶。

随着表演的继续，“三只蝴蝶”面临雨越下越大的困难。阳阳从旁边柜子里找出一个铃鼓，“哗哗”地敲着，边敲边叫：“打雷了，下大雨了，快飞啊！”“三只蝴蝶”在敲击声中表演得更带劲了，也吸引了不少幼儿来观看。

案例中幼儿无意的行为，也许正好给了我们更进一步挖掘游戏多元价值的机会。何不借助这个事件，从讨论开始，引导幼儿自己去发现探究背景音响对表演的作用，从而延续上阶段幼儿从服装、表情、动作、规则上对表演的探究，用多种形式、多种渠道发现表演的多元素，从而实现表演游戏的多元价值。因此，在下一阶段的活动中，教师将重点引导幼儿如何用音响表达故事意境。

所提供的支持具体包括：

第一，环境材料支持。

教师要创设丰富的“配音”环境，提供不同材料、不同质地的配音物品，让幼儿更主动、大胆地探索音响的秘密，积累各种音响经验。

1. 家长资源。亲子收集能发出声响的物品，并进行记录与统计。

2. 环境创设。（1）区域“声音小实验”。投放各种乐器、发声物品，并自制发声器。探究：发出的声音像什么？（2）“最佳创意栏”重点从怎样用配音乐器表现不同雨量大小方面进行评比。（3）更新“展示栏”新一轮游戏墙饰。

3. 综合活动。声音变变变。

4. 小实验探究活动。打雷下雨的声音。我们一起收集并制作能表现大雨、中雨、小雨的声响材料。

5. 日常生活活动。引导幼儿发现各种音响来源，并统计分类。自由探索能发出声音的各种物品。

6. 领域教育。（1）科学：《小水滴旅行记》《声音的产生》。（2）音乐游戏：《大雨小雨》。（3）音乐欣赏：《春光美》。

第二，区域活动。

1. 探究区：分类统计能体现下雨声音的物品，制作不同音响的响罐，并感知音量与不同物质的关系。

2. 美工区：设计下雨的配音图谱，修补游戏的道具、服装以及参与公园的环境布置。

3. 音乐区：为游戏选择背景音乐，为表演游戏的乐曲配声响，体现大雨、中雨、小雨不同声响的表现方法。

4. 结构区：公园的栏杆、花圃。

以上案例中的闪光点被教师捕捉到，从而生成了一系列的活动，给予幼儿在以后的表演活动中更大的支持，从而使游戏实现进一步的升华。

（四）注重讲评，让幼儿分享成功的体验，增强表演自信心

每次游戏后的讲评是帮助幼儿进行交流，积极地表达情感，相互体验，共享快乐，共解难题，进一步为幼儿提供表现和交往学习的机会。因此，教师要善于营造有利于幼儿自发讨论的环境氛围，引导幼儿自发地开展交流学习。

1. 自发交流，共同分享游戏的体验

幼儿游戏的过程是享受已知、表现已知、升华已知的过程。游戏中，幼儿有成功、满足的快乐或失败、不如意的情绪体验。鼓励幼儿把自己在游戏中的所见所闻、情绪体验与同伴相互交流共享，不仅能够增添游戏的兴趣，而且能给幼儿提供一个表现和发展的场所，同时也使幼儿间有了更多的双向交流、平行学习的机会。在通常情况下，教师引导幼儿互相交流的指导语可以是："把你在游戏中最快乐、有趣的事情讲给大家听一听，好吗？""你有什么好的经验要向大家介绍？""你有什么不开心的事想要说吗？"

2. 自发交流，共同探讨游戏中的问题，提高幼儿游戏的水平

幼儿在游戏中常常会遇到困难或出现问题，有的解决了，有的没解决。引导幼儿评论、发表各自的意见，是一个语言发展的过程、情感表现的过程、思维创造的过程、社会交往与人格实现的过程。通常可以采用"游戏中有什么困难问题需要讨论吗"、"要解决这个问题，可以怎么做吗"、"谁能帮助解决他的问题"、"为了使下次游戏玩得更开心，还需要做什么"等导语。当然，是否需要交流、以何种形式交流，应视需要而定，形式方法是灵活多样的。如个别、小组、集体交流，过程交流，结束交流等。教师切忌把幼儿对游戏的自发讨论变成教师对幼儿游戏与行为好坏的评价判断。同样，评论不要面面俱到，更不能变成一种说教或变相的作业活动。

讲评中的交流是游戏同伴间对自己游戏的交流，是教师和幼儿共同参与的交流。可以是教师与幼儿，也可以是幼儿同伴间，而更多的是幼儿自

己的交流。幼儿可以接受教师的建议，但更多的是接受幼儿的建议和看法。这就凸显了幼儿在整个游戏过程中的主体地位，更有利于幼儿独立创造的个性和社会性人格情感的培养发展。

就幼儿表演游戏的实际而言，幼儿的表演游戏是复杂多样的，其过程表现是纵横交织的，教师的指导也是灵活随机的。共享、观察、帮助是教师指导游戏的基本态度和任务，应该贯穿幼儿游戏的全过程，它也是评价教师指导自主游戏的根本指标。计划调整是幼儿游戏与教育的基础，必须以教师对幼儿自主游戏的观察了解为基本前提，以幼儿的需要满足、快乐自主为根本出发点，引导发展进而促进发展。总之，教师在指导幼儿游戏时，应考虑幼儿游戏的基本过程，灵活指导，尊重幼儿游戏的实际需要，促进幼儿的发展。

第三节　如何进行幼儿表演游戏活动的指导

表演游戏具有多重发展价值，但在很多幼儿园中却很少看到表演游戏的影子。即使能看到，也多是带点正规“演出”的味道。在对待表演游戏的态度上，教师们普遍觉得“组织故事表演很累，花时间”、“在表演区演，音乐歌舞表演与故事有冲突”、“从复述故事到表演很慢，与班中其他活动冲突，很费时间”。在表演游戏的指导方面，教师“全管”：从表演内容的选择，语气、动作、表情的使用，表演程序到场地布置、站位等，都是教师一手抓。表演前，教师一定要带着孩子把情节、对话、动作、表情“集体捋一遍”；表演中，用选择头饰代替角色分配；在活动过程中，幼儿之间几乎没有除角色外的交往，有问题就找教师。从以上问题可以看出，缺乏表演游戏指导知识是教师面临的主要问题。作为组织者，如何运用《纲要》的核心精神，引领教师把握游戏的目标和要求？作为教师，如何成为幼儿学习的支持者、合作者、引导者？下面，通过一些策略来指导教师开展表演游戏，达到促进教师专业能力提升的目的。

一、教师对表演游戏指导知识缺乏

1. 概念不清

认为故事表演、表演故事、表演游戏所指不同，且三者是递进关系。

故事表演、表演故事各代表一个发展阶段，重点是表演，是需要教师手把手教的。而表演游戏则是最终的发展目标，重点是游戏，就相对自由。

由于教师持有了上述的发展阶段说，标准和发展重点也就不同了，所以，教师才认为必须要和幼儿一起“捋一遍”或者“必须有了表演经验”，幼儿才能表现出来。这种观念的背后的一个原因就是儿童观的问题。

2. 性质、功能不清

由于不知道游戏性是表演游戏的本质属性，只注意到了表演性，所以，带来的后果就是“手把手地教”。由于不知道表演游戏除了理解记忆故事之外，还要发展幼儿社会性、提高幼儿的言语技巧与表达力，所以，从故事学习到表演游戏只走3步，即“新授故事—复述故事—表演故事”，对表演游戏的要求是“演出来就得了”。由于不清楚故事和表演游戏的关系，所以就只注重了和幼儿一起反复练习对话，却忽略了深入理解故事中人物的性格特征、心理发展、实践发展线索等内容。如新授故事活动的重点提问是“遇见了谁，说了什么”，复述故事活动的目标是“熟练重复故事中的经典对话”。如一个复述活动就有3次集体复述：“根据图片提示和幼儿一起回忆故事内容”；“和教师一起重复故事中的对话”；“集体分角色复述，教师以旁白的身份帮助幼儿串起故事”。而且在表演游戏中，幼儿几乎没有除角色外的关于表演内容的交流。试想，如果没有自由决策的权利，又何来游戏一说？

3. 指导表演游戏“重结果，轻过程”

由于教师对表演游戏的要求是“演出来就得了”，所以在表演游戏中，教师最常用的做法就是“示范每一个动作怎么表现，让幼儿去模仿”。而这种做法更倾向于让幼儿尽快把故事演出来，缩短或者说没有给幼儿留下交往、讨论的时间，有意无意地忽略了幼儿，出现了“表演游戏无幼儿”的现象。具体说来，主要表现在两个方面。一方面，表现为“行为同一性”。当同一个故事全班幼儿都表演（集体演和分组在表演区演）时，你就会发现“流水线生产”的“一致性”特点：动作表情、语气语调等表现方式一致，站位、上下场等表演程序一致。这是因为，所有这些都“排练”过。比如说，在学习故事的过程中，教师会手舞足蹈地讲述故事。表演前组织集体活动，一起讨论表演：“小动物应该用哪种语气说话？会做什么动作？一起学一学。”教师面授表演的程序:“师:先站到(池塘里)你的位置上去。(池塘里的每个角色的位置都是固定好的)(看到大家都站到“点”上来)师:现在开始吧。青蛙妈妈,你该报幕了……”另一方面,表现为“幼儿无交往”。幼儿间几乎无角色外的关于表演内容的交往。在表演游戏中,“有事告诉老师”的想法似乎天经地义,幼儿只管“演”,看不到“这是我们自己的游戏,我们想这么演”的表现。例如,在分配角色环节,“老师,我演……”,告诉完之后,就到一边看窗台上的鱼了。似乎只要解决了自己的角色问题,至于其他人的角色、表演内容、方式与自己都没有关系。在故事《小蝌蚪找妈妈》的表演过程中,演员发现没有池塘,于是找老师:“老师,我们没有池塘。”老师就给画了池塘。再如,在分配角色环节,拿取头饰是分配角色常用的方式。除非想换头饰,否则幼儿间不会有交流。戴好头饰后,各就各位,等着表演开始。

从上面可以看出,幼儿在游戏中表现出的不是主动、独立和有所创造,而是完全的被动、依赖和模仿。所以,恢复表演游戏的游戏性是表演游戏指导的当务之急,而创造幼儿间交往的机会、发展合作能力应是实现幼儿主体性的主要途径。

观念决定行为,若没有正确的表演游戏的理念,不可能处理好游戏性和表演性之间的关系,不可能处理好教师和幼儿的关系。由于不知道怎样做是正确的,就更无从谈反思和提高。所以,要想提高教师的指导力,首先要拥有正确的理论知识,然后是在实践中把理论知识转化成个人的实践性知识。

二、指导教师开展表演游戏的策略[1]

(一)头脑风暴活动

让教师带着问题学习《纲要》,通过头脑风暴活动,了解教师对《纲要》理念的理解程度。将表演游戏的关键要素“目标定位”、“游戏准备”、“组织与实施”列出来,结合《纲要》,提出有针对性的问题,让教师“认领”。接下来,以“问题”为单位,推选一名组长代表发言,其余的教师附议或担任情境表演的任务等。各小组研讨后,根据提到的相应问题逐个解答。

[1] 吴晓萍.指导幼儿教师开展表演游戏的策略研究[A]

同时,其他“问题”组的教师也可以提出自己的想法,来补充说明。在对“目标定位”的研讨中,教师认为应以终身教育理念来确定游戏目标。可以从积极主动的态度、强烈的学习兴趣、与环境互动的能力、初步的合作意识等方面体现。在对“游戏准备”的研讨中,教师认为应以开放的教育理念构建幼儿、家长、教师三位一体的教育模式。家长资源的开发利用日渐被重视,教师除了鼓励、支持幼儿在游戏前、游戏过程中参与活动材料的准备、制作外,还可以充分调动家长的资源,为幼儿的游戏提供支持。在对“组织与实施”的研讨中,教师认为应以幼儿为本的教育理念贯穿游戏的始终。尊重幼儿的意愿,不用自己的建议去左右他们的想法,幼儿的积极性、主动性、创造性才能得到发挥。对幼儿应当多信任、多交流、多关注。

(二)主题沙龙活动

结合游戏实践,探讨游戏的目标与要求,把握游戏的阶段重点,分享游戏的经验,提出解决问题的途径。以大班表演游戏“白雪公主”为例,通过跟班指导、年段观摩、个人反思等形式开展研讨,最后通过现场沙龙活动与全体教师分享、梳理表演游戏。

案例:

白雪公主

第一阶段游戏:

游戏指导	1. 回忆故事内容。 2. 讨论表演这个故事需要哪些角色、道具、服装、头饰。 3. 分小组讨论,制定场景布置计划。要求幼儿用最简单的方法布置,但要让人一看就知道这是什么地方。 4. 分组制作服饰、布置场景。 5. 展示幼儿设计的服饰、场景。
分享的经验	由于较好地利用了家长的资源,幼儿对故事的情节非常熟悉,能大胆地与同伴分享自己所喜欢的角色的语言、动作;幼儿根据自己拟定的计划,在利用提供的废旧材料布置场景,制作服饰、道具过程中,表现出活跃的思维。
加强的问题	幼儿自制的道具、服装简单,但不够牢固。
措施	在分区活动中与幼儿讨论怎样使道具、服饰更美观;在手工作坊中开展装饰服饰、试穿、修改等活动。

第二阶段游戏：

游戏指导	1. 指导幼儿自由组合结成合作小组。 2. 指导幼儿分配角色、设置游戏场景。 3. 幼儿分组表演，教师观察指导，重点指导幼儿运用生动的语言、动作、表情展现角色特征，及时表扬能与同伴合作进行游戏的幼儿。对能力弱的幼儿给予鼓励，激发其表演兴趣；要求能力强的幼儿完整地表演，遇到困难自己想办法或找同伴协商解决。 4. 请个别组幼儿表演，共同评价。
分享的经验	幼儿都喜欢参与新游戏，特别喜欢扮演白雪公主、魔镜、小矮人的角色。
加强的问题	故事中角色偏多，配角色时较乱，影响游戏的开展；故事情节较复杂，部分幼儿独立游戏有困难，需要教师提醒帮助。
措施	教师以游戏者的身份，用自己的行动以及游戏的语言和材料，来引导幼儿的游戏行为，促进幼儿游戏的发展。及时提供、调整游戏材料，为幼儿提供一些半成品，来指导幼儿进行以物代物、一物多用，让幼儿能够自主的活动。

第三阶段游戏：

游戏指导	1. 回忆上次游戏情况。幼儿说说自己发现的问题、自己解决的简单问题，说说活动中的不足。 2. 教师提出建议，与幼儿共同商讨解决。 3. 针对本次活动角色分配问题进行评价。
分享的经验	游戏中，幼儿能轮流扮演各种角色。遇到争执时，幼儿懂得用猜拳的方法解决。
加强的问题	如何让游戏中的角色更生动？让游戏的情节更有趣？
措施	让幼儿在活动前将自己对游戏的愿望用图画、语言记录下来，教师通过意愿图谱了解幼儿的想法，给予适时的帮助。

第四阶段游戏：

游戏指导	1. 和幼儿共同对上次活动进行回顾，对游戏环境布置、角色扮演、游戏规则的遵守等方面进行评价。 2. 每组派一个代表介绍本组幼儿游戏愿望。 3. 幼儿分组表演，教师观察指导。重点观察幼儿实现游戏愿望的做法。 4. 引导幼儿对游戏进行评价。
分享的经验	由于有了游戏愿望图谱，幼儿不仅能够自主、独立地开展游戏，而且丰富了游戏的情节。
加强的问题	由于幼儿的要求，又增设了两组游戏，所需的空间大，各组游戏之间出现相互干扰的现象。
措施	利用走廊等场地扩大游戏空间，减少干扰因素。请家长做助教，协助观察指导幼儿游戏。

通过4个阶段游戏的研讨，教师们把握了游戏的阶段重点，并以此为例，举一反三，收到了良好的效果。

（三）角色体验活动

主要展示教师通过现场表演解决困惑的过程。表演游戏困扰教师的最大问题，是如何将故事中叙述性的语言转换为表演性的语言，让幼儿脱离教师的旁白，也能自主地表演。通过现场体验角色的参与式表演，让每个教师身临其境，引发共鸣。

1. 改编、创编表演游戏中叙述性的语言

在日常活动中开展练习性游戏，如情境表演、语言表演、角色表演。采取游戏式、启发式、讨论式的方法，引导幼儿掌握与表演有关的语言及非语言表现手段。

2. 改编时重复句要多

可将重复句编成带有韵律的儿歌，幼儿边拍手，边朗诵，既有兴趣，又加速记忆。

3. 表演游戏与音乐、舞蹈相结合

配上节奏音乐，增加艺术渲染的气氛，使角色演得更逼真、形象，幼儿边说、边唱、边跳，生动活泼，寓教于乐。例如，还没轮到的角色，为避免无所事事，可自行设计一些与角色相符的动作。如小壁虎的妈妈没有上场前，可在家做做饭、浇浇花等。为了增强表演效果，可以设计一些动作，如庆祝的方式包括唱歌、跳舞、拍手等。

4. 对不同的年龄及不同发展水平的幼儿提出不同的要求

以大班表演游戏“狐假虎威”为例，帮助教师梳理在表演游戏中最受困扰的问题，善于将故事中叙述性的语言转换为表演性的语言，让幼儿脱离教师的旁白，也能自主地表演。

总之，幼儿活动内容的选择要贴近幼儿的生活实际。同样，幼儿教师的教研也要围绕教师的工作实际和工作需要进行。只有这样，才能调动教师工作的积极性、创造性和主动性。这种通过让教师带着《纲要》理念去找问题、用《纲要》理念研讨问题，以《纲要》理念去检验所解决的问题的园本教研，促进了教师学《纲要》、用《纲要》的热情。同时，根据教师的困惑开展的“工作乏式”的园本教研，既有大组的经验交流学习，又有小组的深入研讨；既有理论的学习，又有实践的碰撞；既有集体的辩论，又有个人的反思。在这一系列的教研中，教师明晰了表演游戏的内容与要求，分享了游戏的经验，解决了存在的困惑，促进了教师专业能力的提升。最重要的是，我们收获了幼儿满满的笑容和自信，这将坚定我们今后继续努力的步伐。我们将继续深入领会《纲要》精神，在《指南》的引领下，不断提升自己开展表演游戏的能力，把游戏的自主权还给幼儿，让幼儿真正成为游戏的主人，享受游戏的乐趣，拥有一个快乐的游戏童年。

第八章 幼儿建构游戏的设计与实施

有一位科学家曾说过："给我一根杠杆，我可以撬动地球。"在幼儿园，只要给幼儿提供一些积木、插塑，他们的创造力会让科学家们都大为惊叹：那看似不起眼的小木块、小积塑，经过幼儿的小巧手，会变成一幢幢高楼由此拔地而起，一座座主题公园由此建立……这就是幼儿建构游戏的魅力，融合了想象与创造，寄存着憧憬与希冀。

第一节 幼儿建构游戏的设计

幼儿建构游戏凭借其种类繁多、质地多样、可随意变换、反复创建等特点，深受各个年龄段幼儿的喜欢。他们尽情沉浸其中，全神贯注地将积木、积塑、泥沙及生活中随处可得的废旧物品等建构材料进行搭建。在充满创意的排列、组合、接插等过程中，不仅自然习得镶嵌、拼搭、垒高、穿套、编织等技能，更实现自己搭建的需求及愿望，表达自己对于生活和世界的认识、体验和感受，享受自己与同伴共同搭建的快乐感、成功感。

一、建构游戏概述

（一）建构游戏的定义

所谓幼儿建构游戏，是指幼儿利用不同的建构材料，按照一定的计划或目的来组织、操作、建构物体或材料，通过与建构活动有关的思维和创作，来塑造物体形象、创造性反映周围生活的游戏，更是幼儿按照一定的计划或目的来组织、操作建构物体或材料，使之呈现出一定的型式或结构的活动。总之，它是以表征思维为基础、以"建构物"为主要表征手段的象征性游戏活动。幼儿通过建造“建构物”,来反映他们对周围事物的印象。经验是其基础，创造是其核心。其游戏目标涵盖两个维度：一是社会性发展目标，如独立、坚持、合作、表达等良好个性的形成；二是建构技能目标，如对连接等技能的学习。

（二）建构游戏的分类、特点及范例

幼儿建构游戏分为 4 大类，即积木搭建类（积木、积竹）、积塑插接类（积塑、金属构造）、自然物（沙水、雪、土）雕塑类、其他类（拼棒、拼图）。

类型	具体	特　点	材　料
积木搭建类	积木游戏	用各种积木或其他代用品作为游戏材料进行的结构游戏。	积木，砖形纸板积木、塑胶（PVC）管。
	积竹游戏	利用竹片、竹筒等进行构造物体的游戏。	竹片、竹筒。
积塑插接类	积塑游戏	将各种形状的片、块、粒、棒等部件，通过接插、镶嵌，组成各种物体或建筑物模型。	用塑料制作的各种形状的片、块、粒、棒等。
	金属构造游戏	以带孔眼的金属片为主要建造材料，用螺丝结合，建造成各种车辆及建筑物的模型。	金属片。
自然物雕塑类	玩沙玩水玩雪的游戏	沙土是一种不定型的结构材料，幼儿可以随意操作，也可利用水、雪玩划船、堆雪人、打雪仗等游戏。玩沙、玩水、玩雪都是简便易行的结构游戏，在城市、农村都可以广泛开展。	沙土、水、雪等自然材料。
其他类	拼图游戏	将各种材料制成不同形状的薄片并按规定方法进行拼摆的一种游戏，如可拼摆动物的房屋、故事情节等画面。传统的七巧板就属于这类游戏。	木板、纸板、塑料等各类材料。
	拼棒游戏	用火柴杆、塑料管、冰棒棍或用糖纸搓成纸棍等作为游戏材料，拼出各种图形的一种游戏。	火柴杆、塑料管、冰棒棍或糖纸等。

案例一：

高高的楼房

小班积木搭建类游戏

游戏目标：

1. 对建构材料感兴趣，喜欢拼搭活动。

2. 初步尝试运用垒高的技巧，选择不同的材料搭建房子。

3. 能爱惜游戏材料，会轻拿轻放。

游戏准备：

1. 经验准备：在生活中观察过高楼，知道楼房是一层一层搭建的。

2. 材料准备：各种不同的纸盒，中、小型的积木，积塑等。

3. 环境准备：用幼儿自己家楼房的照片布置展板。

游戏过程：

一、游戏导入

1. 出示一张楼房照片（多层有三角形屋顶的）。

2. 观察几组楼房，发现盖楼房的共同特点：要一层一层垒高。

二、教师引导幼儿说说有关建房子的想法

1. 交代游戏名称：高高的楼房。

2. 引导幼儿说说、试试：用哪些材料可以一层层垒高建不倒的楼房。

3. 提出建构要求。

（1）可以自己拿想用的材料，尽量垒高，不倒。

（2）游戏时，要爱护游戏材料，掉到地上的要及时捡起来，不要把别人搭建的房子碰倒。

（3）要正确收放材料（轻拿轻放地按标记归类摆放）。

三、幼儿活动，教师指导

1. 对搭建能力弱的幼儿，可引导其模仿教师或看房子图片进行建构。

2. 引导他们从搭平面房子过渡到搭立体房子。

3. 鼓励幼儿有创意地搭建房屋。

四、欣赏作品：哪个房子建得最结实？

五、经验分享，收拾材料，结束游戏。

案例二：

神气的手枪

中班积塑插接类游戏

游戏目标：

1.乐意自己动手制作手枪。

2.尝试运用对插、错位连接的技巧拼接不同的手枪。

3.能大胆讲述自己的建构方法。

游戏准备：

1．经验准备：幼儿玩过玩具手枪，对玩具手枪的结构有一定的了解。

2．材料准备：手枪模型、图片、不同种类的积塑若干。

3．环境准备：张贴手枪图片，把教室布置成生产车间。

游戏过程：

一、幼儿欣赏不同种类的手枪模型及图片

二、探讨手枪的构造设计

1．手枪的基本组成有枪管、套筒、弹匣三大部分。

2．集体讨论：怎样拼手枪？

三、幼儿自由创造快乐游戏

1．向幼儿介绍游戏材料。

2．根据游戏材料请幼儿自由分组，尝试用错位连接的方法拼插手枪。

3．幼儿游戏，教师指导。

（1）引导幼儿使用合适的材料拼插手枪，不争抢。

（2）提醒幼儿错位连接时拼插紧密，避免中间断裂。

四、经验交流

1．说说自己最喜欢的枪是哪一把。

2．请拼插有创意的幼儿介绍自己的拼插方法。

五、教师小结，师幼共同收拾玩具，结束游戏。

案例三：

烽火台——堆小山

大班自然物雕塑类游戏

游戏目标：

1. 懂得爱惜自己和他人的劳动成果。

2. 运用垒高来表现山体及烽火台的基本特征。

3. 有一定的动手动脑能力。

游戏准备：

经验准备：

1. 对山的特征有一定的认识和了解：如黄山、华山等，见过长城或是通过相关资料了解长城的结构及烽火台的用途。

2. 能理解“连绵起伏”、“险峻”的意义。

游戏材料准备：

1. 各种山的图片、铲子、桶。

2. 背景音乐。

3 游戏前用水将沙池的干沙喷湿，并用铲子将沙翻松。

游戏过程：

1. 经验回顾：

欣赏各种山的图片并用恰当的语言进行描述。

讨论“连绵起伏的山”和“山势险峻的山”有什么不同点。

★重点引导幼儿感受不同山体外形的特点，并能用语言进行描述。

2. 快乐游戏：

（1）组织幼儿探索堆建“连绵起伏的山”和“山势险峻的山”的方法，并请个别幼儿讲解、示范自己的方法：可运用垒高、拍实、压打等方法堆建不同特征的山体。

（2）幼儿讨论自己想堆什么样的山，并请兴趣相投的幼儿自由组合选择同伴。

（3）幼儿选择堆山所需的工具，并分组确定玩沙区域，避免互相打扰。

（4）幼儿大胆堆建，尝试表现山体的特征。

（5）教师巡视指导幼儿运用垒高、拍实、压打等方法进行堆砌，并提醒幼儿正确使用工具，爱惜自己和他人的劳动成果。

★重点指导幼儿综合运用堆沙的基本方法堆建不同特征的山体。

3. 交流分享：

（1）相互欣赏交流：堆砌的是什么样的山？用了哪些办法？

（2）相互分享：堆砌山体时遇到了什么困难？是怎样解决的？

重点引导幼儿表达堆建不同特征的小山的方法，交流自己在堆建过程中遇到的困难及解决的方法。

（三）幼儿园建构游戏的基本技能

幼儿园建构游戏的基本技能包括排列、组合、接插、镶嵌、编织、黏合、旋转、螺丝等。

1. 积木：平铺、叠高、延长、对称、加宽、加长、加高、围合、盖顶、架空、搭台阶等。

2. 积塑：接插（一字插、十字插、整对称、环形插）、镶嵌、整体连接、端点连接、交叉连接、围合连接。

3. 其他：堆高、平铺、重复、延伸、架空、围合、模式、表征。

部分案例

对插连接

印

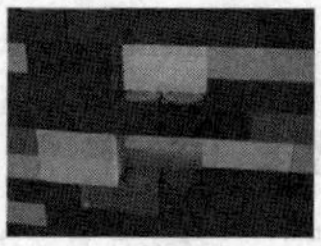
架空

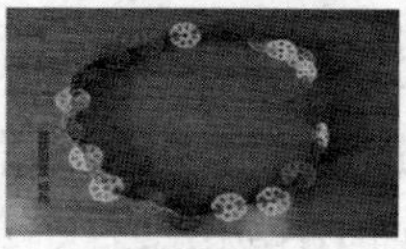
自然围合

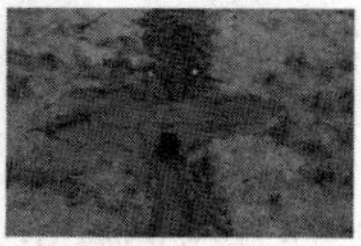
挖空

（四）幼儿园建构游戏常见问题

建构游戏是最受幼儿欢迎的游戏，但也是最容易流于形式的游戏，具体体现在以下几点：

1. 时间安排不充分，幼儿无法搭建自己想象和创造的作品。

2. 玩具的数量少，种类不够丰富。

3. 建构场地较小，幼儿没有充足的建构空间。

4. 教师对游戏的指导处于“放任”与“导演”两种极端倾向并存，致使建构游戏的开展仅有形式而无大实效。

二、幼儿建构游戏设计

建构游戏在有些教师心里可能是幼儿园里最常见、最好开展的游戏类别。有时，只要有积木、有插塑，幼儿就能拼搭出各种令人称赞的物品，似乎无需去特别设计、去仔细思考。而事实恰恰相反，建构游戏的设计更要独具匠心，充满智慧。这就如同要搭建一栋高楼，事前的精心设计起着决定性作用。

（一）幼儿建构游戏设计的基本原则

1. 安全性原则

幼儿园必须把保护幼儿生命与促进幼儿健康放在首位，游戏中的安全同样不可忽视。

（1）使用材料的安全。在幼儿园的建构游戏中，其材料丰富多元，如材质有不同（既有金属材质，又有木头、塑料等其他材质）；形状各一，大小不同,来源各异（既有专门的建构材料,又有废旧材料,更有自然材料）。各类材料具有丰富的教育作用，既充实了游戏的内容，又发展了幼儿的想象力。特别是那些随处可见的沙石、水、小棒等自然、废旧材料，虽然能成为经济实用且使用灵便的建构材料，但其安全、清洁、卫生与否都需要事先检查，如不可有尖角，使用前要清洁消毒等。同时，给不同年龄段提供材料也应有不同，给小班幼儿就不可提供过小、过硬或是易折的材料，避免出现在建构中幼儿吞食或堵塞鼻孔的事件。

（2）游戏过程中的安全。比如，在幼儿建构过程中，要特别注意使用剪刀的安全问题。更要养成良好的常规习惯，避免出现扔积木或因争抢材料而出现打闹等不良行为，防止意外事故的发生。

2. 教育性原则

游戏是幼儿园的基本活动，其教育性不言而喻，建构游戏也不例外。如幼儿在反复观察与接触积木的过程中，能积累大量关于积木的形状、质量、颜色等感性经验。这有利于幼儿将这些经验迁移到对客观世界的认识上，为概念的形成和语言的学习打下基础。同时，建构的过程能发展、完善幼儿的精细动作，更能在心理上使幼儿体验各种感受：建构成功后的快乐；失败后的再次挑战；得到同伴支持时的愉悦；习得一项新技能后的兴奋。在这样丰富的感受中，幼儿慢慢体味自信，学会合作，懂得分享……一些优良的品质自然形成。所以，教师在设计建构游戏时，一定要充分挖掘其中蕴含的教育价值。

3. 规则性原则

建构游戏中的“建构”分别蕴含在物品建构、认知建构、社会建构这 3 个过程中。物品建构，即可见的建构行为，如用积木搭建房屋；认知建构，即物品建构时的心理支持和结果，如对即将搭建的积木结构作出计划，以及在搭建完成后获得的心理满足；社会建构，即在建构过程中，产生的情感体验、人际交往等，对幼儿的终身发展都有积极的效能。所以，在进行建构游戏的设计时，一定要遵循此建构规则，很好地把握住建构的 3 个维度。

4. 操作性原则

建构游戏的过程就是对不同材料进行创造性操作的过程。无论是反复用积木搭建各种结构，还是将各类积木进行排列、组合，或是将各零部件进行拼插、连接，无不是操作的表征。因此，在进行游戏设计时，操作性的保证就是游戏的基本保证。

（二）各年龄段建构游戏的特点及设计

1. 幼儿园小班建构游戏特点及设计

	小班
年龄特点	年龄小，对周围建筑物的观察及了解经验不足，手部肌肉发育不成熟。
建构方式	单元建构，多单一的搭建船、汽车、房子、飞机等简单物体。
表现形式	技巧单一，独自建构。
基本技能	平铺、延长、围合、堆高、加宽、盖顶等。
达成目标	能用平铺、延长、围合、堆高、加宽、盖顶等基本技能，建构造型简单的物体形象。

因此，在设计内容的选择上，小班首先应该以幼儿最易直接感知到，生活中经常观察接触到，且结构较为简单的物体、建筑为主，如花朵、船、汽车、房子、飞机、车子等。

其次，在设计游戏时，一次建构活动中涉及的建构技能不可太过复杂，应以两种为宜。同时，要以最简单的平铺、堆高入手，循序渐进，易于幼儿多次重复游戏、反复练习。

最后，应设计丰富有趣的游戏情节，吸引幼儿参与建构活动，并推动建构游戏进一步深入发展。

下面是小班建构游戏案例：

案例一：

火车车厢

活动目标

1. 体验建构车厢成功的快乐。

2. 学习运用转角拼接的技能搭建火车车厢。

3. 能说出火车车厢的形状：长方形。

活动准备

1. 经验准备：玩开火车、火车钻山洞等游戏，益智区投入“火车拼图”，帮助幼儿认识火车的基本结构。

2. 材料准备：提供智高乐插塑、火车图片、火车模型。

游戏过程

1. 游戏激趣：“火车火车快快开”，引发幼儿建构的兴趣。

2. 经验回顾：坐火车出去玩时坐在哪里，引出对车厢的认识；如幼儿遇到困难，可出示图片或火车模型帮助幼儿回忆。

3. 引导学习：

师生一起回忆直线拼接的技能——一个接一个的连接。

教师示范、讲解转角拼接的方法，幼儿尝试。

4 尝试建构：幼儿选用材料，进行建构活动，教师巡视指导。

对幼儿的拼插难点，教师应及时提供帮助。

对能力较弱的幼儿，教师要及时鼓励其尝试，在适当的时候给予帮助。

5. 感受快乐：给自己的车厢取名字。

［设计反思］

火车是小班幼儿最喜欢的交通工具之一，它贴近小班幼儿的生活：常玩的有音乐游戏“火车火车快快开”，常看的有《托马斯的故事》，还可以模仿开火车运送货物。幼儿既积累了较多的感性经验，又能够满足对游戏的兴趣。幼儿参与性高，比较容易被吸引到主题拼插中。同时，它结构简单，易于小班幼儿观察、分析，使用的建构技能更是建构的基本技能——拼插，幼儿容易获得成功感。但它又具备由一及二向上推进的空间，如从车厢向火车的进阶、材料的丰富使用、技能由拼插到拼插与延长、单一火车组建火车站等。这一点尤其重要，正因为充分挖掘了建构内容所有的建构价值和空间，建构游戏才有了循序渐进、层层向上推进的可能。

所以，在进行小班建构游戏的设计时，虽然只是单元建构，但教师必须精心选择游戏内容。同时，考虑到小班幼儿的年龄特点，在环节的设计上多以教师引导、启发共商式的谈话为主。最后，教师还要具备整体设计的思路，为中、大班的建构活动打下基础。

2. 幼儿园中、大班建构游戏特点及设计

	中、大班
建构方式	以主题建构为主，融合单元建构。 建构复杂、精细、匀称的物体，如公园、游乐场、社区、主题公园等。
表现形式	独自建构—小组合作—全班合作—班级间互动。
基本技能	排列、组合、接插、镶嵌、编织、黏合、旋转。
达成目标	在掌握各种基本搭建技能的基础上，能目的明确地围绕一个主题，按计划合作进行方案设计及建构活动。在建构中，灵活运用多种技能，充分使用多种主材和辅材，共同完成建构任务，并相互评议。

因此，在设计内容的选择上，中、大班的内容更广泛、更丰富、更复杂。既可以是有一定精细度和难度的单元建构，如空中堡垒、太空战舰等，来提升幼儿对更高搭建技能的把握、促进幼儿手部肌肉的发展，又要以生活中常见的建筑群为主题内容，如天河机场、万达电影主题乐园、楚河汉界，来提升幼儿整体布局、分工统筹建构的能力。

其次，在设计游戏时，一次建构活动中涉及的建构技能可以多种融入，一般以两种为宜。同时，要从最简单的平铺、堆高入手，循序渐进，易于幼儿反复游戏、反复练习。

最后，应设计丰富有趣的游戏情节，吸引幼儿参与建构活动，并推动建构游戏进一步深入发展。

案例：

中班建构游戏的设计反思

建构游戏案例	中班建构游戏“可爱的小动物”	反思与评价
游戏目标	1. 愿意坚持完成拼插不同动物的造型。 2. 学习看图例选择合适的材料插接、组合不同的动物。 3. 能大胆表达自己搭建的动物名称与运用的方法。	目标设计中“坚持完成”说明中班活动目标已经开始关注在游戏活动中的学习品质的养成；技能目标也有了进一步的拓展，已经涉及看图例进行插接。
经验准备	1. 组织幼儿参观动物园并对不同的动物形象有一定的感知经验。 2. 幼儿已掌握拼插、连接的建构技能。 3. 已会初步看图例表来拼插各种动物。	更加注重建构经验在生活中的丰富和积累。同时，由于在小班已经进行过多项建构技能的学习和练习，在中、大班的游戏设计中，则将此作为技能储备进行联合运用。
游戏材料准备	1. 参观动物园的录像、动物图片、照相机。 2. 各种动物的图例表、软体积塑若干。	出现了两种新型材料，比小班更加丰富。
游戏过程	1. 出示动物图片，讨论：你会选择什么材料和什么方法拼插小动物？ 2. 快乐游戏： (1) 教师出示软体积塑材料，让幼儿摸一摸并观察软体积塑与以往建构材料不同的是软软的可以随意弯曲。 (2) 组织幼儿观察动物图例表，引导幼儿分辨哪种软体积塑材料适合拼插动物的哪些身体部位。 (3) 幼儿选择合适的材料，运用插接、组合的方法，搭建图例中的小动物。 ①在拼插过程中，对于看图操作有困难的幼儿，教师要具体指导他们先观察图例表中的材料，再根据材料选择相同的软体积塑进行拼插，并坚持完成搭建任务。 ②鼓励同伴间相互帮助，共同完成拼插作品(教师可用照相机记录幼儿操作时出现的问题)。 3. 交流评价： (1) 组织幼儿观看完成的作品，相互交流自己拼插动物的感受。 (2) 集体交流：你搭建的是什么动物？是用什么方法拼搭的？还可以有什么方法让拼搭的动物更可爱、更逼真？ 在交流中，引导幼儿发现新问题，为下一次更好地开展游戏提出建议。例如：所有搭建的动物在一起非常拥挤等。	1. 中、大班的幼儿已经可以进行同伴间的商讨。因此，在游戏过程的设计上，要多设计此类同伴协商交流的环节，把建构游戏的主动权还给幼儿。 2. 在此次游戏中，出现了两个新型材料：一是软体积塑材料；二是搭建图例。认识和使用软体积塑不难，可要看懂图例对幼儿而言就有一定的难度。因此，在材料的出示和使用的设计上，要难易适宜，既给幼儿尝试挑战的空间，又要支持幼儿通过自己的努力获得挑战的成功。 3. 同伴间的合作会始终出现在中、大班的建构游戏中，这也是教师在设计游戏中必须要考虑的。 4. 对幼儿建构作品的处理，教师必须要有巧妙的设计。中、大班的幼儿自尊心强，渴望从游戏中体验成功感。而建构作品能否得到适宜的保存和呈现，是幼儿能否坚持进行建构、能否在下次游戏中保有兴趣的重要因素。此游戏设计中用照相机记录的方法就很得当。

总而言之，幼儿园建构游戏的设计看似简单，却是教师在激发幼儿建构兴趣、满足其建构欲望、尊重其建构意愿的基础上进行的设计。

第二节　幼儿建构游戏的实施与指导

“幼儿天生就会游戏。”这一点在建构游戏中表现得尤为明显。事实上，幼儿的无意建构也能拼搭出各种令人称赞的物品。那么，这样的游戏有意义吗？当然有意义。但是，如果长期任凭幼儿对一堆材料进行随意构建，他们的游戏水平就会停留在较低的层次上，不再向更高水平发展和提升。久而久之，就削弱了游戏的教育意义。卡洛琳·普瑞（Caroline Pratt）说过：“除非我们将从经验中获得的体会灌注在积木中，不然它们充其量只是一块块的小木头。”由此可见，对幼儿建构游戏的实施、指导是多么重要。当教师协助幼儿去规划、组织玩建构游戏的活动，并支持幼儿有能力把想法表达、呈现出来时，幼儿在游戏中才有最大的收获。

所以，幼儿园的建构游戏应该是在师生共创的多元化、多功能、多层次的环境中，教师追随幼儿的兴趣和需要，尊重、欣赏、信任幼儿，以观察者、合作者、支持者、鼓励者的身份陪伴和支持孩子愉快地游戏，提高建构技能和游戏水平，体验有意义的游戏的快乐。

一、幼儿建构游戏的组织与实施

（一）确定主题

幼儿建构游戏主题的来源非常多元，一般来说，主要来自幼儿的生活，来自对幼儿的观察和了解，来自对幼儿需求的把握及与其他创造性游戏的整合。例如，幼儿到解放公园进行亲子卖报活动后，可以适时确定主题“解放公园”。小班幼儿可以建构公园里的小部件，如树、花、围栏等。中班的幼儿则可以自主选择建构公园里的小板块，如停车场、公园周围的房屋群、果园等。大班幼儿则可以自主合作，进行“解放公园”的全盘建构。

在主题确认后，还要组织、引导幼儿就主题开展充分讨论，对与主题相关的一些细致问题达成共识，增强主题实施的可行性。例如，搭建这个主题有什么困难？从哪里看到过？它的布局是什么样的？需要什么材料？在充分讨论、解决问题的基础上，再依据主题的需要来丰富幼儿的经验。

在这个过程中，师生可以共同回顾与主题相关的经验。如展示相关的活动图示、看录像、记录表、回忆曾经的参观经验，来归纳提升建构物体的结构、布局，进一步明确此次建构游戏所需要准备的材料，需要探究、学习的建构技能。所有细节考虑到位后，游戏的主题才算真正确定。

此环节，教师的指导点应是注意收集周围环境变化的信息。例如，教师携手家长共同在参观、旅游、散步、区域活动等各类活动中拓宽幼儿视野，加强搭建技能的掌握、促进交往合作能力的提升，为建构游戏的开展做好准备。

1. 引领幼儿观察体验生活中常见的物体和建筑。

观察其形状、结构，丰富和强化幼儿对其物的认知和体验。在观察方法上，可根据幼儿观察无序的特点，启发幼儿按照一定的方法有序观察。比如，按照物体从上到下、从左到右或从中间到四周等顺序进行观察。[1]

2. 支持幼儿掌握识别与使用材料的技能。

3. 丰富幼儿基本建构技能。

4. 引导幼儿整体构思构造计划。

使幼儿能有目的、有计划、有步骤地进行构造活动。在构造实践中，能根据需要修改、补充，以取得结构成功。

5. 帮助幼儿提升理解图示的能力及按照图示或模型建构的技能。

6. 引导幼儿在集体构造中学会分工和合作，共同完成任务[2]。

7. 具有良好的习惯和其他能力。

比如，用语言描述自己的计划、想法、过程及结果的能力，社会性与情绪发展等。

---

[1] 王华芬 . 幼儿园建构游戏的组织与指导［J］. 当代学前教育，2012，(02).

[2] 廖静 . 建构游戏的构成 .

（二）准备游戏

1. 材料准备

师生共同寻找合适的场地并收集主题所需要的丰富材料。材料要体现幼儿不同年龄、不同游戏的特点。

小、中大班材料的异同

年龄段	建构特点	所需材料
小班	自由随意，以单一建构为主，建构较简单，呈现出易雷同、易模仿的特点；对较小的建构材料不易把握。	1. 应提供同一种类数量较多的游戏材料。 2. 应以大中型空心或软体积木、积塑、沙、水等为主体材料。 3. 色彩鲜艳的模型玩具。如动物模型、交通工具模型等。 4 简洁清晰的图例。
中、大班	能够主动思考，以主题建构为主，建构复杂、多元，能把握不同的建构材料。	1. 应提供丰富、有变化、可进行再加工的游戏材料，如木块、纸板、纸盒、绳线、不规则且较精细的积木、小棍、金属配件等。 2. 以半成品材料为主，平面图例和立体图例。 3. 精细、有一定难度、创作空间更大的材料。 4. 幼儿自主收集、制作、设计的材料。

2. 场地准备

要拓展幼儿的活动空间，室内（活动室、寝室）、室外及走廊都可以。

3. 技能准备

要以不同的方式引导和启发幼儿探究、学习建构技能。小班幼儿应在教师的引导下，学习建构技能。中班则可在幼儿探究的基础上，辅助提炼技能操作方法。大班则鼓励幼儿尝试用不同的技能，达到建构目标，完成建构任务。

（三）制定规则

游戏来源于生活，幼儿园的建构游戏则脱胎于生活中的建筑工程，那是一项体系极其庞杂、要求极其严谨的专门学科。所以，在进行此项活动前，既要遵从常见的活动区规划，又要师生一起集思广益，鼓励幼儿充分讲述，共同制定出属于建构游戏特有的游戏规则。

1. 常规规则

①材料轻拿轻放，需要多少材料取多少，剩余材料及时归还。

②不能乱扔游戏材料，不能相互丢掷。

③不要大声说话，而要小声交流。

④游戏结束后，要及时归还整理材料。

⑤不能遵守游戏规则，就停玩一次。

2. 建构规则

①积木（尤其是大型空心积木）不能搭得过高，以免倒塌下来压着人。

②小心行走，注意不要撞倒、推倒或踢倒别人的建构作品。

③应在距材料摆放处有一定距离的地方或其他空地搭建，以方便他人取拿材料。

当然，我们不能期望幼儿一下子都能掌握这些游戏规则，应当分期分批地提出要求。但是，对于安全方面的规则，如果幼儿因为经验和能力的关系而没有制定时，教师一定要补充并强调。

（四）快乐游戏

1. 自愿组合，协商分工，明确搭建任务

在幼儿按意愿自主选择分工的基础上，教师可引导幼儿运用竞聘、轮流、猜拳等方法分组及协商分配搭建任务。分组的形式可根据主题搭建的需要开展。既可一组搭建一种物体，也可每组搭建一个小主题建筑。比如，修建一条街道，既可一组负责修建天桥、一组负责街道旁的楼房及商铺，也可两组在自己挑选的搭建场所各自建构一条街道。小班幼儿可在教师的带领下进行，中大班幼儿自主分工游戏。

2. 共同设计小组搭建图纸

小组成立后，由组长带领组员，根据搭建的任务来思考、讨论并设计出初步的搭建图纸。图纸的设计在建构游戏中是非常重要的一个环节。虽然幼儿画的图纸看起来很简略、幼稚，甚至成人都看不懂，但这是建构中不可忽略的过程，它能约束幼儿有计划、有章法、按步骤地进行搭建，而不是随心所欲。这也是促使幼儿认真制订计划、努力完成目标的良好途径，对幼儿的终身成长有着重要的意义。特别是在后期的搭建中，如果出现问题或行不通的地方，可以进行图纸修改，重新按照新图纸搭建。

在设计的过程中，最开始可能会出现小组内成员各画各的图纸，各人明白自己的意思，但不能与同伴协调与融合的状态。但随着游戏的多次推进，此类状况会有所改进。要告诉幼儿，工程师做工程应当是很严谨的，一定要严格按规划图来施工。从小培养幼儿的这种素养，将对他们的成长终身有益。

小班可由幼儿表述，教师帮助画图或直接用图片、实物照片作为图纸，还可尝试在教师的帮助下，幼儿摆放图片、实物来建构立体图纸。

中、大班可指导幼儿先各自阐述想法，相互协商，达成共识后形成统一方案，画出图纸。

3. 自主选择建构材料

幼儿根据搭建场所的位置、布局及大小，确定用什么材料搭建合适。然后，各自按照商量的结果到游戏材料放置区选择、收集建构材料，并进行简单分类，方便在搭建的过程中清晰、明确地取用材料。

4. 按规划图分工

幼儿按照小组分工，根据图纸的方案搭建所负责的工程任务。小班若有图纸，教师要引领幼儿看懂。对于中、大班幼儿，教师要支持和鼓励幼儿清晰地对图纸进行简单的解释、说明，努力让小组内的成员明白图纸的意思。要鼓励幼儿，如果有不知道的地方，一定要向教师或同伴求助。只有这样，才能充分发挥图纸在建构游戏中的作用。

在看懂图纸后，就要明确分工。如搭建“幸福社区”，就要有的搭建楼房，有的搭建停车场，有的搭建花园，有的搭律游泳池，有的搭建围墙，最后才能合作形成一个完整的住宅区。

5. 幼儿建构，教师有效介入，推动游戏发展

①根据幼儿的年龄段特点、个性特点进行指导。

小班以认识建构材料，学习简单的建构技能为主，逐渐明确建构的主题。中班应根据平面图进行建构，掌握基本的建构技能。大班应共同设计方案、分工合作、明确规则，适度借助辅助材料进行主题建构，增强建构

的目的性。

年龄段	呈现特点	指导要点
小班	1. 建构活动无意识、无目的、无计划性。 2. 以独自游戏和平行游戏为主，只对搭的动作感兴趣，而不在乎搭出什么。建构中，常常更换建构作品的名称，或是等建构完成后再根据建构物的某一外部特征来给作品命名，但他们一般不能明确解释作品的细节。因此，嬉戏性较强，作品结构较为简单，材料选用具有盲目性和简单性。 3. 结构技能简单。基本上可达到叠高这一水平，多以简单平铺、延伸堆高为主。 4. 易中断，坚持性差。	1. 安排活动材料尽量人手一份，多提供色彩亮丽的建构材料，并创设相应的背景或主题环境。 2. 要引导幼儿认识各类建构材料，有意识地搭建简单物体展示给幼儿，并说出建构名称，也可参观中、大班幼儿的建构作品，激发幼儿的兴趣。 3. 要多鼓励幼儿独立地建构形状简单的物体，并能表现其主要特征。例如，搭建门、桌子、床等。 4. 教师引导幼儿学习连接、延长、围合、加宽、垒高等主要构造技能，搭建简单的三维物体。例如，让小班幼儿在建构区搭建马路、围墙等简单物体。 5. 要引导幼儿建立建构游戏的规则。例如，轻拿轻放、不乱扔、玩后要收拾整理等，并学习收拾整理材料的方法。
中班	1. 中班幼儿已具有一定的建构水平，手部小肌肉动作逐渐发展，思维、想象、生活经验等更加丰富。会独立结构一些复杂的物体，会按主题进行结构，要求结构美观化。 2. 建构的目的性增强，建构的坚持性也在增加，建构水平由单一的延展向整体布局过渡。例如，搭建楼房和小区。 3. 已能运用已有经验对物体进行再现和创作，但建构作品大部分不讲究对称和平衡。 4. 建构目的性比小班明确，不但对操作过程感兴趣，同时也关心建构的成果。 5. 能围绕结构物开展游戏，具有独立整理玩具的能力。	1. 增加中班幼儿造型方面的知识和训练。例如，引导幼儿学会选择高低、宽窄、厚薄、长短不一的材料，搭建不同的物体。 2. 引导幼儿学习架空、覆盖、桥式和塔式等建构技能，形成里外空间的概念。例如，中班幼儿可以学习搭高楼、架大桥等。 3. 教师可尝试提供作品构造图，引导幼儿学习看图纸搭建。 4. 教师可鼓励幼儿有目的、有计划、有顺序地搭建，学习与同伴合作，共同完成一个物体的搭建。 5. 多组织小型集体活动，鼓励幼儿尝试在团队中进行共同讨论，制定简单方案，达成简单共识。

年龄段	呈现特点	指导要点
大班	1. 已经具有一定的独立建造能力，掌握了一定的搭建技巧，会使用辅助材料。 2. 结构的目的性、计划性和持久性增强，建构技能日益熟练。 3. 能合作选取丰富多样的材料，并能通过分工合作完成较为复杂的工程。 4. 能够搭建出有场景、有情节的较高水平的建筑群，且其建构作品多为立体结构，讲究对称和平衡，比较形象。能根据游戏情境需要，不断产生新的建构主题。	1. 引导幼儿按计划、有顺序地对照图纸进行建构活动。 2. 在中班搭建的基础上，教师引导幼儿学习转向、穿过、平式联结和交叉联结等建构技能，搭建复杂的三维物体。例如，搭建立交桥、拱形门等。 3. 教师引导幼儿掌握整齐对称、平衡的构造，尝试整体布局，学习选择使用辅助材料。例如，在公园里搭建相呼应的前门和后门，在住宅区里搭建左右对称的凉亭、路边的花草等。 4. 教师引导幼儿在搭建前学习商讨、分工，进行一定的设想和规划，通过分工合作完成较为复杂的工程。 5. 引导幼儿建造有一定主题和情节发展的结构复杂、装饰精巧的建筑群。 6. 引导幼儿尝试清晰、客观地评价他人的建构作品。 7. 提供适合大班幼儿的特定结构材料并不断补充和更换材料。

②参与游戏，及时发现幼儿遇到的困难，适时适度地给予帮助和指导。

③及时对幼儿的创作加以关注，多以肯定、鼓励为主，适当的时候给予建议帮助提升，让幼儿对插塑活动保持一定的兴趣。

④教师要利用有趣的情境，激发幼儿参与搭建活动的兴趣，并根据游戏情节的发展需要进行添加、更改，延长幼儿对游戏的兴趣。

⑤利用多种形式保留幼儿作品，如专门的展示台或多媒体手段（照片、视频）暂留游戏过程，保留作品，有效进行展示评价。

⑥教师应引导幼儿之间开展自评和互评。评价的主体应该是幼儿，鼓励他们客观地评价他人。

6. 分享拓展

①交流经验，丰富游戏所得。在主题建构过程中，每一个环节都有值得分享和提炼的价值。在合作与分工、技能的掌握、材料运用、游戏常规等方面，教师都可运用集体、小组、个别相结合的交流方式，让幼儿的有

效游戏经验相互分享碰撞，获得进一步的提升。教师要认真倾听幼儿的交流，适时为幼儿补充不完整的表达，帮助幼儿提炼出有用的游戏经验，以此提升幼儿的游戏水平，推动游戏情节的发展。

②拓展思路，为下一次游戏创设空间。在单次游戏结束后，在幼儿分享成功经验的基础上，教师应启发幼儿讨论：对下一次游戏，你有什么好的建议？还需要增加哪些搭建或辅助材料？教师要帮助幼儿拓宽思路，逐渐丰富场景、材料、主题、情节，使幼儿对下一次游戏充满期待。

二、幼儿建构游戏的指导

（一）观察是建构游戏指导的前提和基础

1. 观察是教师“干预”的基础和基本的指导方法

（1）层次观察法。在小班，教师重点观察幼儿的兴趣、技能等；在中班，教师重点观察幼儿的独立性、想象创造能力及结构技能与行为习惯等；在大班，教师重点观察幼儿的想象创造能力、合作能力与坚持性品质等。

（2）按需介入法。在仔细观察游戏过程之后，教师立即进行思维加工，判断哪些情形需要教师立即介入点拨，哪些情形需要教师暂缓介入，采用什么方式介入等。

一般需要教师立即介入的主要情形是：①当幼儿出现负面行为时，如打闹、推挤时；②当环境中因人多拥挤或使用材料、工具而产生不安全源头时等。

教师暂缓介入的主要情形是：①当幼儿发生技能困难时（不知道怎样将天桥的楼梯与梯面连接起来）；②当幼儿游离于游戏情形时（他不知道自己该做什么、怎么做，先给他时间，观察他接下来干什么）；③当幼儿在延伸或扩展游戏内容有困难时（鼓励幼儿自主思考）等。

案例：

建构主题“中山公园”

教师先建构部分难度较大的公园设施并以游戏的口吻说：“春天到了，正是到中山公园春游的好时节。大家来看看，我们的中山公园还缺什么？”

这样一来，就能很自然地引发幼儿对生活经验的回顾："中山公园里还有拱桥、大型玩具、音乐喷泉……"这时，教师再提出搭建的任务，就能促使幼儿较快地进入游戏状态。

而当建构到一定程度时，进行第二次、第三次游戏，幼儿已经将所想所知完全呈现时，教师的适当介入则会将游戏推进到一个新的高度。如又能提供一到两种有挑战性的任务或增设新的情节，教师就说："现在，有很多爷爷奶奶也喜欢到公园里游玩、唱戏，他们想到凉亭、廊桥里去。可是，我们的公园里没有，怎么办呢？"这就引发了幼儿搭建的愿望。

在建构游戏中，幼儿往往受到知识和技能的限制，逻辑思维也不完善，空间感较差。如果教师生搬硬套地讲解示范其建构方法，就会打消幼儿对游戏的积极能动性。我们应为游戏创设相关的情境介入、提供相关的建构材料及使用一定的导入方式来激发幼儿的游戏愿望。

2. 教师应善于观察幼儿的表征行为，培养幼儿思维的变通性和灵活性

①观察幼儿的建构行为——增强行为的目的性，培养想象力和创造性；观察幼儿的合作行为，增强群体性，培养交往的主动性。

②关注"问题"是游戏指导的根本。此外，设置"问题情景"更是指导游戏深入发展的助推器。幼儿在建构过程中，往往意识不到自己搭建中的问题。教师可以通过"提问"，帮助幼儿注意到"问题"。教师可以通过设置"问题情景"来向幼儿提出新的挑战，引发幼儿解决新的问题的需要。

案例：

滑动的小汽车

在进行"我的家"游戏建构时，刘玉轩小朋友给家里的汽车构造了一个车库，但车库和"地面"间有一定的距离。于是，他总是用自己的手把汽车"搬到"车库里。看到此种情形，教师以"家里的汽车是怎么到车库里呢"来引发刘玉轩对问题的正视。又启发他："我们想想，现在有什么办法可以让汽车自己开到车库里？"幼儿开始思考，一开始，他是为自已又"买"了几辆汽车，有用扭动发条前进的汽车，有用拉线拉动的汽车，可以自行开到地面。可是，教师继续询问："没有自动装置的汽车，怎么办？"

他在好朋友的帮助下，在车库前造了一个斜坡，很好地解决了问题。

（二）参与游戏，与幼儿共同探索、共解难题是教师指导的重要途径

1. 示弱求助法

教师以同伴的身份参与，并在幼儿面前示弱，以需要帮助式的“提问”推动幼儿游戏的成功。例如，如果二楼停放的汽车要出来，怎么办呢？然后，启发幼儿回忆生活中停车场的经验，引导幼儿搭建从二楼到一楼的楼梯，而且要节约空间，鼓励幼儿拓展思路，搭建出一条弯道让汽车开下来。

2. 介入共玩法

教师介入幼儿游戏的过程中，伴随语言的启示，使幼儿从中受到积极影响。例如，修建长城的游戏时，需要幼儿不断延长加层使城墙变高、变长。当教师感觉到幼儿的坚持性不够时，可以立即以同伴的身份加入其中：“你的城墙可真长啊，快加油！老师正在努力追赶你呢！”这是以鼓励性的语言，来增强幼儿的耐力与坚持完成任务的信心。又如，当幼儿在探究垂直镶嵌搭建防护墙的底座时，教师可深入到他们中间与他们一起搭建，引发幼儿借鉴并观察、习得经验。

案例：

龟山电视塔

高锐天小朋友用雪花片拼插“龟山电视塔”时，没能围合成功。因结构松散，他似乎失去了信心，准备拆除。此时，教师立即介入：“天天，你真棒，电视塔马上就要建成功了！”天天沮丧地说：“老师，塔楼不稳，总是倒塌。”教师说：“没事，我和你一起来试试看。”教师和天天共同观察已经建构的电视塔，寻找原因——塔底四边拐角处拼插缺少牢固的连接方法。这时，教师鼓励天天在塔底四边再加雪花片进行左右连接。这时，教师又适时后退，让天天自己去尝试，果然围合成功了。当天天按捺不住兴奋牵着教师的手过去看时，教师又给予评价：“天天真棒，遇到困难不放弃，还会和老师共同讨论解决问题。”

这一案例说明，当幼儿在搭建技能方面遇到困难而影响游戏进展，或因困难而导致游戏兴趣消退时，教师可通过与幼儿共同探索、共享成功喜悦的互动过程，间接地提高幼儿的建构技能。特别是最后的评价点评，对游戏中幼儿品质的养成给予了很好的培养。

3. 陈述递词法

幼儿在聊某一项技能或讲述作品时，教师在认真倾听中，要及时为他们的陈述递词补充不完整的描述，使他们顺利流畅地表达自已的想法，增强幼儿的表达自信。小班幼儿进行游戏交流的时间为 5—8 分钟，教师鼓励小班幼儿表达作品名称，并补充、完善幼儿的表达意思。中、大班以 10—15 分钟为宜，以幼儿自我表达为主，并鼓励幼儿互相点评。

4. 设疑共探法

参与游戏，与幼儿共同探索、共解难题是教师指导的重要途径。教师通过发问，引发幼儿对某一重点或难点的思考，师生共同讨论与探索，共同寻找解决问题的途径与方法，从而推动幼儿游戏的成功。

第三节 在幼儿建构游戏中促进教师专业成长

游戏是幼儿成长的基本方式，游戏素养是幼儿教师必备的专业素养。要满足这些要求，需要幼儿教师以游戏为路径，在游戏中解读幼儿心灵，走进幼儿的内心，优化游戏的成长功能，提升基于幼儿心灵的游戏素养。这也就是幼儿教师游戏素养的理想期待。[1] 就幼儿建构游戏过程而言，它是一种引人入胜的创造性游戏活动。在游戏中，由幼儿自由构想、自选材料、自己动手，创造性地运用自己已有的生活经验建造各种建筑物。这一切均能促进幼儿创造力的发展。同样，在游戏情境中，从前期师生的共同策划再到投入游戏，甚至游戏评价、拓展，教师都能同幼儿一起收获成长。

一、在建构作品赏析活动中，丰厚教师在建构游戏中所需要的主题素养

（一）对幼儿建构作品的赏析

将幼儿不同时期的建构作品，利用 PPT 的方式呈现、介绍。呈现的内容可以是：不同幼儿对同一建构主题的不同建构作品的呈现，可以是同一

[1] 杨凯红 . 游戏力：区域活动中教师的核心专业素养［J］. 福建：福建教育杂志社，2015，(20) .

个幼儿同一个主题因内容的推进而促使连续作品的呈现；介绍的内容可以是建构风格、建构技能、建构时发生的问题，以及教师组织实施及指导的策略等。在这样的赏析活动中，引领教师学习如何有目的地观察、分析、比较、评价幼儿作品，全面提升教师建构游戏的能力。

（二）对生活中的常见建构主题的赏析

如各类主题公园——万达电影主题乐园、长隆主题公园、九峰野生动物园等，各类生活社区——百步亭小区、常青花园小区、汉阳商圈等，这些常见建构主题，在建筑布局、建构设计、建构规划上都是成熟而且完善的。对此进行赏析，能高效地丰富教师的建构经验储备，提升教师在建构游戏中的组织和指导能力。

（三）对特色、经典建构作品的赏析

如对北美式、地中海式、意大利式、英式等建筑风情，哥特式建筑、中国传统式建筑、巴洛克建筑等不同建筑风格的赏析，无论是从个体自身人文素养的提升角度出发，还是作为建构游戏所需的游戏素养储备角度出发，教师都应该有所涉猎，略知一二。既可以提升教师的建筑素养及审美能力，又可以推进幼儿的建构游戏向深层次开展。

二、在建构游戏试玩活动中，提升教师理解幼儿建构行为的能力

只有会玩的教师才能带出会玩的幼儿。如果在建构游戏中，教师练就了“玩家”的本领，他才能以强大的力量支持幼儿成长为“玩家”。这里的“玩家”是指教师自身要具备高超的玩游戏的本领，也就是要会玩建构游戏，甚至要比幼儿更会玩。试想，当教师对各种建构技能驾轻就熟、信手拈来时；当教师对各种建构知识如数家珍、侃侃而谈时；他不仅能收获幼儿尊崇的眼光，更能促进幼儿在游戏中真正获得学习和成长。只有具备玩家的能力，才能根据教育目标设计出好玩的、有意义的建构游戏。另外，教师在策划出新的建构游戏、设计出某一建构材料或准备投放某种建构材料时，要事先像幼儿一样去玩一玩、试一试，而且要带着问题玩（内容设置是否适宜、所提供的材料是否恰当、可以玩出几种方法、每种玩法的功用是什么、有可能会怎么玩等），亲身体验才能发现策划是否合理，是否符合幼儿特点，是否适合幼儿的兴趣需要。当教师对策划进行演习式的检验和预测，对幼

儿的游戏有充分的估计时，才能灵活应对建构游戏中可能出现的状况。

一是教师建构技能试玩。幼儿园的建构游戏必须借助一定的方法和技能，幼儿才能将自己对生活的观察创造性再现出来。由此可见，方法和技能是建构游戏的支柱。这就需要教师由浅入深、循序渐进地引导幼儿获得。因此，教师自身在此方面必须要有丰厚的储备。以建构技能比赛的方式，能帮助教师明确不同年龄段的幼儿应该掌握和习得什么建构技能，知道什么样的建构活动要运用哪些建构技能，哪些建构技能需要融合运用。

二是教师玩建构游戏活动。建构游戏是教师顺应幼儿的兴趣、需要以照活动中的具体情况，和幼儿一起发动、策划、玩游戏的过程。教师要具备善于推波助澜，善于协助幼儿推进游戏进程、解决游戏中出现的问题的能力。只有在真实的游戏情境中,才能获得最大限度的发展。因此,开展“教师建构游戏”活动，让教师变身幼儿，去真实地玩一玩、试一试，才能让教师感同身受，以幼儿的角度和身份出发，重新诠释和理解幼儿的建构行为、建构想法，提高教师的观察能力、分析能力和指导能力。

案例：

合作玩拼插

为了更真实地再现中班幼儿在建构活动中的表现，我们对青年教师进行了一次“合作建构”的游戏试玩。我们设计了两种不同形式的竞赛。在第一次竞赛中，要求青年教师每人参照手中的图样表进行积塑的拼插。教师们都出色地完成了建构任务。第二次竞赛时，建构加深了难度，要求二人一组进行合作建构。同时，没有告知青年教师第二次游戏的特别设置：一是教师人数是奇数；二是有些建构材料提供的量不足。青年教师同样非常顺利地进行了合作拼插，没有任何意外发生，甚至落单的那个青年教师直接找到主持人，要求合作。

于是，游戏在此结束了。我们请教师分析：合作建构在中班幼儿中开展会这么顺利吗？

年轻的教师们这才恍然大悟：中班下学期的幼儿虽有一定的合作经验，但在合作的方法上还不成熟，共用建构材料的经验也不足，他们还是以自我为中心，缺少协商和合作的意识，所以会有意外分歧或争执产生。

这时，就表现出了青年教师对中班幼儿年龄段发展目标的不了解，对平常建构活动中发生的问题比较忽视的现状。

三、建构游戏专题教研活动，引领教师明确建构游戏的价值所在

研讨的主题应是来源于建构游戏的问题收集，并且研究的内容要从细致切入、从小点切入。例如，可以是对建构游戏的发展阶段、实际认知进行研讨，可以是对建构材料的投放、运用的研讨，可以是对建构游戏中的指导策略、建构须知的技能等进行的研讨，研清研透。

案例：

在大班建构游戏中，对辅助建构材料的运用

活动过程：

一、提出教研专题

主持人：大班的幼儿已经掌握了基本的构建技能，而且在建构材料的使用上，开始有了自己的想法。如能把教师提供的薯片罐作为支撑柱使用，但在有意识的收集和创造上还不够。基于这个基础，我们今天研讨的主题是：如何在建构活动中充分运用辅助游戏材料？

二、指导教师反思与讨论前的质疑

教师彼此交流使用辅助材料进行建构的情况。

教师一：在建构活动中，幼儿的兴趣主要集中在主体或成品建构材料上，如大型积木、小型插塑或是一眼就可明确使用方法的半成品上。但是，对需要再加工、再创造的辅助材料则完全忽视。

教师二：我在建构活动中，使用了一个共玩的方法。如在围合的过程中，我有意识地减少插塑的数量，但把扑克牌折叠立起来使用进行延长、围合。马上就有幼儿学会了，并且使用了。我觉得，这个方法不错。

教师三：我也使用了一个引领介入的玩法引导，但成效并不明显。我把废弃的卡纸剪十字口，再进行拼插。有的幼儿试了一下，没有成功就放弃了。

三、分组讨论：

1. 出现此类情况的原因

原因一：幼儿因为经验的不足和局限，对辅助材料没有认知和了解。

原因二：幼儿没有了解到辅助材料带来的创意与惊喜。

原因三：提供的辅助材料再加工的难度过高，或是教师的要求过高。

2. 解决的方法

分两组讨论。

第一组发言提纲

（1）在层次上高低不同。

（2）数量上应注意投放的技巧。

（3）了解和把握辅助材料的运用。

（4）针对个别儿童的差异，合理投放材料。

第二组发言提纲

（1）对辅助材料的认知。辅助材料的分类：一是利用材料的自身特点，直接可以使用的，如罐子、纸筒本身的功能运用；二是需要再加工、再创造的辅助材料，如卡纸。

（2）幼儿在活动中的使用，辅助材料投放以后如何发挥它的作用。

四、达成共识

1. 提高建构辅助玩具的运用率，可先提供幼儿爱玩，又可直接运用材料特性的辅助材料，逐步培养幼儿运用辅助材料的意识。

2. 多提供一些较容易进行再创造、再加工的辅助材料，激发幼儿运用辅助材料建构成功的成就感。

3. 增强辅助建构材料的挑战性。教师以同伴的身份引领幼儿去探索辅助材料在建构游戏中的新方法，引导幼儿主动探索，去思考如何运用辅助材料。这就是教师应起到的支持者的作用。

4. 巧妙运用建构玩具丰富游戏情节。

游戏的价值不仅在于知识、技能的习得，更在于问题的解决能力、学习品质的发展。当幼儿在建构游戏中主动探究、积极思考、乐于交流的情感得到了满足，并能延伸到生活和其他学习活动中时，建构游戏的价值就得到了最大的体现。

下篇

国外幼儿游戏与教师专业发展

第九章　国外幼儿游戏

风趣幽默的纯美式语言环境，英文字母在高科技互动白板上“跳舞”，幼儿在生动的故事情境中“玩”会了英文知识，区角游戏活动引领幼儿发现和解决问题，一直兴奋到下课。这是美国幼儿园的活动。

探索式学习方法，让幼儿兴奋不已。没有传统的黑板，有的只是纯英文的环境和会动的课本。幼儿一起唱歌、玩游戏，争先恐后地用小手点中课件里面的任何东西,随意拖动,达到即时操作,随心所欲。新颖互动的“玩”课方式让幼儿倍加喜爱，兴奋不已。

第一节　美国幼儿课程及游戏

3—6 岁的幼儿已经非常渴望并愿意参与探索型团队活动，每一次直接告知答案，每一次强迫幼儿背诵，每一次打断幼儿的探索，其实都是在扼杀幼儿的创造力和思考力。美国幼儿园教学以多媒体互动软件为主，结合全球最先进的互动电子白板，以探索与创造性游戏为课堂内容，让幼儿在课堂中主动去探索知识，教师则是幼儿学习的助力者。

一、利用最优智能学习，让幼儿兴趣倍增

美国幼儿园强调多元智能、多学科与语言学习的有机结合，在纯英文的课堂上，还融合了语文、数学、科学等多学科知识的学习。全年 12 个月，每月一个情节生动、内容丰富的英语主题故事，从而激发幼儿无穷的学习乐趣。在游戏中，培养幼儿的思维力和创造力。

美国幼儿园尤其强调利用游戏等环节，充分提高幼儿的注意力、观察力，激发他们潜在的创造力、想象力和探索欲。课堂上设有一个特别的“区角游戏区”，包括构想区、美工区、交互区、ABC 区等。在同一教学主题下，

幼儿可按照自己的意愿选择自己喜欢的学习内容，在不同区角间自由操作和探索，学以致用。

在课堂的区角游戏中，幼儿每 3 人一组，形成了一个小团队。很多课堂作业是以团队为单位完成的，旨在锻炼幼儿的团队协作能力。每个团队都会随机指定小组长，作业完成后，小组长必须用英文与其他组小朋友进行分享，锻炼其演讲演示能力。课堂还设有由幼儿自己负责的区角管理表，引导幼儿学会时间管理和自我管理，从小培养优秀的思维力和创造力。

二、美国当代教育下的角色游戏

美国纽约州立大学教育系学前专业的卡罗尔·扬·伍达德和她的学生们对幼儿的角色游戏进行了认真的研究，并提出了组织该游戏应注意的几个问题：[1]

1. 提供和角色游戏主题有关的知识

即使有些角色游戏的主题幼儿已经相当熟悉了，但对其中一些角色，如餐馆洗碗工、厨师等，他们不一定很了解，往往会感到不知所措。因此，在游戏前给幼儿介绍和角色游戏主题有关的知识是很有必要的。

除了教师的讲述以外，最好能够组织幼儿去现场参观。例如，可以到药房去，看看摆放整齐的药品，了解它们是怎样分类的；通过和店主、会计药剂师的谈话，知道他们各自的职责，并观察店员是如何接待顾客的；也可以请有关的人员到幼儿园来介绍相关情况。

2. 创设良好的游戏环境

环境的设计和安排对吸引幼儿参加角色游戏起着重要的作用。活动室可分成几个区域，进行不同的角色游戏。为了方便幼儿选择自己喜欢的游戏，减少活动中的相互干扰，需要把不同区域稍微隔开。从天花板上悬垂下的纸板门窗、画着花草和卡通人物的纸围墙、有序摆放的包装箱、桌椅等，都能巧妙地将各个游戏区隔开。

每个游戏区的空间要足够大，游戏区内不同作用的空间要明确分开。例如,在“医院”里,为“护士”准备的小桌椅和几把椅子摆出一个“候诊室”,

---

[1] 曹梅．运用角色游戏促进幼儿双语和谐发展的研究［J］．学前教育研究，2012(6)：15—16.

旁边的几张大桌子和放着“器械”和“用具”的架子、用纸箱制成的“狗窝”、“鸟笼”以及几个动物标本，说明这是一间“诊疗室”。这样的安排能使幼儿很快理解每个区域的游戏主题，能很快参加进来并承担角色。

3. 提供尽量多的游戏材料

游戏材料可以帮助幼儿进入角色，把现实生活和想象中的角色联系到一起。一只听诊器能使他们承担起“医生”和“病人”的不同角色，一条围裙和一把勺子能把另一组幼儿变成“冰淇淋售货员”和“顾客”。

游戏材料不求价格昂贵，应当是简单的、尽量真实和耐用的。用泡沫橡胶的下脚料制成的“蛋糕”，厚纸板和透明塑料片制成的“饼干”，染上不同颜色的棉纱制成的各种“冰淇淋”等，都很受幼儿的欢迎和喜爱。

游戏材料要便于拆装和保存。用过的游戏材料应放在纸箱里以备下次再用。尽可能地多收集和存放，诸如玩具、图书、服装、电话机、打字机、炊具、汽车方向盘、纸板、胶水、颜料等游戏材料和制作材料，以备各种形式和内容的游戏活动之所用。

在游戏活动中，不要一开始就把所有的材料都提供出来。应该在游戏发展过程中，给幼儿一定的时间去寻找、发现和获取新的游戏材料，以保持他们对游戏的兴趣。角色游戏往往是一个相当长的过程，教师应有足够的耐心，不要急于求成。

幼儿在角色游戏中的想象和表演，常受到电影、电视节目、木偶戏、读过或听过的图书、故事、诗歌等的影响。教师应在这些方面多加注意，及时为他们提供相应的图片、画册、绘画和游戏材料。

4. 教师可介入游戏活动

角色游戏开始后，教师要注意观察，看看每个活动区中的幼儿是否对这个区域的活动有明确的想法，是否积极地承担自己的角色，是否能找到合适的游戏材料，是否能有目的地在游戏过程中去控制和实现自己的设想。当教师发现有的区域的游戏在不断地重复，没有新的内容，或发现有些幼儿从一个区域无目的地跑到另一个区域时，则表明他们需要教师的帮助、需要教师的介入。

教师的介入并不是去控制游戏活动的内容，而是通过提问题、提建议，对角色进行评价、做示范等方法，启发幼儿对游戏活动本身、对每个角色、角色之间的关系、如何选择和使用适当的游戏材料等方面的理解，引发他们对游戏的兴趣，积极、主动而又独立地投入到游戏活动中去，并用自己的方式去实现自己的设想。

5. 家长的介入

当幼儿积累了相当多的角色游戏的经验之后，便会产生一种自己设计角色游戏，充当某个角色的愿望。这时候，他们会把角色游戏从幼儿园玩到家里。有些家长很愿意和幼儿一起游戏，他们会做一些简单的游戏材料，并愿意到幼儿园来看看幼儿是怎样游戏的。这样一来，家长就能在家庭中起到教师的作用，使幼儿园教育和家庭教育协调一致，为幼儿的全面发展提供良好的家庭环境。

三、美国幼儿园的数学游戏[1]

1. 数学游戏在教学活动中的应用

在某次活动中，教师为幼儿提供的是柔性的可拼接的彩色积木（flexible blocks）。教师告诉幼儿，玩柔性积木可以像以往玩硬性积木那样，搭建各种形状的几何形体。“有兴趣的小朋友还可以这样玩。”教师把几块积木连接在一起，做成积木条，再把做好的积木条卷到一个黑色的轮轴上做成一个轮子。“咱们比一比，看谁的轮子转的速度快、转的时间长。”教师的新创意一下子激起了幼儿的兴致。下面就是几个游戏中的场景。

游戏场景一：约翰正准备把拼接好的积木条往轮轴上卷。旁边的柯里发现约翰只连接了 5 块积木，就说：“你的积木条不够长，还需要再加两块积木。”柯里的提醒为约翰提供了一种有效的策略，但约翰没有注意到。后来，约翰发现自己的积木条果真不够长。柯里说：“我跟你说过，你还需要两块，你一共需要 7 块积木（也就是 5+2=7）。”约翰还是没有接受柯里的建议，而是在连接积木时一边接一边数，最终做成由 7 块积木组成的长条，成功地绕在轮轴上。[2] 在这个场景中，幼儿使用了两种非正式的测量

[1] 曹梅 . 运用角色游戏促进幼儿双语和谐发展的研究［J］. 学前教育研究，2012 (6)：15—16.

[2] 梅纳新 . 当前幼儿数学教育对教师能力的要求［J］. 学前教育研究，2003 (03)：20—24.

方法：预先估计一下需要几块积木才能卷住整个轮轴；直接将积木条和轮轴的周长进行比较，然后边接边数出积木的数量。

游戏场景二：艾伦无意间在做一个红蓝相间的积木条。她转动自己的轮子并大声说："快看，我的轮子变成紫色啦！"其他幼儿也开始用两种不同颜色的积木做出 AB 型的积木条（黄绿—黄绿），然后滚动轮子看会出现什么颜色。这种颜色游戏在幼儿中间越来越流行。一些幼儿试着将 3 种颜色组合在一起，做出 ABC 色型（红黄蓝—红黄蓝）的积木条，还有些幼儿则将多种颜色的积木组合在一起。在颜色的组合实验中，幼儿根据颜色将积木分类，创造出多种颜色类型。

游戏场景三：保罗对颜色游戏有了新的想法，说想做个浅绿色的轮子。他要先预测滚动的积木会出现什么颜色，再验证自己的预测。见其他幼儿正忙于做积木条，没人理会他的想法，教师就问保罗是如何知道会出现浅绿色的。他说："猜的。""让我们看看是否真能出现浅绿色。"教师提出了建议。于是，他将蓝色和黄色的积木连接在一起。当他的轮子产生一种浅绿色时，保罗非常兴奋。其他幼儿也开始预测他们的积木条可能会出现什么颜色。于是，在这个场景中，对幼儿来讲，滚动轮子出现了一种新的意义——验证他们的预测是否准确。

游戏场景四：皮特的轮子总是转得很慢，于是，他在轮子外面又加了一层积木条，轮子果然转快了。有些幼儿看到了，也学着他的样子把轮子做大。这些幼儿试着做出大小不同的轮子模型，比如多加一层或两层积木条，再与前者比较，测试轮子滚动的速度和持续的时间变化。

上面的游戏是一个数学游戏的范例。在活动中，幼儿通过拼接积木和缠绕轮子的尝试，通过与同伴预测、验证、比较、分析与探讨的互动，进行了多种数学活动，并自主地探索了许多非正式的数学思维方式。

第二节　德国幼儿课程及游戏

德国的学前教育渊源流长。文艺复兴之前，德国学前幼儿的主要教育形式是家庭教育。被人称为"幼儿教育之父"的德国著名学前教育家福禄贝尔于 1837 年在家乡附近的勃兰根堡开办了一所学龄前幼儿教育机构，1840年将它正式命名为幼儿园。这是世界上第一所真正的幼儿教育机构，德国成为幼儿园的发源地。福禄贝尔在教育实践中形成了一套具有自身特色的教育理论和方法，促进了德国学前教育事业质的飞跃，同时也对世界学前教育的发展产生了重大的影响，标志着世界幼儿教育进入一个新的阶段。自福禄贝尔之后，学前教育成为一个独立的学科发展起来，德国对学前儿童的教育越来越重视，也逐渐走上正轨，形成了鲜明的特色。[1]

一、幼儿教育尊重幼儿自然成长的内涵

综观德国的幼儿教育，其中有一个最鲜明的特色值得我们深思和学习，那就是崇尚自然。德国的幼儿教育非常朴实，处处体现着效法自然、尊重幼儿自然成长的内涵。对照我国的学前教育，两百多年前“发现儿童”的教育家卢梭发出的要在“自然中培养自然人”的呼声早已被那些花样翻新的早期教育模式所淹没。

1. 朴实温馨的环境

德国幼儿园一般都很小，从外看，很难发现这是一所幼儿园。但推门进去，你会觉得豁然开朗，一个丰富多彩的儿童世界呈现在你面前。德国幼儿园是温馨、舒适的，没有我们想象中的现代化设施，更没有我们想象中的价值不菲的奥尔夫或蒙台梭利的全套教具和特色教室，它的优雅和朴实超出了我们的想象。教室的屋顶上悬挂的是粗麻绳和轻纱做成的帷幔，充满了梦幻色彩。匍匐在地毯上的幼儿仿佛置身于童话世界中，在书中描述的想象世界中漫游着。墙面上是幼儿随意的涂鸦，还有在户外捡来的树枝、干花和枯叶挂在墙面上，记录着幼儿户外生活的快乐和惊喜。也许因为我们看的几所幼儿园都是极具传统的幼儿园吧，教室中的桌椅和教具都是古旧的，可以看到岁月的痕迹，也可以看出这里的教育者正在用自己的双手经营着一段可以留下来的历史。

在我国，一些收费较高的私立幼儿园的环境设施十分豪华，昂贵的木地板，塑胶的活动场地，琳琅满目的玩具，很多幼儿园把这些外在的环境

[1] 朱海霞.崇尚自然的德国幼儿教育带给我们的启示［J］.当前学前教育，2001(05)：45—47.

设施视为争创示范先进园的硬指标，这些也是许多家长选择幼儿园的一个衡量标准。诚然，完善的配套设施是必不可少的。可是，我们很少去思考：这样豪华的设施对教育幼儿到底是利大于弊还是弊大于利？幼儿长大成人要面对各种各样的社会环境，而不是永远呆在宫殿式的房子里。过于现代化的设施也阻碍了幼儿探索大自然的能力和创造。

2. 林间幼儿园

在上世纪 90 年代，德国出现了一种叫做“林间幼儿园”的托幼方式。这里没有房屋、围墙，教师在树林里对幼儿进行没有教室的幼儿教育。他们组织幼儿在草地上散步、观察动植物，在这些直接投入大自然怀抱的野外活动中拓展幼儿的独创性和运动能力。“英国庭园”是慕尼黑的一所自然公园，后来被开辟成了慕尼黑林间幼儿园。园内有成片的白桦林和灌木丛，草地上有清澈的溪流。在这里入托的 15 个 1 岁半以上的幼儿每天上午 9 时来这里集合。他们或分成几个小组做游戏，或个人自由活动，做手工、捡树枝、玩石子、堆泥沙。有喜欢爬树、赛跑的幼儿，也有乐于观察蚂蚁、蜗牛的昆虫迷。教师除了在规定的时间教唱歌以及随时解答幼儿游戏中的各种“为什么”之外，更多的精力则放在安全保护工作上。午饭如同郊游时的野餐，大家席地而坐，摆上自带或教师帮助准备的食品。下午 2 时左右，结束一天的活动。

首创这个林间幼儿园的赫本黛拉女士对幼儿园的未来充满信心：幼儿在林子里跑来跑去非常开心，既提高了他们的运动能力，又可以激发他们的创造力。没有过多的管束，也就不存在压抑心理。所以，他们当中从未发生过吵架、打斗的事，也很少生病。赫本黛拉给幼儿定了 3 条必须遵守的纪律：不准吃木耳等野生果菜；不准拿着棍棒跑跳；听到哨声要马上向哨音方向集合。

我国的幼儿园大多数是铁将军把门。在我国日益城镇化的今天，幼儿已经很少有机会能够接触到泥土、昆虫这些来自大自然的事物，甚至他们每天的户外活动时间都被压缩，少得可怜。在幼儿园，我们看到的是这样一种景象：能不让幼儿出去，就尽量不出去；就算是出去了，教师的组织、管理也要占据大部分时间，很少能看到让幼儿自由自在地想怎么玩就怎么玩。一些幼儿为了想获得片刻的自由而寻找各种借口逃避呆在牢笼似的教室里，比如经常在上课时间要求上厕所等。对于铁将军把门、限制幼儿户外活动的时间，管理者和教师们有充分的理由：基于安全的考虑。诚然，让幼儿在户外自由地活动肯定要比让他们呆在教室里排排坐要难管理得多，也产生了一些安全隐患。但是，如果仅仅因为怕出事故就剥夺幼儿的活动权，限制幼儿的发展空间，这样做是不是有些本末倒置、得不偿失呢？

3. 混龄编班

德国幼儿园一般是混龄编班，每个班有16个左右幼儿，幼儿在类似有兄弟姐妹的家庭环境中相互交往。幼儿园通常由0—6岁不同年龄段的幼儿混合组成一个个小组（类似于一个个班级），幼儿园充满着家庭般的温馨。德国幼教工作者主张把幼儿看作一个人，一个有着自己独特背景又要面向未来的人，一个需要与同伴、成人、社区交往的人，一个生活在真实而自然的社会环境中的人。幼儿作为一个完整的人，在幼儿园里需要面对各种年龄的同伴，面对各种成人，做他感兴趣的事情。我国的幼儿园都是小、中、大班泾渭分明，当然，这样编班有利于管理是无可置疑的。但是，如果从幼儿的角度来考虑，德国幼儿园的这种混龄编班的方式是很值得我们借鉴和学习的。混龄教育有利于幼儿的全面发展，尤其是社会适应能力的发展。当然，混龄教育对师资的要求较高，这也是我们面临的一个问题。其实，我国的幼儿园不一定非要混龄编班，可以考虑多设计一些混龄活动，以帮助幼儿获得异龄同伴交往的经验。

4. 随心所欲的幼儿

德国的幼儿园像家庭一般温馨，幼儿可以自由地选择自己的学习方式，他们可以看书，可以参与教师组织的集体活动，可以独立玩玩具，当然也可以选择独处。事实上，每间教室都有一个独立的小空间提供给幼儿，幼儿叫它“安静角”。安静角里一般有一个柔软的垫子，上边有很多布质的柔软的娃娃和公仔，有趣的靠垫，有的还有个小沙发。不想参加团体活动的幼儿可以到这个角落，静静地坐着。淘气的幼儿也可以在这里翻跟头，发泄多余的精力。安静角的设计说明德国幼儿教育正视了幼儿的正常心理需求，幼儿也有独处的需要。同时，这种设计也为教师了解幼儿提供了可观察的表征。当一个幼儿频频走进安静角时，其实他已经用行为发出了呼声，他需要心理帮助了。

德国幼教工作者认为，对幼儿来讲，最重要的就是玩，应当通过玩来教他们。教师只是一个观察者、帮助者，要充分发挥幼儿的天性。这一点在德国幼儿园的实践中表现得尤为彻底。德国幼儿园是以小组和个别活动为主的，至于进行什么活动，幼儿自己决定，可以画画、听故事、去“娃娃家”、到户外玩。对于午餐和午睡，教师也很尊重幼儿的意愿。比如，桃园幼儿园提供3个午餐时间，即中午12：00、下午1：00、下午2：00，由幼儿自己决定何时用餐。另外，幼儿园提供专门的地方供幼儿睡觉，每人一块海绵睡垫。若幼儿躺下去20—30分钟仍未睡着，他就可以起来出去玩。

这是德国幼儿教育最大的一个特点，由此可以看出他们是真正把幼儿当成独立、完整的人。

德国的幼儿教育给我们的一个强烈的感觉，就是温馨祥和，动静有度，没有虚荣，顺从自然。无疑，这种感觉给我们带来了许许多多的思考。

二、创设运动幼儿园的原因

德国之所以重视幼儿在幼儿园的运动，并投入力量建设运动幼儿园，主要是因为德国小学生入学检查评估和早期问题检查分析显示，许多德国幼儿在身体力量和协调能力方面发展异常，身体运动能力较差，行为缺陷日益严重，意外伤害事故频繁发生；普遍存在体重过重或过轻的问题，错误饮食习惯的不良影响随着幼儿年龄的增加而越来越明显；语言能力发展滞后、行为异常和注意力障碍等心理、健康障碍在不同的年龄阶段均普遍存在。

1. 其中许多问题都可归因于幼儿在学前期缺乏运动

大量实践证明，运动可以促进幼儿感官、智力、身体和运动机能的发展。

2. 全纳教育理念及运动治疗法成为德国学前教育的潮流

随着全纳教育理念及运动治疗法（又称为精神运动学）的发展，在幼儿园里通过运动促进幼儿发展逐渐成为德国学前教育的潮流。

3. 运动帮助个体形成稳定的人格，解决幼儿的运动缺陷或行为障碍

一方面，它可以通过运动经历帮助个体形成稳定的人格，即强化幼儿

的自我效能感。另一方面，它可以根据对幼儿及其所处环境的分析，采取有效的措施，尽可能解决幼儿的运动缺陷或行为障碍等问题。

三、运动幼儿园的教学论和方法论原则

1. 整体性

运动空间的创设既要考虑到运动游戏课程的需要，也要考虑到幼儿的认知、情感和社会化发展的需要。

2. 适宜性

环境创设一般要根据学前幼儿的兴趣、需求和能力来决定。运动游戏课程应该考虑到幼儿的生活实际，符合幼儿的运动需求并具有游戏特征。

3. 开放性

在运动游戏课程的设计中，要注意吸收幼儿的想法，有意识地让幼儿参与游戏的设计过程。

4. 自愿性

教师要与不愿意参加运动的幼儿沟通，鼓励但不强迫他参加运动。教师首先要找出幼儿不愿意参加运动的原因，然后寻找对策。

5. 幼儿有自己作决定的自由

幼儿能够根据自己的意愿决定如何安排运动器材以及选择何种游戏角色。

6. 幼儿可以采取主动的行为

教师支持幼儿去实施自己的想法并鼓励幼儿为此承担相应的责任。

四、运动幼儿园的运动游戏课程

德国运动幼儿园的运动可以分为两类。第一类是弥补运动不足、促进幼儿发展的一般运动，包括奔跑—跳跃—投掷运动、器械运动、滑行—骑行—滚动运动、水中运动等内容。第二类是由教师引导的针对幼儿发育、发展障碍开展的早期促进运动，包括基本的感官体验、基本运动形式训练、社交自主性训练（通过游戏让幼儿彼此间建立联系）、自我效能感体验（让幼儿自己动手改变、影响、控制一些东西，培养他们对自身能力的自觉意识）等内容。根据教学和幼儿发展的需要，以上两类运动既可以在某个教学时

间里单独进行，也可以与其他课程结合进行。运动游戏课程属于运动幼儿园的核心要素。运动幼儿园的日计划和周计划包含以下内容：

1. 运动的每一天

运动幼儿园每天为幼儿的运动和游戏提供尽可能多的自由时间。教师在这些时间里非常仔细地观察幼儿，了解每个幼儿不同的发展状况和需求，并在此基础上做好课程计划。

2. 教师引导的运动游戏课

每周至少在运动室、户外场地、大自然或游泳池里开展一次教师引导的运动游戏课，每次至少45分钟。这些课的目标设置可以多样化，根据故事做游戏、边唱边跳等活动可以促进幼儿语言能力的发展，攀爬、悬挂和保持平衡的运动可以促进幼儿大肌肉的发育，不同大小和材质的骰子游戏可以促进幼儿小肌肉的发育。

3. 每天15分钟教师引导的运动游戏

每个班级每天应该进行15分钟教师引导的运动游戏。跳圆圈、跳绳等小游戏可以锻炼幼儿的感知能力，还可以为幼儿日后进行体育游戏培养基本的运动能力。除了单独设置运动游戏课外，运动幼儿园还提倡在其他教育领域里增加运动元素。另外，在德国，几乎每个幼儿园里都有这样一些幼儿，他们运动技能不熟练，或者特别胆小或冲动，或者语言发展异常。这些幼儿需要在发展过程中得到额外的、具有针对性的运动游戏课程的支持。运动幼儿园每周特别为这类有发展困难的幼儿提供1—2次的促进课程，并专门配备一名受过精神运动学专业培训的教师，负责这些幼儿的发展促进工作。同时，幼儿园还积极与从事精神运动学工作的体育协会合作，寻求专业人员的支持。在德国，一旦幼儿被确认为有特殊的发展需求，经过当地青少年局、卫生局和劳动社会局的确认后，政府会免费为其提供发展促进服务。为了保证运动幼儿园的教育质量，每个班级必须有一名教师参加过至少60个课时的关于通过运动促进幼儿发展的专门培训。目前被承认的教师培训机构有州体育青年协会、体操协会、联邦行为与运动促进工作委员会、州体育联合会、运动教育与运动矫治学院、社会专科学院、护士学院等。

五、运动幼儿园的空间设计及器材要求

运动幼儿园的空间设计着重突出游戏和运动的特色。教室具有多种功能，比如建造通过台阶、爬绳可以登上去的第二层空间，放置短凳、长凳、泡沫方块等不同样式的座位，在家具背面钉上运动小器材，设置休息区和嬉闹区，安装供幼儿放松的吊椅或吊床等。运动室配备不同大小和形状的箱子、体操垫、长短凳、圆蹦床、韵律操或体操的材料（如球、绳子、体操圈）等基本运动器材，在天花板的夹板上或者横杆上还固定着缆绳、吊环、吊床等器材。休息室里光线比较暗，尽可能不受外界声音的干扰。走廊区域作为“开放的幼儿园教室”，全天供幼儿运动。走廊区域通常使用触摸墙、滚球轨等节省空间并能固定在墙上的感官训练器材。走廊上也可以用不同材料布置出游戏角落。运动工地需要的材料有汽车的内外轮胎、梯子、饮料箱、木箱、木板、木块、泡沫板等。在运动工地上，幼儿可以自主设计自己的活动世界。室外的运动空间首先要充分利用现有的资源，如周边的绿地或游戏广场、树林、人行道、露天台阶、小花园等。配备滑梯和隧道的土坡、沙池、水源等，可以把室外场地变成一个充满挑战并且极富吸引力的运动场地。幼儿可以在这里嬉闹、奔跑、跳跃、翻滚，还可以玩水或建造水渠。室外运动空间还需要安装秋千、跷跷板、吊桥、滑梯等固定的游戏器材。运动幼儿园为幼儿提供的活动器材要能唤起幼儿的好奇心，在使用中很少需要讲解，活动形式多样并能激发幼儿的想象，可以改变使用用途，适合不同幼儿的发展水平，同时还能促进幼儿彼此之间的合作。并非所有的活动器材都需要购买，教师可以设法改造和使用废旧材料，如汽车的内外轮胎、建筑工地的废旧木料等。幼儿可以参与活动器材的制作、组装、改建，这有利于更好地唤起幼儿的运动兴趣。[1]

六、运动幼儿园的社会工作

获得家长的支持和认可，这对运动幼儿园非常重要。运动幼儿园要向家长解释运动幼儿园的教育理念，展示幼儿园的特色。幼儿园有义务每年

---

[1] 胡亿军，王丹琴，德国的运动幼儿园［J］. 幼儿教育（教育科学版），2008 (12): 12–14.

至少一次向家长通报运动对幼儿健康发展和教育的意义。为了打消家长对幼儿在幼儿园里运动的安全顾虑，幼儿园可以向家长提供相关的研究成果。幼儿园还会通过半日游戏、运动会、亲子项目、郊游等，让家长亲身体验幼儿在幼儿园的运动情况。一旦家长了解了运动对儿童发展的重要性，他们也能把家庭生活设计得更有运动性。

运动幼儿园还与当地的体育协会、精神运动学协会、小学、卫生局、医疗保险公司、教育咨询中心、早期促进中心、儿童与青少年帮助委员会、医生、外科矫形师、语言矫治师、运动治疗师等建立网络联系，为家长提供咨询服务，在幼儿出现发展异常时，为幼儿提供个别的、符合幼儿需要的运动促进措施。德国政府明确要求运动幼儿园必须与当地的卫生、教育机构合作。

运动幼儿园通过制作信息材料、对外开放运动活动、发布《在家里为儿童提供运动》手册、做“运动对健康与教育的意义”报告等形式，向公众宣传幼儿园的教育特色，唤起公众对运动意义的认识，同时也致力于让公众更加关注基础教育的意义。

德国运动幼儿园的经验证明，学前幼儿正处于生长发育的重要阶段，如果每天能坚持定量的运动，对幼儿的身心发展大有裨益。借鉴德国运动幼儿园的经验，我们也可以在幼儿园教育中加大体育活动的比重，因地制宜，循序渐进地开展各种体育活动。同时，幼儿园要做好家长沟通工作，降低其对幼儿运动安全的忧虑，家园合作，共同促进各种体育活动的开展。这样做，既可以弥补幼儿在家里缺乏运动的不足，又可以培养幼儿良好的运动习惯，促进幼儿全面发展。

第三节　英国幼儿课程及游戏

英国有关儿童户外游戏活动的研究更是认为，户外游戏较室内游戏有着更为重要的教育价值和意义，具体表现在两个方面。一是户外游戏中幼儿的自主性增强。在户外游戏中，幼儿感觉自己能够控制自己的“领地”，因而能够更自由地表达自己的想法。在室内游戏中，幼儿通常能够从成人的暗示中知道成人对他们的希望，因而为了取悦成人、得到成人的表扬而保持安静和忙碌的状态。二是户外游戏中幼儿的社会性活动增多。有研究表明，幼儿在户外游戏中能够进行更多的相互交流，且言行也更加成熟，游戏持续的时间较室内游戏长，合作性游戏出现的几率增加。然而在室内，由于受到空间、噪音和场地的限制，幼儿常常不能放开手脚活动。

总的来说，户外游戏的环境完全应该被视作一种教育环境，它可以适应和满足每一名幼儿的需要，发展他们的认知能力、情绪情感、社会性，提高他们的身体素质。在户外游戏中，幼儿可以享有足够的活动空间、活动时间和活动自由，呼吸新鲜的空气，从事自己感兴趣的活动。户外游戏还可以是室内教育活动的补充和延伸，幼儿园应坚持开展户外游戏活动。

一、英国学前教育户外游戏活动的实施经验

为了使户外游戏真正成为学前教育课程的一部分，实现其应有的教育效果，英国的研究者提出要注重对户外游戏环境的设计和布置，以及合理地划分各种不同类型游戏的活动区域，以便让幼儿主动利用环境进行自我教育。

（一）户外游戏环境的设计和布置

由于各个幼儿园的条件不同，户外游戏的空间是有区别的。但无论条件怎样，在户外游戏空间设计和布置上，都必须考虑一个共同的问题："幼儿最需要的是什么？"具体而言，这个问题又包含3个子问题：幼儿的一般要求是什么？具体班级幼儿的要求是什么？班级中每个幼儿的要求是什么？为此，必须考虑以下具体方面：室内教育环境和户外游戏环境的衔接、游戏场地的面积、游戏场地的布局、固定设备设施、当地的气候条件、地面状况、座位安排、环境的外观和物品储藏地的安排等。

1. 室内教育环境和户外游戏环境的衔接

幼儿园的户外游戏场地要和室内教育环境实现良好的衔接，才能真正发挥应有的作用。户外游戏场地最好能单独设置，幼儿可以经由活动室到达。但在幼儿来园和离园时却要避免进人，以免影响教师已经准备好的环境。如果受条件所限不能做到完全隔离，可以用栏杆围绕或用苫布覆盖，以免影响教学时使用。

2. 游戏场地面积

户外游戏应有足够的活动场地。一项1996年的研究表明，在一定面积的游戏场地中，随着幼儿数量的增加，其攻击性行为发生的数量也相应增加。但这也并不是说场地越大越好，因为场地过大会导致教师照看困难，同时幼儿也容易失去游戏的主要目标。适当的户外游戏空间和户外游戏小组能够促进幼儿社会交往的发展。如果条件允许，幼儿园还可以设置公共游戏场地，用于放置大型的游戏器材，轮流让不同班级的幼儿使用。

3. 游戏场地区域的划分和布局

英国研究者将幼儿户外游戏分为富有想象力的游戏（如创造性的情景游戏）、建筑和结构游戏、体格锻炼游戏、种植游戏、科学探索游戏和安静游戏等。成人要为幼儿的这些游戏提供相应的游戏设备设施和游戏空间。首先，这些区域不一定很美观和舒适，也不一定很大，但一定要平坦。其次，场地里不要有太多的限制，否则会束缚幼儿对环境的利用，从而使幼儿的游戏处于较低的水平。最后，游戏区域之间的相邻关系要安排恰当，如玩球的场地不要临近篱笆或窗户，把安静游戏的区域安排在临近教室的地方，以便鼓励惧怕户外游戏的幼儿，能够在玩的时候看到其他幼儿的户外游戏情况，从而激起参与活动的兴趣。

4. 固定设施的设置

这主要针对的是户外游戏场地中的大型玩具，如大型的结构玩具（play structure）和大型的玩具屋（playhouse）。

除此之外，户外游戏场地还要考虑有无防护设施，以便幼儿能在刮风、曝晒和寒冷的大气中继续活动；户外游戏的场地一般需要对进入活动室和玩手推车等有轮子的玩具的地方进行硬化，体格锻炼的区域可以种植草坪和铺设塑胶地面；户外游戏场地也需要安排一些能坐的地方，供教师和幼儿休息；不要苛求户外游戏的场地永远保持整齐，要知道那是幼儿“工作”的场所；应该用一些多用途的自然物品代替大而笨重的设备，这样更易于保存。

（二）可以让幼儿有效利用户外环境的条件

要使户外游戏环境发挥应有的教育作用，不仅要看成人是否为幼儿提供了经过良好设计的环境，更重要的在于如何让幼儿有效利用环境。为此，

教育工作者应注意解决以下问题:

1. 注意场地的面积和幼儿的人数

如前所述，场地过大会使幼儿没有安全感；而场地过小、人数过多会导致攻击性行为的发生。

2. 给幼儿充足的户外游戏时间

游戏从低级到高级的发展需要一定的时间，充足而连续的户外游戏时间能够使幼儿专注地做一件事情，有助于幼儿游戏的发展。

3. 注意户外游戏参与状态中的个体差异和性别差异

有的幼儿能够加入一定的游戏团体，一起愉快游戏。相反，有的幼儿不一定非常喜欢户外游戏。男孩和女孩在对待户外游戏的态度上也不完全一致，有研究表明，男孩会比女孩用更多的时间在户外从事身体的活动，而女孩则比男孩用更多的时间玩玩具。

4. 让幼儿掌握户外游戏的主动权

在户外游戏活动中，幼儿拥有对课程的主动权意味着教师始终要以一个参与者的姿态出现在幼儿的游戏中，不动声色地让有意识提供的玩具及材料在游戏中发挥作用，避免其他不利因素的干扰，并且在活动中帮助幼儿树立自信心。

西方教学活动中有很多经典的游戏。这些游戏被贯穿到绘本以及自然拼课程的各个环节。以自然拼课程为例，既有教师和学生一起玩的Bodygame（多人参与的 Party game），更有使用闪卡、磁性拼读贴进行的语音意识训练方面的游戏。比如，著名的 Hot Potato Game 就是一个小型集体游戏。幼儿围成一个圈边唱歌（或者放音乐）边传作为 HotPotato 的沙包。当歌声停止，手中拿沙包的幼儿要回答问题。它不仅锻炼幼儿的手眼协调能力，让课堂活动更有趣味性，更重要的是，我们可以用来做课堂所学内容的延伸，让幼儿在欢声笑语中得到回答问题的机会，消除紧张感。

在自然拼读学习中，为了让拼读更有趣味性，可以改造“沙包”，用小筐里面装上闪卡来做 Hot PotatoGame——闪卡放在筐里。音乐停止，拿着 HotPotato 的小朋友就要从里面抽出一张闪卡读出来。除了这种多人游戏，闪卡也可以玩两人游戏。比如，这种 The TowerGame 就可以在家里面玩。找几个纸杯，放一个纸杯，上面加一张卡片。放卡片之前，要先读出来，然后放上去，要保证不倒。等放到足够的高度了，再一张张把卡片取下来，取一张读一张，也是要注意不能碰倒。当然，陪幼儿玩，倒有倒的乐趣。能疯玩本身就是最好的亲子过程啊！除了闪卡，磁性拼读贴也是拼读的好帮手。磁贴能形象地让幼儿们感受到PhonemeBlending/Segmentation的概念，直观地体会单词中的音素（Phoneme）是怎样被增加（Addition）、去除（Deletion）、替换（Substitution）的，而这些做法恰恰是语音从被发觉（Detection）到辨别（Recognition）再到操弄（Manipulation）的全过程。一个教具让幼儿亲手体验操弄语音的成就感，这个过程同语音输入结合起来，会让幼儿语音意识的建立过程不再枯燥，甚至有了更多的快乐。

二、思考与借鉴

英国有关户外游戏的基本观点和我国是基本一致的，但目前国内对幼儿园户外游戏场地的研究大多从硬件设施建设的角度出发，倾向于关注幼儿游戏场地的设施和安全，而对幼儿园户外游戏场地的功能分区、材料提供，尤其是教师如何将室内活动和室外游戏结合起来共同实现教育目标等方面，还缺乏深入的研究和探讨。这需要我们借鉴英国成功的相关经验。

（一）户外游戏和室内活动相结合[1]

国内往往把室内活动和户外游戏分开，各有目标和计划，发展的领域也不相同，这使两种活动形式之间没有联系或联系甚少。英国则将户外游戏和室内活动都看成是幼儿学习的途径，把各个领域的教学目标都贯穿于室内活动和户外游戏当中，幼儿可以根据自己的喜好选择是通过室内活动还是户外游戏的途径达到活动的目标，从而得到发展。在此，我们应借鉴英国将户外游戏与室内活动统一起来的做法，更深入、更全面地认识和发挥户外游戏对幼儿发展的价值。

（二）户外游戏的目标应更全面

国内户外游戏的目标主要是发展幼儿身体和社会性，其他方面的目标涉及较少。英国的学前教育者则将户外游戏当成教学的重要途径，因此，幼儿发展的各个方面都是户外游戏追求的目标。在此，我们应借鉴英国的

[1]　晓霞．幼儿园教师的专业知识［J］．学前教育研究，2012（10）：10—12.

经验，努力拓展户外游戏的教育目标与功能。

（三）开展并深化有关户外游戏的研究

国内主要对室内活动区的设置、材料投放、教师指导等进行了深入的研究，而对室外游戏的场地和设施及其利用与教师指导等缺乏研究。在此，我们可以很好地借鉴前述英国在这方面的研究成果，并加强中国文化背景下户外游戏开展特点与条件的研究。

第十章　国外幼儿教师专业发展

在国外，幼儿教师是各个政党、各个国家十分重视的教育领域。随着国家经济实力和幼儿受教育年限的增长，幼儿教师及其专业发展备受各国政府的高度重视，已经被纳入政府经济增长和经费投入年度执行计划之中。各国政府采取相同和相近的措施和办法，出台法规制度，制定幼儿教师专业发展标准，将幼儿教师的专业发展视同提升国家发展潜力、健全国民教育体系、促进教育法制化步伐、实现教师人生价值的重要途径。

第一节　美国幼儿教师专业发展

幼儿教师专业发展是幼儿教师实现自身价值的重要途径，是提高幼教质量的关键。美国在促进幼儿教师专业发展方面的措施多种多样，既包括外部措施，从管理入手，为幼儿教师提供良好的物质环境和制度环境；也包括内部管理机制，通过教学实践、教育反思促进幼儿教师专业成长，不断提高幼儿教师的社会地位。

一、美国促进幼儿教师专业发展的措施

1. 为幼儿教师专业发展提供专项保障

美国学前教育的拨款力度增大且经费单列，为幼儿教师专业发展提供了资金保障。财政投入是促进学前教育发展的基础，同时也是教师专业发展的必要保障。

自执行学前教育计划以来，联邦政府对学前教育的拨款从未停止过，奥巴马推行的改革更是注重财政投入及其保障，拨款额度达到历史最高。同时，为了从根本上保障学前教育财政投入的稳定性与力度，奥巴马政府

坚持将学前教育经费单列。2009 年 2 月，奥巴马签署《美国复苏与再投资法案》，补助教育系统 1150 亿美元，其中 50 亿美元用于学前教育单列。奥巴马政府在《美国复苏与再投资法案》中，明确将教师待遇列在教育拨款项目中。而且，奥巴马政府还特别重视幼儿教师的培训。《美国复苏与再投资法案》明确规定，联邦政府必须拿出相应经费对教师进行培训。此外，美国教育部还委托国内有影响的学术机构，如全美幼教协会等，根据法案中有关学前教育拨款的规定，制定专门的幼儿教师培训经费使用方案。

2. 以递进方式促进幼儿教师的专业发展

美国政府高度重视学前教育，其师资培养方式不断改革并日趋完善，已经形成一个起点高、体制完备、操作性强的幼儿教师教育培养体系。具体说来，包括 3 个阶段，即职前培养、新教师入职培训、在职教师的专业发展培训。这种递进的培养模式巧妙地承接了学前教育教师的职前培养和在职专业发展，体现了教师职业生涯的阶段性成长，实现了教师专业发展的一体化与终身化。

3. 运用激励机制调动幼儿教师专业发展的积极性与创造性

美国还运用一系列的激励机制，来鼓励幼儿教师走向专业发展。首先，政策上立法保障。政府立法明确幼儿教师身份，提升教师地位，使幼儿教师更有尊严和地位。其次，物质上提供实实在在的奖励。通过降低或减免学前教育专业学生学费等措施，鼓励更多的优秀人员进入幼儿教师行列。同时，鼓励有经验的教师引导、带动新教师，并给予表现优秀者额外补助。再次，切实为幼儿教师提供专业引领与技术支持，同时给予幼儿教师更多的赞许、理解和宽容，使其获得持续开展教学实践和个人反思的动力和激励方式。

4. 改革与完善教师资格认证体系与评价标准，激发教师专业发展的内在动机

美国教师资格认证体系取消了终身制的教师证书，进而改为进阶式的体系。新任职时所取得的幼儿教师执照只是临时证书，有效期只有两到三年时间。因此，新教师也有迫切接受继续教育的愿望，以便通过下一阶段的执照考试，获得教师资格证，为其工作连续性发展奠定坚实基础。

目前，美国针对不同阶段的幼儿教师，采用不同的评价标准。对于职

前培训的评价标准,根据“全美幼儿教育协会”（简称 NAEYC）制定的“幼儿教育职业准备标准”来实施。对于新教师入职培训标准，美国大部分州参照或采用“美国洲际新教师评估与支持联合会”（简称 INGASC）提出的10条标准，从知识、专业态度与实践操作3个维度对新教师提出了具体要求。[1]

二、美国幼儿教师专业发展培训质量保障机制

20世纪90年代初，以美国的康涅狄格州为代表的幼儿教师专业发展评价机构，开始建立了一项综合性的教师专业发展系统——“康涅狄格州A计划课程”（Connecticut Charts-A-Course，简称 CCAC）。CCAC 的宗旨是支持幼儿教师获得良好的专业发展并帮助幼儿教育机构获得联邦标准的认证，以此促进康涅狄格州所有保教机构中幼儿的健康发展。

CCAC 幼儿教师专业发展培训的质量保障机制包括结构质量保障和过程质量保障两方面，力求将现代管理学理念与地区教育发展实际相结合。其中，前者注重培训活动要素的设计与管理，后者强调对培训过程的监督、评估与促进，二者共同发挥培训质量的保障效能。

（一）结构质量保障机制

1. 组建培训活动审批委员会

培训工作的管理结构和组织制度是发挥宏观调控作用的结构性要素。为此，CCAC 成立了培训活动审批委员会（Training Approval Board，简称 TAB），作为培训质量保障工作的领导组织，并制定了一系列相关制度。TAB 负责监管 CCAC 培训系统的所有要素，具体包括：维护以“核心领域知识”（Core Areas of Knowledge）为基础的标准化课程；对 CCAC 审批合格的核心领域知识“模块序列”（Module Sequence）培训进行监督；保证各类幼儿保育与教育机构中的工作人员都有机会参加 CCAC 审批合格的培训活动；维护培训者审批体系；确保培训者达到资格要求；对系统审批不合格的培训活动和培训者提出改进要求；通过培训活动审批系统保障培训质量；在必要时对培训审批委员会的制度、程序和要求进行修订等。

---

[1]　孙敬，赵利杰．美国促进幼儿教师专业发展的措施及借鉴意义［J］．实践与探索，2011 (3)：24—25.

2. 制定标准化培训课程

课程是培训活动的核心要素，也是开展培训活动的前提。CCAC 非学分制课程的编制依据是“核心领域知识”。“核心领域知识”界定了幼儿保育与教育从业者所应具备的基本知识与能力，其内容包括：提供安全、健康及有目的的学习环境；了解幼儿的成长与发展；促进幼儿的身体与智能发展；促进幼儿的社会性与情绪发展；实施有效的课堂管理；与家庭建立生产性的互助关系；评估幼儿的学习与发展；推进专业化等 8 个领域。为了有效实现“核心领域知识”对教师专业发展的引领作用，CCAC 从每个知识领域生成了数十个具体的培训主题，并规定了各主题的培训时间，最终形成了涵盖 153 个培训主题、总学时为 261 小时的整合性培训课程。在此基础上，CCAC 依据培训目标将各领域不同数量的培训主题相互组合，设计出满足不同参训者需要的课程模块。

3. 建立培训者资格审批体系

培训者是结构质量要素中最为关键的要素。要成为 CCAC 的合格培训者，申请者首先需要在 CCAC 专业发展注册系统中注册、提出申请并接受注册系统的审查。同时，申请者必须符合以下 4 项标准之一：(1) 具有准学士学位或已被学士学位项目录取并至少获得 60 学分，包括幼儿教育领域的 30 学分，儿童发展(0—8 岁)、儿童心理学(0—8 岁)或发展心理学(0—8 岁)领域的 3 学分以及幼儿教育导论课程的 3 学分。同时，具备两年儿童保教工作经验以及两年成人教育工作经验。(2) 具有幼儿教育、儿童发展或家庭经济学准学士学位，并具备两年儿童保教工作经验以及两年成人教育工作经验。(3) 具有幼儿教育、儿童发展或家庭经济学的学士、硕士或博士学位，并具备一年儿童保教工作经验及一年成人教育工作经验。(4) 具有非幼儿教育专业的特定学位及相关工作经验。除了具备以上基本资格，申请者还必须完成特定的学习任务。

(二) 过程质量保障机制

培训活动的质量不仅取决于培训制度、培训者、培训课程等结构性要素，更取决于培训过程的计划、落实与改进，即对过程质量的控制与保障。CCAC 培训质量的保障工作主要由质量保障与促进系统（Quality Assurance and Improvement System，简称 QAIS）来完成。QAIS 是一个面向合格培训者的综合性评估与促进系统，它通过对培训过程的观察、评估与反馈实现保障培训质量的目的。具体操作为：QAIS 观察员在不提前通知培训者的情况下，对培训活动进行现场观察，借助 QAIS 制订的“观察工具表”对培训者的表现作出评估，并依据评估结果对培训者提供相应的反馈与指导。

1. 遴选 QAIS 观察员

观察员是开展观察活动的专业人员，QAIS 规定观察员必须具有幼儿教育学士学位，并具备较为丰富的幼儿教育、机构管理及成人教育工作经验。在开展观察活动之前，观察员需要参加相应的“培训者培训”课程，充分了解自己即将观察的培训活动。此外，由于观察员的评分直接关系到培训者的资格维持和专业发展，为了避免徇私舞弊的现象，QAIS 规定 TAB 成员以及康涅狄格州社会服务部、教育部和公共卫生部等利益相关部门的工作人员都不能担任观察员职务。在开展观察工作时，观察员还应回避与自己存在亲属、朋友、师生及上下级等关系的培训者。

2. 运用 QAIS 观察工具表实施观察活动

观察员对培训者的评估主要依据观察工具表来进行。观察工具表将培训者的表现划分为教学、班级环境管理、对成人学习者的理解以及对参训者理解程度的评估 4 个能力领域，并依据能力领域制定了 20 个具体的评估指标，每个指标具有 0—5 分的评分区间。在开展观察活动时，观察员根据观察工具表对培训者在各个领域的表现进行评分，记录下有代表性的现象，最后对培训者的培训活动作出整体评价和建议。

3. 反馈观察报告

在观察活动结束后，观察者需要及时完成观察工具表，在一周内通过电子邮件把表格回馈至 CCAC 课程编制专家。课程编制专家会依据两份观察工具表中的信息形成观察报告。一般来说，报告内容包括培训活动的得分、观察员对培训活动的总体评价以及针对该培训者提出的改进建议，如建议培训者参加专业发展培训、到大学研习某些课程以及寻求个性化的咨询和指导等。这份报告会反馈给该培训者本人，同时也会收入 CCAC 注册系统中培训者的个人档案中。[1]

[1] 许倩倩 . 美国幼儿教师专业发展培训质量保障机制［J］. 外国教育研究，2013 年(7)，88—90.

三、美国幼儿教师专业发展标准

NBPTS 是一个成立于 1987 年的非盈利性的、无党派的民间专业组织。NBPTS 确定 3—8 岁儿童的优秀教师专业标准的哲学基础是 5 条核心的原则：教师要对学生及其学习负责；教师要精通他们所教的学科，并且知道如何将这些学科知识传授给学生；教师要组织、管理和监督学生的学习；教师要对自己的教育教学实践进行系统的反思，并能在实践经验中学习获得提高；教师要成为学习型组织中的成员。

（一）理解儿童

优秀的早期儿童教师运用他们关于儿童发展的知识、通过与儿童及其家长的互动，来理解儿童是一个独立的个体，并且根据每个儿童的独特需要和潜能来设计教育教学。

具体内容包括：拥有儿童发展和儿童学习的有关知识，了解当前关于儿童发展和认知方面的研究成果和相关理论；懂得儿童的一般需要和特殊需要，认识到创建一个有利于儿童发展和学习的物质与精神环境的重要性；熟悉所在社区和家长的文化、历史与价值观，并了解所教的每个儿童的特点；拥有丰富的班级管理的经验，能根据儿童的兴趣设计课程和进行时间安排；知道何时需要适当地干预或支持、引导儿童的行为；认识到儿童有自我发展的潜力，儿童是在具体经验中建立起对世界的理解；通过开展游戏、自由探究、有引导的发现、创造性的戏剧表演以及其他以儿童为中心的活动，为儿童提供大量的发展想象力的机会；认识到在有机会的条件下儿童可以实现适度超前发展，特别是技能方面更易实现。

（二）公正、公平与多元化

优秀的早期儿童教师为所有儿童创设安全、可靠的学习环境，欣赏和尊重每个儿童的个体差异和独特需要，并鼓励儿童在人际交往中能够做到公正、公平、互相尊重。

具体内容包括：致力于理解和满足不同儿童的不同需要，能够根据儿童的不同需要调整教育方案和课程；关注特殊需要儿童，知晓《残疾儿童教育法》、《美国残疾人法案》等法律规定；促进班级的平等与公平，不论儿童的种族、民族、宗教、社会阶层、年龄、能力、性别及家庭结构如何，都拥有平等的学习机会；重视语言和文化的多元性，把生理、情感、文化、智力差异的多元性作为丰富的社会与学习资源；创造一种针对所有儿童的、体现高期望与平等的学习环境。

（三）评估

优秀的早期儿童教师理解不同评估方法的优点和不足，知道怎样有效综合运用这些方法对儿童的行为、交往活动等进行系统观察、监控和记录，并且将他们所获得的信息与儿童、家长以及其他专业工作者分享，以共同改善教育的效果。

具体内容包括：经常在儿童游戏和学习时认真细致地观察儿童，并且使观察、评估儿童成为日常性的工作；运用不同的评价方式和一系列的评价策略评估儿童的发展情况、创造力、解决问题的能力、回答问题的能力、毅力与好奇心以及与同伴、成人一起活动的能力；鼓励儿童对自己的学习和发展做出评价，培养儿童形成判断与评价自己的活动、他人的工作能力，并且培养儿童对自己的学习和行为负责的精神；定期对每一个儿童的具体情况进行判断与评价，并据此确定每个儿童的阶段性发展目标，制定符合每个儿童实际状况的发展与学习计划；经常把评估的信息反馈给儿童、家长以及其他专业工作者，并与他们进行交流；理解有些儿童的发展可能超出期望范围，并且能够用关于特殊儿童的评估方法与理论来对这些儿童进行评估和教育。

（四）促进儿童的发展与学习

优秀的早期儿童教师通过组织与创设有助于儿童发展和学习的环境来促进儿童的知识、技能、道德、个性、社会性等全面发展。

具体内容包括：运用儿童发展与学习的理论来创设一个安全、有爱心、包容和智力参与的环境，并营造有利于获得知识、发展感情和形成生活技能的氛围；认识到游戏在儿童认知发展和社会性发展中的核心作用，能够经常充当游戏发起人的角色，发起各种室内和室外游戏；认识到早期儿童的学习应建立在实践基础之上，能够支持儿童建构复杂的思想、理解事物之间的关系、建立事物之间的联系，培养儿童的好奇心、想象力和创造力；帮助儿童学会理解他们自己以及他人的情感，并用健康的方式表达自己的愿望；尊重每一位儿童，让不同个性的儿童都充满自信；帮助儿童学会保健、营养、安全知识；培养儿童的学习方法和道德倾向，为儿童的学习提供更多的资源和学习机会；鼓励儿童发现问题，向周围世界质疑，学会用多种方法解决问题。

（五）有关综合性课程的知识

优秀的早期儿童教师在精通儿童学习理论、学科知识以及各种评估理论的基础上，设计并实施紧密结合学科的发展适宜性教学。

具体内容包括：能够从不同的知识结构和学术概念中综合出新的关于儿童发展的知识与观点；教育教学实践既不完全是“以儿童为中心”的模式，也不完全是“以学科知识为中心”的模式，而是二者的有机结合；知道儿童是通过在脑海中建构起广泛的联系来学习知识，因此，需要给儿童提供各种综合性的课程；这种综合可以是以一种物质（如植物）为中心加以组织的，也可以是以一个关键的概念（如变化）为中心加以组织的，还可以是以一个本质性的问题（如天气如何影响生物的成长）为中心加以组织的；对核心学科（包括语言和读写、数学、科学、社会、艺术、体育与健康）有广泛的理解，知道每一个学科的核心概念、思想以及儿童对每一个学科需要掌握的具体内容，熟悉儿童学习不同学科的典型方法与策略，以及儿童在每一个学科中的初始概念和常见的困难，并能够根据这些理解来计划和综合运用各种经验。

（六）多种教学策略

优秀的早期儿童教师通过实施多种多样的实践和提供充足的资源，去促进每一个儿童的身心健康、有意义的学习以及社会合作等方面的发展。

具体内容包括：能够通过多种渠道收集评估信息并且根据所收集到的评估信息进行教学实践；知道早期儿童的学习方式多种多样，能够提供充足的时间和资源，运用多种技能进行教学，以适应儿童学习的多样性和满足每一个儿童的不同需要；通过各种途径帮助儿童发展潜能；设计出有助于促进儿童成长的各种教学模式，允许儿童进行有选择性地学习；能够敏锐地观察到儿童的互动、行动和提问，并进行积极的回应；能够成功地与特殊儿童相处，并且在必要的时候知道寻求他人的帮助以满足特殊儿童的特殊需要。

（七）家庭和社区的伙伴关系

优秀的早期儿童教师和家庭以及社区一起支持和促进儿童的学习和发展，三者是合作伙伴关系。

具体内容包括：将家长视为教育孩子的合作者，尊重不同的家庭背景、家长的能力和兴趣，采取多种有效的策略鼓励家长参与孩子的教育；意识到儿童对家庭的依赖性，并且认识到家长对教师所实施的教育实践的肯定与支持对于激发儿童学习的动机以及更好地适应幼儿园生活具有重要的作用；能够通过与家长进行坦诚而有效的交流与合作，获得有关儿童发展的更多信息，以及赢得家长对教学给予更多的支持；能够通过各种途径、运用各种形式向家长提供幼儿园课程安排的相关信息，以及儿童在幼儿园所取得的各方面进步的信息，并且定期邀请家长到幼儿园参观；激发家长对儿童教育的兴趣，并且通过各种方式协助家长在家庭中支持儿童的学习与发展；能够和家长、教育专家、社区志愿者等进行有效的合作，通过协商来解决教育教学以及幼儿园管理等一系列问题。

（八）专业合作伙伴

优秀的早期儿童教师在专业合作团队中充当领导者与合作者的角色，负责提出活动计划并且引导儿童及其家人进行实践。

具体内容包括：能够有效地与教育督导人员、实习生、同事、志愿者以及其他领域的专业人员共同工作，以提供优质的早期儿童教育；懂得如何给予和接受他人的帮助、建议、反馈和批评，能够很好地化解与同事、家长和行政人员的冲突，并且能够运用专业知识和道德标准大胆挑战妨碍儿童发展的行为；能够客观公正地评价其他教师的知识、能力，通过有效的方式支持合作团队的发展；能够很好地理解有关儿童发展的政策法规，并且积极参与影响儿童发展的政策的制定；在实践和理论上理解早期儿童的发展规律，有机会时能够积极有效地参与决策；通过参与专业发展、网络交流、专业化组织、协作等活动，全身心地投入到早期儿童的教育中去；在早期儿童教育的合作团队中起着领导者的作用，参与当地社区教育方案的制定，进行课堂研究以发现新知识，参与评估其他教师的专业发展等。

（九）反思性实践

优秀的早期儿童教师定期分析、评估和综合自己的教育教学实践活动，以加强他们工作的质量和有效性。

具体内容包括：认识到对自己的教育教学实践活动进行定期反思，是一个专业教育工作者的重要责任；能够根据儿童的需要、具体的教育情境以及长远的教育目标综合有效地评估教育活动，并且清晰明确地指出优秀的教育实践的优点，对教育实践适宜性的判断具有情境性；能够通过与儿童的互动、倾听家长与同事的意见、观察其他教师的实践等方式获得有关自己教育实践结果的相关信息，并且对这些信息进行认真仔细的分析，找出需要改善之处；对新的儿童发展知识与早期儿童教育理论持一种完全开放的心态，并且希望通过有效的学习与反思不断改善教育教学水平，促进自己的专业发展；通过各种方式促进自己对教育实践的反思，如阅读专业论著、参加专业培训班、参加各种教育专业团体的活动以及参与各种教育项目的研究等。

四、对我国幼儿教师专业发展的借鉴意义

1. 学前教育经费单列，切实保障教师专业发展的资金来源

教师素质的优劣，直接关系到学前教育的质量以及学前教育事业的可持续发展。政府在教师发展问题上具有不可推卸的重要职责。首先，应在资金上保障幼儿教师的专业发展，制定法规，单列出专项资金，用于新入职及在职教师的培训进修。其次，健全财政运行机制，确保专项资金真正落实到幼儿教师的专业发展上。最后，提高教师待遇，提高工资水平，稳定学前教师队伍。

2. 加快幼儿教师教育标准落实，激励幼儿教师专业发展

我国参照国外教师发展的做法，制定了幼儿教师专业标准，以此来加大幼儿教师师资队伍建设的力度。但是，在幼儿教师培养层次上，细化不够、要求不严，存在教师培训内容简单的倾向。因此，应注意做好幼儿教师教育标准的分层分类，并与职前培养、入职培训与在职培训紧密结合，促使教师实现从实习教师、主教教师到高级幼儿教师的转变和提升。对已经达到高级水平的幼儿教师提出工作导向，鼓励和提倡专业水平高的教师独立申报课题，并提供一定的研究经费，以此来激发幼儿教师积极地追求专业发展。

第二节 日本幼儿教师专业发展

日本幼儿教育迅速发展到世界水平，得益于日本造就了一支高素质的幼教师资队伍。在“终生学习”思想的指引下，日本已将幼儿教师教育的重心转移到职后教育（即在职进修，日本一般称之为在职研修）上来。日本社会认为，幼儿教师仅靠学校教育是无法胜任对处在不断变化的社会环境中的幼儿进行教育的重任的，而在职进修是不断提高幼儿教师资质的重要措施和保障，是促进教师专业化的重要途径。因此，日本采取积极有效的措施，使学习化社会所要求的终生教育理念在幼儿师资培养中得到贯彻和体现。

一、日本幼师职前培养制度

1947 年，日本公布了《学校教育法》，将幼儿园纳入学校教育的体系中，使得社会地位低下、社会认同度低的幼儿教师被正式纳入教师行列。这正是促进战后日本幼儿教育迅速发展的根本原因之一。1949 年，为了提高和保障教师的素质，日本公布了《教育职员许可法》和《教育职员许可法施行规则》，规范了教师资格。

目前，幼儿教师许可证主要包括专修许可证、一种许可证和二种许可证这 3 种资格证书。一是根据许可证的种类，达到规定的学历要求，并且在文部科学大臣认定的大学修完相应种类的许可证所要求的规定学分，即在大学取得幼儿教师资格。二是参加都道府县举办的教育职员检定考试并合格。

《教育职员许可法》第 5 条对取得幼儿教师的各种许可证作出了相关规定：一种许可证的授予对象是具备学士学位的本科生（不论专业），并且修满规定学分的学习者；二种许可证授予对象是具备短期大学的学历，或在大学（不论专业）学习两年以上并超过 62 学分，且修满教师许可证规定学分的学习者。《教育职员许可法》中幼儿教师一种许可证的课程设置与履修标准规定，幼儿教师培养课程最低履修学分为必修课的教师职业（35 学分）、学科教育（6 学分），选修课（10 学分）（表 1，如下）。

必修课	教师职业 (35学分)	教师职业的意义(2学分)、教育基础理论(6学分)、课程及教法(18学分)、学生指导、教育心理咨询及毕业指导(2学分)、综合演习(2学分)、教育实习(5学分)。
	学科教育 (6学分)	语文、算术、生活、音乐、图画、体育(6学分)。
选修课	教师职业或学科科目 (10学分)	教师职业或学科科目(10学分)。

二、日本幼儿教师的选拔录用制度

明治维新后开始的第一次教育改革时期，日本学前教育逐步实现了制度化。同时，幼儿园教师教育也初具规模。二战后开始的第二次教育改革时期，随着日本学前教育制度的整顿、改革和充实，通过颁布《教师资格证书法》以及建立幼儿园教师资格证书制度等，战后日本幼儿园教师的培养很快被纳入正轨，建立起了“开放式”的教师培养制度。进入20世纪90年代以后，日本站在教育全局的立场，对幼儿园教师培养制度进行了全面系统的考虑，对教职课程、任用录取、在职进修3个阶段进行了充实和改善，通盘考虑幼儿园教师教育的时代性和专业性，促进幼儿园教师的专业成长。

幼儿教师是一个专业化程度很高的职业。在专业社会学中，对于专门职业这一概念有两种不同的界定：一种是把专业界定为具有一定的专业知识和服务理想的职业群体；另一种是把专业界定为对自身职业具有控制权的职业群体。根据这两种界定，可以把幼儿教师视为一类专业人员，需要他们能够信守教育理想，献身教育工作；强调专业的知识与技能，参与专业决定，负起专业责任；具有从多个角度观察、分析问题，应用多种教学模式进行教学的能力。

公立幼儿园的教师录用必须经过“幼儿教师候选者选拔考试”，各县选拔考试的形式、内容、难易程度虽然有所不同，但大体内容如表2。

表2　全都府县幼儿教师候选者选拔考试内容

<table>
<tr><td rowspan="9">第一次选拔（笔试）</td><td rowspan="5">基础知识</td><td>人文科学</td><td>国语、历史、地理、英语、伦理。</td></tr>
<tr><td>社会科学</td><td>政治、经济（中学和高中内容）。</td></tr>
<tr><td>自然科学</td><td>数学、理科（中学和高中内容）。</td></tr>
<tr><td>论文</td><td>时事、随笔、经历等，教师的抱负及为了胜任教师而必备的心理素质。</td></tr>
<tr><td>教育原理</td><td>教育概念、教育史、教育法规、教育制度。</td></tr>
<tr><td rowspan="3">教师职业</td><td>教育心理学</td><td>教育心理学的发展原理及过程。</td></tr>
<tr><td>儿童心理学</td><td>幼儿身心发展规律。</td></tr>
<tr><td>幼儿教育</td><td>西洋、日本幼儿教育史、幼儿园教育要领。</td></tr>
<tr><td>专业知识</td><td>健康、人际关系、环境、语言、表现</td><td>幼儿园任职要求的健康、人际关系、环境、语言、表现5个领域的特征、意义、内容及方法，还有上述5个领域的综合内容。</td></tr>
<tr><td rowspan="3">第二次选拔</td><td>面试</td><td colspan="2">了解性格、专业特长、幼儿园的原则等。</td></tr>
<tr><td>艺体技能</td><td colspan="2">画画、音乐、钢琴等。</td></tr>
<tr><td>体检</td><td colspan="2">参考体检证明。</td></tr>
</table>

三、日本幼师职前培养、选拔制度的特点

日本为了保证幼儿教师具备基本的素质要求，在职前培养和选拔制度中有其鲜明的特点。首先，从课程结构看，必修课的教师职业科目占全部课程70%，学科教育占全部课时10%，选修课占20%。其次，从课程范围来看，课程不仅有常规的专业基础知识部分，还涉及教师职业思想的培养，人文、自然、社会等各方面的综合知识，以及理解幼儿身心发展规律所必备的教育学和心理学知识等，课程设置的跨度很广。最后，从课程权重上看，权重最高的是教师职业课程。而在教师职业课程中，课程及教法占51%，教育基础理论占17%，教育实习占14%，教育职业的意义、学生指导、教育心理咨询及毕业指导、综合演习均占6%。在学科科目的6个学分中，

语文、算术、生活、音乐、图画、体育均各占1个学分。可以看出，日本幼师课程中更为重视教师职业课程，学科课程显然比重较小。

从选拔制度看，日本更注重将幼师的职业道德、专业理论知识以及文史知识作为考核的重点，着重考查幼师生对职业的理解、对专业知识的把握，以及综合内涵与修养，艺体类课程并不作为第一轮选拔的必备内容。

四、日本幼儿教师职后教育的特点

（一）制定专门法规，建立在职教员进修制度

1949年颁布的《教育公务员特例法》规定：教育公务员为了完成其职责，应不断进行进修；教育委员会对教育公务员的进修要给予奖励，建造必要的设施，制定有关进修的计划等，努力确保进修的实施；教师在不影响正常教学的范围内，可以脱产进修，也可以在职长期进修。教师进修在行政上，自上而下由“文部省—地方教育行政部门—学校校长”负责。日本幼儿园教师的在职进修有严格而明确的要求，形成了一套完善的在职教员进修制度。

（二）建立专门的进修机构

日本47个都道府县和12个指定城市都设有教育研究（研修）中心，有组织、有计划、有指导地推进在职教师的进修活动。1978年创立的新制大学设有硕士课程，主要招收有实践经验的在职教师攻读硕士学位，以开展提高教师素质和能力的在职教育为目的，学生中2/3来自中小学、幼儿园的在职教师。这是一种理论和实践相结合的进修方式。此外，一些师资培养大学和学部也设有硕士课程。

（三）进修形式日趋多样化

从进修时间来看，有短期和长期。幼儿教师可以在园外进行半日至一个月以内的短期进修；也可以派遣到大学和都道府县教育中心，参加一个月至一年的中期进修；还可以在新制教育大学，甚至海外进行一年至两年的长期进修。依地点分，有园内和园外，园外又可分国内和国外。从主办单位分，有文部省、都道府及市町村教育委员会、教育研究（研修）中心、民间团体、师资培养机关及幼儿园。从进修形式来看，有自主进修和共同进修，有脱产进修和半脱产进修，有面授和函授等。

1989 年 4 月，实施新任教师进修制度，规定新任幼儿园教师必须边工作边进行为期一年的试用研修，接受新任教师专业培训。试用期内，新任教师一面在校内接受以指导教师为主的实际工作指导性进修（大约每周 2 天，一年至少 60 天），一面到园外的教育研究（研修）中心等机构参加进修活动（大约每周 1 天，一年至少 30 天）。

另外，幼儿园园内教师经常性的教研活动，也是教师进修的重要内容。各幼儿园对此都给予了相当的重视，是幼儿教师业务学习的主要形式。教研活动形式多样，有以园长、教谕为对象的"幼儿园教育指导者讲座"，有以助教谕为对象的"幼儿园实际技术讲习会"，有以中坚骨干教员为对象的"教员中央研修讲座"等。

（四）进修内容因时而变

幼儿教师在职研修既注重提高教师的专业水平，又注重教师人格的完善、自身综合能力与素质的提高，因而研修的内容既包括教师的专业知识、教学技能，又包括师德修养方面的内容。同时，在师资培训中，日本特别强调培训课程要适应社会和时代的要求，因而进修内容随时代变化和社会需要而更新，课程的开设除了考虑到社会对教师素质的要求外，还必须依据各种科学，尤其是教育科学研究的新成果。

（五）激励政策完善

为了不断提高幼儿园教员的资质，同时也为了激发在职教师的进修热情，日本采取了一系列鼓励性措施，具体如下：

1. 更新资格证书

法律规定了教师资格证的有效期，教师只有通过进修，获得学分或学位后，才能更新原有的学位和证书。

2. 取得高一级学位和资格证书。《教职员工许可法》规定："在职教师通过在职培训取得学分，经过学历鉴定，可获得高一级许可证书。"已获得普通资格证和临时资格证的幼儿教师要想获得更高一级的资格证书，可在从事幼儿教育工作若干年后，通过讲习、函授、进修等途径，获得一定的学分，并经教师资格认定测验合格后，获得高一级资格证书。

此外，在职幼儿教师可通过参加硕士课程的学习获得硕士学位。教职员通过进修、鉴定取得高一级证书所需年限和学分。

3. 有利于升薪晋级

法律规定，幼儿教师参加的各种在职进修与升薪晋级并没有直接的联系。但幼儿教师通过在职进修获得高一级教师许可证或取得硕士学位对今后的升薪晋级有利，所以进修是以间接的方式对升薪晋级有利。

4. 对进修进行资助

如短期进修一般免费，幼儿教师进修可向学校或教育委员会申请必要的费用，如住宿费、伙食费、路费等都可报销，幼儿教师还可带薪进修。

5. 提供休假进修

日本将幼儿教师在职进修作为提高教师质量，进而提高教育质量的重要环节。所以，有计划地为在职教师提供短期的甚至长期的带薪休假进修的机会。幼儿教师可申请带薪到大学、教育研究中心等进修机构深造。

五、对我国幼教师资培训的启示

（一）改革幼儿教师职后培训的内容和方式

目前，我国幼儿教师参加的在职培训主要由各区县教师进修学校组织和实施，偏重于学科理论知识的倾向，且课程模式老化、教学形式单一，忽视了教师专业化的核心——教育教学实践能力的培训与提高。为此，应将幼儿教师在职培训的重点转移到提高教师的教育教学实践能力上来，开展多种形式的教育实践训练，提升教师的实践能力和专业技能。在培训方法上,改变传统单一的“满堂灌”的方法,灵活采用观摩、研讨等多种形式。要健全研修网络，提高培训的针对性和实效性，还可让幼儿教师参与培训和培训计划的制定。同时，加强大学、研究机构与幼教机构的合作，倡导专家、教师群体与教师个人的合作；倡导教师与儿童、家长的合作，逐步建立起由教师、家长、儿童及教育行政人员共同参与和培育的学习共同体，形成以促进教师专业为核心的市、区（县）、园等各级教师研修网络，以集体智慧解决教育中的实际困惑和难题。

（二）建立幼儿教师在职培训导向激励机制

首先，要制定政策措施，将教师在职进修与加薪、职称晋升、职务提升以及各种评先表彰挂钩，并作为主要的考核指标之一。

其次，应逐步设立和完善教师带薪进修、休假进修以及长期进修、中期进修与短期进修等多形式、多层次的进修体系，鼓励广大教师积极参与岗位研修提高，不断提高培训的实效性。

再次，国家和地方政府应逐步承担比例分担的幼儿教师培训费用，并对教师参加培训给予一定的经费补贴，如补贴交通费、伙食费等，将它作为教育经费中单列的一部分，以减轻广大教师参加培训后绩效工资少的负担。

最后，培训基地工作者和幼儿教师任职单位领导应引导教师认清社会发展的趋势，认识到仅靠现有的知识是无法完成幼儿发展的任务的。要增强危机意识，牢固树立终生学习的理念，激发起教师个人专业成长内在的强烈愿望，建立激励教师参加培训、促进教师专业化发展的内在动力机制。

（三）加强保育员的培训制度建设

我国在保育员的任用和培训方面与国外有很大差距，虽然在《幼儿园工作规程》第六章第 37 条对保育员的任用资格作了规定，但缺乏可操作性的规章，也没有建立专门的培训指导意见。为此，应出台相关法规，成立相应的培养、培训机构，制定保育员培养、培训规划，将保育员培训与幼儿教师培训一道纳入当地中小学教师继续教育规划。同时，确定保育员的招生起点和任职资格，建立保育员资格证制度，以提高保育员的学历层次和保育水平，提高保育质量。

（四）加强对民办幼儿园教师在职进修的扶持和管理

近年来，我国民办幼儿园数量得到了快速增长，但民办幼儿园师资质量不达标的情况还很严重，更令人担忧的是其教师在职培训的机会、时间、设施、经费等缺乏保障，使幼儿教育质量长期处在低水平。因此，必须在规范民办幼儿园教师的任用资格的基础上，依据《教师资格条例》，明确任用资格，实行幼儿园园长、教师资格准入制度，一律持证上岗，促进公办、民办幼儿园教师在职进修、业务指导的一体化。在职后进修上与区内公办幼儿园教师享受同样的待遇，在业务指导和督导上一样接受各级教育部门的指导、监督和管理。各级政府应在政策、资金、人员、设施等方面加大对民办幼儿园师资任用、培训上的管理和扶持力度，促进民办幼儿园师资质量得以不断提升。[1]

---

[1]　汪丞 . 日本幼儿教师职后教育的特点及启示 . 武汉市教育科学学院学报［J］，2006（12）：15—20.

第三节 英国幼儿教师专业发展

进入新世纪后，随着英国政府对学前教育的重视程度日益增强，改革学前教师队伍、提高整个师资队伍的专业化水平已成为英国政府的一项重要任务。英国政府认为需要为学前教育领域设置专业的合格教师身份，即早期教育专业教师。该教师身份具有大学本科学历，并且具有专业的学前教育素养，能够有效地领导学前教育实践。

一、英国早期教育专业教师的培训项目

英国政府授权儿童工作者发展委员会去构建早期教育专业教师身份，并制定早期教育专业教师培训项目。儿童工作者发展委员会出台了《早期教育专业教师身份标准》，并设计和制定了早期教育专业教师EYPS培训项目。《早期教育专业教师身份标准》明确了该身份所具有的独特属性和专业素养，规定了早期教育专业教师必须达成的专业标准。该标准作为EYPS培训项目的实施依据，为项目培训的实施设定了严格的目标和内容。在项目的贯彻落实方面，英国政府为其构建了一套完备的实施方略，包括健全的组织管理制度、完善的实施流程以及系统的质量保障制度。

在EYPS培训项目的制定和实施过程中，英国政府展现出对发展学前教育的独特设计理念。该项目注重发挥政府的主导作用，以提高EYPS项目培训的效益；强调吸纳各方的积极参与，以保证项目制定的科学合理；重视制定专业标准，以引领项目的培训；关注多元途径的构建，满足各类人员的发展需求；强化培训机构的建设，确保师资培训质量；以促进项目的发展和完善等独特理念，确保早期教育专业教师EYPS培训项目取得成功。

二、幼儿教师资格制度

在英国，成为一名幼儿教师的基本条件包括：(1) GCSE。英语、数学和科学成绩必须达到普通中等教育证书（General Certificate of Secondary Education，简称GCSE）考试C及以上的成绩。或者接受程度与之相当的

职前测验。GCSE 相当于我国高中学历。（2）学历学位。需要获得本科或研究生学历，政府提供了许多学前教育相关课程可供选择。并且，根据学历的不同，提供的学习补助也不同。攻读研究生课程者每人 7000 镑补助，攻读本科课程者没有补助，但可以通过政府助学贷款获得学费支持。（3）学校学习经历。在申请学前教师相关培训之前，需要至少 10 天时间在学校度过。（4）技能测试。在申请教师培训课程之前，需要通过语文和数学的技能测试。这是教师资格证申请过程中必不可少的一个程序。

在满足基本条件并且参加技能测试和相关培训之后，申请人要获得幼儿教师资格，还必须满足以下 8 项行为准则：（1）能够激发学生、调动学生的积极性并且对学生保持高期望；（2）促进儿童的健康发展；（3）对早期教育和早期基础教育阶段（Early Years Foundation Stage 简称 EYFS）有足够的知识储备；（4）在教育和保育的计划中要考虑到所有儿童的需要；（5）要针对所有儿童的优势和需要做出相应的教育和保育；（6）能够对儿童的学习和发展进行准确有效的评估；（7）保证和促进儿童的幸福安康，给儿童提供一个安全的学习环境；（8）履行更广泛的职业责任。

《早期教育阶段纲要》（Statutory framework for the early years foundation stage）规定，学前教育机构内至少保证一名拥有儿科急救证书的人员在场。幼教机构必须为所有教师提供包括紧急疏散、安全防护、儿童保护以及卫生保健等方面的培训，使其对自己的角色和承担的责任有清晰认识。每个儿童都有一位教师作为关系密切的关键人，为儿童的个性化发展提供帮助，并且负责与该儿童的家长保持联系。[1]

三、英国幼儿教师专业标准

2010 年 5 月开始执政的卡梅伦政府政策目标是确保优质幼儿教育，从而为英国社会发展和参与全球竞争奠定坚实基础。卡梅伦政府认为，“在幼儿教育领域，没有什么比从事幼儿教育的教师更重要”。为此，政府注重幼儿教育顶层设计，在促进幼儿教师专业化发展方面，突出强调教师质量的重要性，并构建了由幼儿教师身份、幼儿教师标准、幼儿教师初级培训到幼儿一整套管理指导体系。

[1] 刘珊 . 浅谈英美幼儿教师资格制度 . 经营管理者［J］，2015（20）：30—32.

卡梅伦政府认为，出台幼儿教师资格标准、明确幼儿教师身份、确保幼儿教师地位是教师专业化改革的重要前提。为此，政府出台了《幼儿教师标准》(Early Years Teachers’ Standards)。

首先，在专业精神领域，《幼儿教师标准》要求教师把对幼儿的教育和关怀放在首位。《标准》的专业理念与师德维度涵盖了 4 个领域的要求：职业理解与认识；对幼儿的态度与行为；幼儿保育和教育的态度与行为；个人修养与行为。

其次，在专业知识领域，《标准》为幼儿教师设定了知识指标体系。《幼儿教师标准》也要求幼儿教师：具备幼儿发展的相关知识；扩充幼儿经验、提升幼儿想象力；能依据《早期奠基方案》进行有效教学；对早期学习中的语言、数学教学有充分认知。

最后，在专业技能领域，《幼儿教师标准》制订了教师的教学能力、评价能力、指导性能力和专业学习能力设定的指标体系，要求幼儿教师具有环境的创设与利用、一日生活的组织与保育、游戏活动的支持与引导、教育计划与实施、激励与评价、沟通与合作、反思与发展等 8 个领域的技能。

四、英国幼儿教师资格认证制度对我国的启示

为促进幼儿教师专业化发展，卡梅伦政府设立新的幼儿教师身份并出台《幼儿教师标准》作为幼儿教师资格获取的重要参照。这就为我国幼儿教师资格认证制度的优化提供了良性启示。

第一，明确幼儿教师专业身份。明确的专业身份是教师专业化发展的前提。卡梅伦政府设置“幼儿教师”专业身份，并赋予幼儿教师与小学教师的同等身份地位，对我国来说不失为一种良好借鉴。

第二，注重幼儿教师标准实体范式的指导、跟踪、反馈与调整。我国出台《幼儿园专业教师标准（试行）》是走向幼儿教师专业化发展的重要一步，但标准的后续实施与改进对促进幼儿教师专业发展更为关键。

第三，建立以幼儿教师标准为基础的幼儿教师资格认证制度。教师标准是评判教师素质的重要指标，也是社会各界理解教师专业发展的重要指标。建立包括幼儿教师身份、幼儿教师标准、幼儿教师培训、幼儿教师资格获取在内的幼儿教师专业发展体系是我国政府应该继续努力的方向。

参 考 文 献

1. 黄人颂 . 学前教育学［M］北京：人民教育出版社，1989.

2. 丁海东 . 学前游戏论［M］济南：山东人民出版社，2001.

3. 屠美如 . 向瑞吉欧学什么——儿童的一百种语言解读［M］教育科学出版社，2002.

4. 黑柳彻子 . 窗边的小豆豆［M］海口：南海出版公司，2003.

5. 朱慕菊 . 幼儿园教育指导纲要解读［M］南京：江苏教育出版社，2002.

6. 刘焱 . 儿童游戏通论［M］北京：北京师范大学出版社，2004.

7. 黄进 . 游戏精神与幼儿教育［M］南京：江苏教育出版社，2006.

8. 陈幸军 . 幼儿教育学［M］北京：人民教育出版社，2008.

9. 邱学青 . 学前儿童游戏［M］南京：江苏教育出版社，2008.

10. 于渊莘 . 主题活动和角色游戏相融和的探索与实践［M］北京：北京师范大学出版社，2009.

11. 麦少美，孙树珍 . 学前儿童健康教育活动指导［M］上海：复旦大学出版社，2010.

12. 翟理红 . 学前儿童游戏教程［M］上海：复旦大学出版社，2010.

13. 于渊莘 . 角色性主题游戏课程［M］北京：教育科学出版社，2012.4.

14. 高慧斌 . 教师专业标准解读：幼儿教师［M］天津：天津教育出版社，2012.

15. 刘艳 . 幼儿园角色游戏指导手册［M］南京：江苏教育出版社，2013.

16. 李季湄、冯晓霞 .《3—6 岁儿童学习与发展指南》解读［M］北京：人民教育出版社，2013.

17. 孙霞 . 幼儿园音乐游戏资源开发［M］成都：四川大学出版社，2014.

18. 李跃儿 . 孩子是脚，教育是鞋［M］上海：华东师范大学出版社，2014.

19. 许卓娅 . 幼儿园音乐教学游戏化设计［M］南京：江苏教育出版社，2014.

20. 孙民从 . 浅析幼儿角色游戏的年龄特点 [J] 学前教育研究，1998（04）.

21. 朱海霞 . 崇尚自然的德国幼儿教育带给我们的启示 [J] 当前学前教育，2001（05）.

22. 王新晨 . 根据幼儿体育游戏特点实施幼儿体育游戏教学[J]. 教育导刊（幼儿教育），2002（1）.

23. 傅建明 . 校本课程开发与教师专业发展 [J] 教育发展研究，2002（5）.

24. 周建平 . 游戏教学观论要 [J] 教育理论与实践，2002（05）.

25. 王春燕 . 学习瑞吉欧重在把握其教育理念 [J] 学前教育研究，2002（5）.

26. 梅纳新 . 当前幼儿数学教育对教师能力的要求[J]学前教育研究，2003（03）.

27. 汪丞 . 日本幼儿教师职后教育的特点及启示[J]武汉市教育科学学院学报，2006（12）.

28. 胡亿军，王丹琴 . 德国的运动幼儿园[J]幼儿教育（教育科学版），2008（12）.

29. 方建华 . 中班幼儿角色游戏中新手教师与专家教师指导行为的比较研究 [J] 教育探究，2009（03）.

30. 张治国 . 美国四大全国性教师专业标准的比较及其对我国的借鉴意义 [J] 外国教育研究，2009（10）.

31. 曾莉，申晓燕、彭丰 . 幼儿园活动材料开发与利用的原则 [J] . 学前教育研究，2010（10）.

32. 孙敬，赵利杰 . 美国促进幼儿教师专业发展的措施及借鉴意义 [J] 实践与探索，2011（3）.

33. 林小环 . 幼儿园体育游戏的设计与组织实施[J]学前教育研究，2011（15）.

34. 王华芬 . 幼儿园建构游戏的组织与指导 [J] 当代学前教育，2012（02）.

35. 于世娟 . 如何在幼儿园中开展体育游戏 [J] 网络导报·在线教育，2012（3s）.

36. 曹梅 . 运用角色游戏促进幼儿双语和谐发展的研究 [J] 学前教育研究，2012（6）.

37. 虞永平 .《幼儿园教师专业标准》的专业化理论基础 [J] 学前教育研究，2012（7）.

38. 冯晓霞 . 幼儿园教师的专业知识 [J] 学前教育研究，2012（10）.

39. 李淑升 . 谈幼儿园中如何深入开展体育游戏 [J] 学周刊 c 版，2013（2）.

40. 许倩倩 . 美国幼儿教师专业发展培训质量保障机制［J］外国教育研究，2013（7）.

41. 缪学超 . 我国与卡梅伦政府幼儿教师资格标准比较分析[J]江苏幼儿教育，2014（07）.

42. 李莛 . 例谈幼儿园表演游戏的指导策略［J］课程教育研究，2014（9）.

43. 杨凯红、游戏力 . 区域活动中教师的核心专业素养［J］福建：福建教育杂志社，2015（20）.

44. 刘珊 . 浅谈英美幼儿教师资格制度［J］经营管理者，2015（20）.

45. 罗青 . 幼儿园表演游戏中教师“三结合”支持策略的探讨［A］.

46. 罗青 . 刍议幼儿园表演游戏的组织与开展［A］.

47. 吴晓萍 . 指导幼儿教师开展表演游戏的策略研究［A］.

48. 夏静 . 幼儿园开展表演游戏的实践与探索［A］.

49. 中华人民共和国教育部 . 3—6 岁儿童学习与发展指南，2012-10-9.［EB/OL］.http：//xueqian.eol.cn/dongtai_11103/20121016/t20121016_856156.shtml.

51. 廖静 . 建构游戏的构成［EB/OL］.

http：//wenku.baidu.com/link?url=E_b0uY9AhfRW4VLXMUiFmDey5Lh8Mt1c_N9l6YAjdjM69te0-f3CcV4FcMNGXTes1HLsIU8pdcFuJxCPx7oDuUhGsosW5v6GxYvhmXLF4Mm

52. 谈言的 blog. 搭建支架，提升教师游戏观察能力，2014-12-19［EB/OL］.http：//blog.phedu.net/u/426/archives/2014/263684.html

后 记

生活处处都有教育，在一日生活中，灵活运用，随机进行幼儿教育。寓教于生活之中，寓教于玩乐的游戏之中。“过家家”是小朋友们喜爱做的游戏。幼儿通过在游戏中担任不同的角色，各个方面都可以得到锻炼和发展，如开朗、活泼、友善、爱心、同情心等。春天里幼儿们在田野里做游戏，让小朋友们感受周围环境的美丽、空气的新鲜，可促进幼儿审美能力得到提高。通过游戏，可以表现幼儿活动的积极主动性，能在一定程度上促进儿童的自由发展。在游戏中，幼儿当“爸爸”“妈妈”抱着“孩子”去看病等，他们往往比大人照顾得还要周到，一系列游戏可使小朋友们提高责任心。陶行知先生说过：“从一定意义上说，生活教育是给生活以教育，用生活来教育，为生活向前向上的需要而教育。”“教育要通过生活才能发出力量而成为真正的教育。”这句话就告诉我们，教育要面向现实生活，才能彰显成效。通过对中华人民共和国教育部令第39号《幼儿园工作规程》的贯彻执行，通过学习《纲要》《指南》，不断充实我们的头脑，丰富我们的理论，让幼儿在游戏中愉快地生活学习，在生活中健康成长与发展，教育即游戏，游戏及生活，生活即教育。

为了更好地促进幼儿教师专业化成长，一个由教师培训机构、幼儿园名教师、骨干教师、园长、主任组成的团队，结合多年实践研究成果编写成本书。全书由项家庆策划、统稿和修改。第一章由罗雪编写；第二章由肖琼编写；第三章由姚薇编写；第四章由邢磊编写；第五章由刘慧芬编写；第六章由倪晓辉编写；第七章由杨毅编写；第八章由李跃梅编写；第九章由杨蕾编写；第十章由陈卫国编写。由于水平所限，本书难免存在不尽如人意之处，敬请读者批评指正。需要指出的是，本书所选收的案例与资料为我们提供了有价值的实践材料，谨向创造和提供案例与资料的学校和教师表示敬意和感谢。本书编写过程中参阅、引用了相关的研究成果和资料（包括网络资源），我们已按规定注明，但有些内容因为本书体例的原因，难以一一注明。在此，谨向原作者和出版者表示衷心的谢意！